LA FICTION PSYCHANALYTIQUE

Nathan Stern

La fiction psychanalytique

Étude psychosociologique
des conditions objectives de la cure

MARDAGA

© Pierre Mardaga, éditeur
Hayen, 11 - B-4140 Sprimont (Belgique)
D. 1999-0024-19

*A mes parents,
à Sarah.*

Préface

par Raymond Boudon

La littérature sur la psychanalyse est immense, y compris la littérature critique. Certaines critiques sont le fait de psychologues cultivant une conception scientifique de leur discipline et refusant les libertés que prennent les psychanalystes avec les critères habituels de la démarche scientifique. Dans *Les illusions de la psychanalyse*[1], J. van Rillaer insiste sur les licences que s'accorde l'herméneutique psychanalytique ; dans son *Anti-Freud*[2], Michel Lobrot critique la substantification que Freud fait subir à l'inconscient, qui contraste avec la conception empirique et prudente que le même auteur en présente dans *Les forces profondes du moi*[3]. D'autres critiques ont un caractère philosophique. McIntyre s'est efforcé, dans *The Unconscious*[4], de tracer une ligne de démarcation entre la fécondité de certaines intuitions empiriques de Freud et la fragilité de ses constructions théoriques. D'autres critiques sont plutôt sociologiques. C. Eschendorffer a insisté, dans *Warum irrte Freud*[5], sur les techniques de manipulation et de désinformation utilisées par Freud pour imposer sa vérité. E. Gellner a, dans sa *Ruse de la déraison*[6], soumis la psychanalyse à une enquête d'inspiration weberienne. Pourquoi, se demande-t-il, la psychanalyse a-t-elle connu un succès aussi éclatant ? Il répond à la question en partant, comme Weber et aussi comme le Durkheim, des *Formes élémentaires de la vie religieuse*, du postulat que, si bizarres que des croyances collectives puissent paraître à l'observateur, il faut les traiter comme significatives pour l'acteur : l'acteur social ne croit qu'à ce qui fait sens pour lui. Un tel postulat peut paraître banal. En fait, il est violé ou dénoncé par bien des courants des sciences sociales, qui — sous l'influence notamment de la psychanalyse, mais aussi du marxisme et du structuralisme — avancent au contraire que la signification que l'acteur confère à ses croyances ne saurait en être la cause, et invitent à en rechercher les « véritables » causes du côté de mécanismes inobservables et invérifiables (la « fausse conscience », la « rationalisation », etc.).

L'analyse de Gellner est d'une grande efficacité. Freud s'est imposé, explique-t-il, parce qu'il a su retraduire des poncifs dans un langage d'apparence scientifique, leur donnant un air de nouveauté, et que, de surcroît, il a eu le génie de tirer de ses théories des promesses de remède au mal-être psychique qui, à des degrés divers, menace tous les hommes. Ainsi, la psychanalyse freudienne s'appuie sur une théorie de la connaissance qui est celle de l'homme de la rue : le réalisme vulgaire. Quiconque n'a jamais sérieusement réfléchi au sujet acceptera facilement l'idée que la connaissance est une sorte de photographie du réel et, réciproquement, que le réel peut toujours en principe se laisser photographier. Or, la représentation proposée par Freud du psychisme comporte bien la conséquence que les processus psychiques se laissent tout aussi facilement visualiser que les mouvements physiques. C'est pourquoi on a pu qualifier la théorie psychanalytique d'« hydraulique » : tout phénomène psychique résulte en effet, selon Freud, d'une circulation de l'énergie psychique entre les trois instances qu'il distingue, le « ça », le « moi », le « surmoi ». Mais, si les processus psychiques sont en principe visualisables, seul le psychanalyste peut décrire cette circulation. Le sujet, quant à lui, est la proie de l'Illusion. Ici, Freud s'appuie sur un autre poncif, tiré lui-même du mythe platonicien de la caverne. (On ne dira jamais assez à quel point ce mythe, qui permet d'avancer sur la foi de la sagesse antique que le réel est ce qu'on ne voit pas et que ce qu'on voit est irréel, a été implicitement ou explicitement sollicité pour légitimer les théories les plus saugrenues.) Comme le prisonnier de la caverne platonicienne, le sujet de Freud ne voit que des ombres. La cure psychanalytique lui promet de l'arracher à la caverne et, non seulement de lui permettre de contempler la lumière, mais aussi, par là, de recouvrer le bien-être.

Le succès de Freud n'est donc pas inexplicable (je n'ai bien sûr évoqué ici que quelques éléments de la démonstration de Gellner) : le croyant retrouve dans la psychanalyse des idées établies et par suite familières ; il les traite facilement comme indiscutables ; de plus, il a l'impression que la psychanalyse a le pouvoir de retraduire ces idées reçues, avec brio et efficacité, dans le langage de la science. En conséquence, il fera confiance aux recettes tirées de la théorie et accueillera avec gratitude la promesse de mieux-être contenue dans une cure qu'il percevra en fin de compte comme fondée à la fois sur le bon sens et sur la double autorité de la Tradition et de la Raison. Gellner nous permet donc de comprendre la foi, étrange pour le non croyant, des fidèles de la psychanalyse.

Nathan Stern se donne un objectif bien circonscrit : il s'agit pour lui de comprendre l'attitude du patient face à la cure psychanalytique, et, plus précisément, de rendre compte de l'étrangeté de cette attitude. Comment se fait-il que — comme le montrent les données réunies par Stern — le patient juge parfois la cure interminable, mais n'arrive pas à y mettre un terme ; qu'il ne dise que du bien de la cure, tout en ayant beaucoup de peine à dire en quoi consiste son mieux-être ; qu'il affirme avoir fait l'expérience de l'inconscient, tout en reconnaissant ne pas être parvenu à identifier ce qu'il aurait pu «refouler» ; qu'il ait éprouvé au cours du traitement des sentiments intenses et paradoxaux à l'égard de son thérapeute ; ou que la «réussite» de la cure soit passée par sa conversion au freudisme ? Comme Gellner, Nathan Stern part du postulat weberien selon lequel les attitudes qui apparaissent étranges à l'observateur doivent être tenues pour ayant un sens pour l'acteur, cette signification étant la cause desdites attitudes. L'hypothèse centrale de Stern est que Freud et ses successeurs ont négligé l'incidence du dispositif analytique sur la conduite des patients en s'intéressant aux significations de cette conduite avant même d'en avoir déterminé les causes. Or, la théorie psychanalytique est née pour une bonne part de la mise en œuvre de ce dispositif. Ainsi, les notions de «projection» et de «transfert» sont apparues sous la plume de Freud pour théoriser des observations faites par lui lors des cures. Finalement, la manière dont la cure psychanalytique a été progressivement organisée et définie par Freud devait avoir pour effet — un effet peut-être non visé en tant que tel — de favoriser l'apparition chez le curiste d'une attitude de dépendance — cognitive et affective — par rapport à l'analyste et à l'analyse. Ce n'est donc pas par hasard que la théorie psychanalytique contient tous les ingrédients conceptuels permettant d'expliquer cette dépendance. Surtout, si l'on suit Stern, on comprend beaucoup plus facilement les attitudes paradoxales du croyant à l'égard de la cure. La persistance d'une attitude de confiance que la réalité ne justifie guère résulte de la situation créée par les règles présidant à la cure.

Le livre de Stern appartient à un genre — celui qu'on peut qualifier de «sociologie critique de la connaissance» — qui me paraît essentiel pour consolider les sciences humaines et sociales. Par un curieux destin, celles-ci paraissent vouées à avoir d'autant plus de chances d'attirer l'attention et d'exercer une influence sociale qu'elles sont plus contestables. Un Weber ou un Durkheim souscrivent rigoureusement à l'*ethos* scientifique, avec laquelle un Marx ou un Freud — sans parler de leurs innombrables épigones — prennent de grandes libertés. Or, les premiers n'ont jamais connu une audience de loin comparable à celle des seconds, bien que leurs œuvres soient infiniment plus solides. Pourquoi ? A partir de son étude de cas sur la psychanalyse, Gellner nous livre une partie de la réponse à cette question. Il explique pourquoi, malgré sa fragilité, la psychanalyse a ses fidèles. Dans *Psychoanalytic politics, Freud's French revolution*[7], Sherry Turkle a posé la même question en se plaçant sur un terrain plus particulier : pourquoi le freudisme, qui avait longtemps épargné la France, l'a-t-il brutalement envahie sous l'influence de J. Lacan ? Henri Bergeron, utilisant lui aussi une méthodologie d'inspiration weberienne, a identifié, dans *L'état et la toxicomanie, Histoire d'une singularité française*[8], un mécanisme essentiel du renforcement de l'audience du freudisme : il a réussi, dans le cas de la France notamment, à laisser croire qu'il avait le pouvoir de combler notre ignorance relative aux causes de la toxicomanie et, par suite, à exercer une influence sur la définition des politiques publiques en matière de lutte contre la toxicomanie.

Nathan Stern complète ces analyses sur un point essentiel en proposant une réponse crédible à une question déroutante : pourquoi continue-t-on de croire aux vertus de la cure psychanalytique ; pourquoi, en particulier, celui même qui est bien conscient de n'en retirer guère de profit continue-t-il d'en vanter les mérites ?

Raymond Boudon
Professeur à la Sorbonne
Membre de l'Institut

NOTES

[1] Mardaga, Bruxelles/Liège, 1980.
[2] Presses Universitaires de France, collection «Sociologies», Paris, 1996.
[3] Economica, Paris, 1983.
[4] Routledge and Kegan Paul, Londres, 1973.
[5] Urban & Schwarzenberg, Munich/Vienne, 1984.
[6] Presses Universitaires de France, Collection «Sociologies», Paris, 1990.
[7] Basic Books, New York, 1978.
[8] Presses Universitaires de France, Collection «Sociologies», Paris, 1999.

Introduction

> On ne va jamais aussi loin que lorsqu'on ne sait pas où l'on va.
> Freud[1]

Qu'est-ce qu'une cure? Nul, apparemment, n'est mieux placé pour répondre à cette question que Freud. Et, certes, c'est Freud qui a institué la pratique psychanalytique, lui a donné ses règles et en a décrit le fonctionnement idéal. Mieux qu'un autre, il peut ainsi nous enseigner ce que devrait être une cure. Il n'est, en revanche, pas mieux placé que quiconque pour nous enseigner ce qu'elle est effectivement. Car la compréhension d'un fait n'est jamais épuisée. Or, la cure psychanalytique appartient à l'ordre des faits. Elle ne peut pas être réduite au discours qui lui donne sa signification, la doctrine analytique; la cure psychanalytique est à proprement parler une réalité, et une réalité observable, non discursive et non immédiatement productrice de sens. D'un certain point de vue, le privilège de Freud — en matière de pratique — se limite au fait d'avoir pris l'initiative d'inviter des êtres souffrants à s'étendre sur un divan, et à suivre certaines règles. Quant à la manière dont le patient réagit au cadre et aux règles, quant à l'expérience subjective de ce patient, il serait présomptueux d'affirmer qu'il faut avoir la qualité d'analyste pour en rendre compte. En somme, le psychanalyste définit et maîtrise un cadre et des règles. Ceux-ci donnent lieu à des comportements singuliers de la part du patient — comportement étant ici entendu dans son sens le plus large — que l'analyste se propose de comprendre à partir de grilles d'interprétation qui lui sont propres. Ces grilles d'interprétation, nous sommes libres de les considérer, ou non, dans notre étude des cures telles qu'elles se déroulent.

Nous prendrons donc ici le parti de considérer, avec T. Szasz, que la psychanalyse est «une des formes que peuvent prendre les relations humaines», et qu'en cela, «elle est comparable à l'amitié, au mariage, à la célébration d'un rituel religieux, à l'impact publicitaire, à la pédagogie»[2]. Mais l'investigation de cette forme de relation humaine qu'est la relation entre un patient et un analyste pose des problèmes bien spécifiques. De fait, nous ne connaissons de la cure que ce que l'une des parties — les analystes — a bien voulu en dire. L'autre partie — les patients — a jusqu'ici été muette, ou ne s'est exprimée qu'à titre individuel. Les analystes sont ainsi en situation de quasi-monopole dans le champ des discours tenus sur la cure analytique. Cette situation s'explique aisément : la voie qui conduit à une investigation exotérique du traitement analytique, à une investigation qui tienne compte — sans l'interpréter — du point de vue des patients, est jonchée d'obstacles.

Le premier d'entre ces obstacles est lié au huis clos dans lequel une cure se déroule. La présence d'un observateur n'y serait pas acceptée, et aurait de toute façon une incidence très importante sur le comportement du patient. L'observateur ne serait pas alors confronté à ce qui se passe en analyse, mais aux réactions que sa présence suscite. L'enregistrement des séances, pour des raisons de déontologie, est lui aussi impossible.

Le second obstacle, ce sont les psychanalystes eux-mêmes qui le constituent. Ils détiennent l'information la plus riche et la plus complète sur les patients et sur la cure, mais ils se montrent réticents à communiquer leur savoir sur ce qui se passe effectivement en analyse : ce ne sont pas des faits qu'ils livrent, mais l'interprétation qu'ils en font. Cette rétention d'information à la source — le cabinet d'analyse — explique que l'on ne dispose, sur la pratique psychanalytique, d'aucune enquête de grande envergure comparable à celles disponibles en psychiatrie. Aucune indication, par exemple, sur la durée ou le tarif moyens des séances, aucune information non plus sur les relations entre, d'une part, le niveau de satisfaction déclarée à l'issue du traitement, et, d'autre part, la durée de ce traitement ou le type de problème qui avait incité le patient à consulter.

Le troisième obstacle que l'on rencontre tient au caractère souvent abstrait, diffus ou flou des enjeux essentiels de la cure. Les maux pour lesquels la psychanalyse est indiquée, les buts et les conditions idéales d'arrêt de la cure, les critères d'une cure réussie ou manquée, et jusqu'à l'idée même de réussite en cure... aucun de ces enjeux n'est défini de façon ferme et stable. Dans ces conditions, celui qui ne se contente pas de descriptions métaphoriques ou de remarques déjà interprétatives sur la cure s'expose immanquablement au reproche de réductionnisme et de simplification abusive.

Le quatrième obstacle qui s'oppose à une investigation non-psychanalytique de la cure est d'ordre théorique. Recueillir avec des yeux neufs les phénomènes que l'on observe en analyse est très délicat : la perception des faits est structurée par des interprétations à ce point reçues qu'il est très difficile de les déceler comme telles, et de ne pas les prendre, à leur tour, pour des faits. Comment résister, par exemple, à l'attraction d'un concept comme celui de transfert? Car ce concept donne une unité et une identité à une multitude de comportements disparates et énigmatiques, et permet en outre d'en rendre compte exhaustivement : la tentation est grande de considérer le transfert comme un concept descriptif particulièrement efficace, alors qu'il s'agit, à la base, d'un concept explicatif, qu'il faut savoir écarter provisoirement si l'on veut tenter d'appréhender les phénomènes qui se produisent en cure en-deçà de l'interprétation qu'en donne la théorie analytique.

Ces différents obstacles rendent certes difficile une investigation de la cure, mais ils ne la limitent pas en droit. A défaut de pouvoir observer directement ce qui se passe dans le cabinet d'analyse, nous disposons des témoignages donnés hors du cabinet. De même, si effectivement les psychanalystes ne se prêtent guère aux enquêtes, les patients, eux, se montrent plus ouverts. Quant aux enjeux de la cure, ils paraissent beaucoup moins ésotériques lorsque c'est le témoignage des patients qui est privilégié. Dans leur grande majorité, ceux-ci exposent leur conception et leur expérience des buts, des moyens ou du déroulement de la cure dans des termes clairs et univoques. Enfin, l'attraction des concepts utilisés par les analystes se révèle résistible pour peu que l'on s'affranchisse des hiérarchies freudiennes qui orientent spontanément la lecture que l'on fait de la cure. Dans cette perspective, un aspect quelconque de la cure ne pourra être tenu pour futile ou anecdotique que si son incidence a été mesurée et s'est révélée négligeable.

Un obstacle de taille demeure pourtant, le plus important peut-être, celui de la légitimité épistémologique d'une telle démarche.

La première objection qui s'élève à l'encontre d'une étude générale des cures psychanalytiques tire argument du caractère individuel de la cure. Le cabinet d'analyse, entend-on dire, est le lieu de révélation de la singularité, de la différence, de l'irréductible. Il ne saurait donc faire l'objet d'une investigation générale sans que l'essentiel ne soit manqué. S'il est certain que l'intérêt d'une cure réside dans ce qu'elle a d'unique et de propre, il nous faut néanmoins nous rendre à l'évidence : appréhendés à partir des témoignages des analysés, les comportements observables et les expériences faites en analyse se révèlent, contre toute attente, extraordinairement stéréotypés. Et ils paraissent d'autant plus stéréotypés qu'ils ne s'observent qu'en analyse, et nulle part ailleurs. C'est d'ailleurs, à l'origine, ce caractère simultanément énigmatique et stéréotypé de l'expérience analytique qui nous a conduit à vouloir interroger la cure analytique réelle. Qu'y observe-t-on donc de remarquable ? Des sujets entament une analyse pour régler certains problèmes. Dans leur grande majorité, ils sortent satisfaits de leur cure, sans que le fait que leurs problèmes aient été ou non réglés affecte le jugement qu'ils portent sur elle. Au cours du traitement, ils auront manifesté une attention extrême à la personne du thérapeute, nourri à son égard des attentes semblables — le désir intense d'être apprécié de lui ou au moins reconnu. Ils auront éprouvé des émotions très comparables : l'altération du sentiment d'identité, la sensation que tous les repères vacillent, que l'on est opaque à soi-même... Ils auront toléré des conditions rigoureuses, nettement plus favorables à l'analyste qu'au patient : la fixation libre du tarif, le paiement des séances manquées quel que soit le motif de l'absence, le retrait ou le mutisme de l'analyste... Ils auront donné beaucoup plus de temps (il se compte en années), et beaucoup plus d'argent (il se compte en dizaines ou en centaines de milliers de francs) qu'ils ne l'auraient fait pour un traitement courant. Et, au terme de la cure — un terme qui sera plusieurs fois repoussé —, ils auront manifesté une même difficulté à énoncer ce que la cure leur a apporté, tout en jugeant qu'il s'agit de quelque chose d'essentiel. Ils seront devenus des adeptes, voire des prosélytes, de cette forme de thérapie, et malgré les années passées sur le divan, regretteront de n'être pas allés « plus loin », de n'être pas parvenus, malgré leurs efforts, au terme de l'« exploration ».

Il ne suffit cependant pas que les régularités observées d'un patient à l'autre soient nombreuses et typées pour justifier une étude générale de la cure analytique : ces régularités valent avant tout parce qu'elles concernent des aspects non pas accessoires mais essentiels de la cure, et de l'expérience la plus profonde et la plus intime qu'en font les patients. Relever de telles similitudes de comportement ne revient donc pas à réduire, à la faveur d'une description extérieure, superficielle et hâtive, des expériences subjectives et irréductibles : il s'agit au contraire d'appréhender dans son extrême singularité une expérience capable de faire naître des comportements similaires et remarquables chez des individus pourtant différents, par définition. Tout cela justifie pleinement une étude générale de la cure psychanalytique. D'ailleurs, les analystes, qui s'insurgent contre toute tentative de réduction, ne sont-ils pas les premiers à se donner le droit de parler des cures dans leur ensemble?

Une seconde objection porte sur les motivations douteuses qui présideraient à une telle enquête. L'auteur de ces lignes se heurte presque invariablement, de la part des adeptes ou des praticiens de la psychanalyse, à des interrogations portant sur ses mobiles inconscients. Et témoigner, comme nous l'avons fait, de notre adhésion initiale à la doctrine freudienne, ou mettre en avant l'espoir longtemps nourri de devenir analyste n'y change rien. Un interlocuteur suspicieux et entraîné à produire des interprétations pourra toujours choisir de voir dans les défenses et les argumentations raisonnées une confirmation de second degré de ses soupçons. Le seul recours, pour nous, consiste alors à passer outre les préventions et les mises en accusation, et à répéter que la valeur théorique de notre étude dépend de sa méthode et de sa démarche, et non de la pureté des intentions qui la motivent. Comme MacIntyre, nous croyons qu'il n'importe guère, d'un point de vue épistémologique, que nos assertions soient sous-tendues par la bienveillance ou l'hostilité. Il y a «toujours lieu de distinguer les motifs qui conduisent un homme à professer un ensemble de croyances et les raisons qui peuvent être invoquées en leur faveur»[3].

A présent que le principe d'une investigation non psychanalytique de la cure est acquis, il nous faut nous interroger sur les fins que cette investigation peut poursuivre et sur les moyens à mettre en œuvre.

Nous tâcherons avant tout de décrire précisément ce qui se passe effectivement en analyse. Pour avancer dans la connaissance de la cure, il faut recueillir le plus grand nombre de faits possible, sans se prononcer à l'avance sur leur caractère accessoire ou essentiel. Et des faits dont la portée est *a priori* indéfinie, il s'en rencontre beaucoup. A titre d'exemple, on constate qu'il est exceptionnel que l'argent circule de main à main entre le patient et l'analyste : le patient dépose généralement la somme sur une table ou un bureau situé dans le cabinet, et l'analyste ne s'en empare qu'après le départ de son client. Un tel fait, comme bien d'autres, advient spontanément, et de manière très récurrente, sans jamais avoir été relevé par les analystes, ni bien sûr érigé en règle. Certes, les règles jouent un rôle crucial : elles structurent le champ des comportements possibles, autrement dit, elles définissent les contraintes et les licences de cette forme de relation humaine. Mais de manière générale, dans la description que nous ferons de la cure psychanalytique, il nous faudra être aussi sensible aux faits qui découlent des règles psychanalytiques qu'aux faits qui les transgressent, ou qui en sont indépendants, comme c'est le cas ici.

Nous tenterons simultanément de rendre raison de ces faits — essentiellement de l'attitude et de la conduite des patients. Les psychanalystes proposent bien des réponses, mais il ne serait pas légitime de nous en contenter. En effet, et nous aurons maintes fois l'occasion de le constater, les analystes interprètent plus qu'ils n'expliquent. Ils envisagent ainsi la signification qu'ils attribuent au comportement d'un patient comme sa cause, ce qui fait de tout comportement un message émis par le patient, mais à son insu. Cette identification, propre à la psychanalyse, du sens et de la cause, est solidaire de l'absence de réflexion sur les conditions objectives au sein desquelles ces comportements surviennent. Il est certes intéressant de s'interroger sur la signification cachée que les comportements recèlent éventuellement, mais il serait imprudent de commencer notre enquête sur de telles bases. On courrait le risque de prêter une signification à des faits qui en sont dépourvus. Ainsi, il serait fallacieux d'interpréter le fait qu'un patient soit arrivé en retard à sa séance si le retard est dû à une grève-surprise des transports publics, c'est-à-dire à un facteur sur lequel le patient n'a aucun contrôle. Un tel retard mérite une simple explication, parce que ce sont les conditions objectives qui l'ont déterminé. De même, s'il s'avérait que le mode de communication très spécifique qui prévaut en cure déterminait les patients à rechercher par tous les moyens la reconnaissance de l'analyste, il n'y aurait pas lieu d'interpréter ce désir de reconnaissance : il découle des conditions, et non de la subjectivité propre du patient. Autrement dit, ce désir de reconnaissance nous parlerait davantage du dispositif analytique (et de la réaction qu'elle est susceptible de susciter chez tout homme) que du patient dans sa singularité. Avant de prêter une signification aux comportements, il est donc impératif de s'assurer qu'il n'en existe pas une explication simple.

Notre dernière ambition, solidaire des deux premières, sera de prendre un certain recul vis-à-vis de la cure psychanalytique afin de répondre à la question initiale («Qu'est-ce qu'une cure?») de la façon la plus complète possible. Il ne s'agira plus de décrire ou d'expliquer, mais d'évaluer ce qu'une cure apporte, ce qu'elle n'apporte pas, et, après son arrêt, ce qu'il en reste.

Une ultime difficulté subsiste — celle des sources. Où chercher l'information dont nous avons besoin pour décrire, comprendre et évaluer la cure psychanalytique?

Malgré leur nombre extraordinaire, les descriptions que donnent les psychanalystes des cures qu'ils assurent ne peuvent guère être mises à profit. Elles ne distinguent pas les points de vue des agents qui y prennent part, et ne retiennent de ceux-ci que les aspects qui servent la cure telle qu'ils la conçoivent. Ils la postulent une, et finalisée. Insensiblement, ils font une lecture téléologique de la succession des séances, chaque élément s'agrégeant au tout, et convergeant vers la fin. En outre, les analystes présentent leurs études de cas pour défendre des thèses. Ceci explique que, dans la relation qu'ils font des séances, ils ne notent généralement que ce qu'ils jugent pertinent. Ces descriptions sélectives pourraient encore être instructives pour un observateur averti et circonspect, mais un vice d'élaboration dénature irrémédiablement les faits rapportés. Les concepts dont les praticiens usent pour saisir le développement de la cure et les attitudes du patient ne se bornent presque jamais à décrire. Comme le note McIntyre, les notions utilisées dans la littérature analytique passent pour neutres et empiriques quand elles reposent en réalité sur des théories sous-jacentes, et constituent des notions authentiquement explicatives. Les notions de transfert, d'inconscient, de perlaboration, de désir ou de projection, par exemple, sont indissociables d'une conception bien particulière de la psyché et de la cure, et ils n'ont de signification que dans le cadre de cette conception. Or, les psychanalystes n'appréhendent les phénomènes en jeu dans la cure qu'à travers ce type de concepts, lesquels ne se réfèrent à rien d'observable. Ils privent ainsi l'observateur extérieur de l'accès au domaine factuel, en lui livrant non pas les faits bruts, mais les faits déjà interprétés à la lumière de la théorie. Et c'est parce que le domaine factuel est lui aussi contrôlé par la théorie qu'il est inutile d'aller plus avant dans l'étude des notes cliniques d'analystes.

Nous faisons cependant une exception pour Freud. Si la référence à ses textes s'impose — textes théoriques et études empiriques —, c'est d'abord parce que Freud jouit encore d'une grande autorité parmi les analystes. Or, les patients de notre échantillon rapportent, de leur analyste, des propos ou des attitudes parfois étranges. La seule manière, pour nous, de prouver que ces psychanalystes contemporains ne sont pas marginaux ou hétérodoxes, mais représentatifs de l'ensemble de la profession, c'est de montrer que Freud, dont l'exemplarité ne peut être contestée, a fait lui aussi, en son temps, de curieuses déclarations à ses patients, et a, lui aussi, adopté des attitudes énigmatiques à leur égard. Un second motif nous a incité à donner régulièrement la parole à Freud. En tant que fondateur de la psychanalyse, il a eu à justifier ses choix, c'est-à-dire à légitimer les règles analytiques, et à défendre le dispositif qu'il avait institué contre les critiques. Les remarques qu'il a faites à ce sujet sont pour nous pleines d'enseignements, dans la mesure où les analystes contemporains vivent sur les choix de Freud, sans jamais les mettre en question.

Les notes de cas d'analystes étant donc exclues, nous nous sommes tourné vers les patients. Nous avons un temps été tenté de mener des entretiens en face à face avec des patients en analyse ou d'anciens analysés. Mais parler de son analyse, c'est inévitablement parler de soi ; et l'on ne parle pas volontiers ni ouvertement de soi lorsqu'on ne connaît pas à l'avance les thèses que les informations recueillies vont servir ou illustrer. Ces réticences nous ont fait renoncer à interroger directement des analysés sur leur traitement.

Restent les témoignages spontanés. Au cours des années 70 et 80, une curiosité diffuse pour la psychanalyse a incité bien des éditeurs à publier le témoignage d'analysés décrivant le déroulement réel de leur cure. Ces nombreux récits ou journaux de cure constituent un matériau d'étude riche et diversifié. Les patients n'y portent leur attention que sur les aspects de la cure qui sont pertinents à leurs yeux ; ils y distinguent nettement les enjeux qu'ils tiennent pour importants de ceux qu'ils tiennent pour secondaires ; ils y expriment librement leurs espoirs et leurs doutes, sans qu'aucune contrainte ne pèse sur eux. En somme, ces témoignages spontanés présentent sur les témoignages sollicités l'avantage décisif d'échapper aux suggestions et aux présomptions de l'enquêteur. Lorsqu'ils se présentent sous la forme de journaux intimes, ils nous donnent accès au quotidien du patient en analyse, aux faits bruts, aux répétitions, à la nouveauté et aux événements saillants, livrés avant leur digestion analytique sans contrainte d'ordre ni de cohérence. Lorsqu'ils se présentent sous la forme de récits structurés, ils rendent bien compte des mouvements de fond, des sentiments qui sourdent et des évolutions de longue durée que les auteurs de journaux ne sont pas toujours à même d'énoncer.

Les témoignages spontanés que nous avons pu consulter présentent un autre intérêt : leurs auteurs sortent majoritairement satisfaits du traitement. Et le fait qu'ils aient été sensible à la séduction de la cure analytique nous intéresse à double titre. En premier lieu, parce que cela nous donne tous les moyens de comprendre comment la séduction analytique opère. En second lieu, parce que les analysés, convaincus des bienfaits de la cure, appliquent dans leur livre les règles qui leur ont assuré le succès en cure : tout dire, avec une totale sincérité, et dans la plus grande proximité à soi-même, ce qui nous donne à voir l'expérience subjective que chaque patient a vécue dans toute sa complexité.

Pour ne pas être débordé par la profusion, et, souvent, la confusion de ce matériau d'étude, nous avons soumis les différents textes à notre disposition à une même question : quelle est l'incidence du dispositif analytique sur l'expérience que le patient fait de la cure ? Autrement dit, quels sont les effets sur le sujet des conditions objectives auxquelles il se soumet lors de son entrée en cure : un divan sur lequel on s'étend, un interlocuteur invisible et muet, une périodicité et une fréquence des séances prédéfinie et immuable, des règles de communication originales, etc. Pour expliquer les comportements les plus communs en analyse, il nous a en effet paru sage de tourner notre regard vers les conditions les plus communes dans lesquelles se déroule une analyse. Et, de fait, qu'est-ce qui peut favoriser la récurrence de manifestations spécifiques et cependant semblables d'un patient à l'autre, sinon ces éléments spécifiques mais, eux aussi, semblables d'un cabinet d'analyse à l'autre, que sont les conditions objectives ?

Appréhender ainsi les cures psychanalytiques sous l'angle des règles qui les régissent, c'est assurément les saisir exclusivement dans ce qu'elles ont de commun. En outre, quand bien même il s'avérerait que ces éléments communs à toutes les cures n'ont guère d'incidence sur leur physionomie générale, l'accent porté sur eux resterait profitable. Déterminer l'impact des conditions objectives, c'est la seule manière de savoir si l'évolution de la pratique est restée conforme à l'esprit des premières cures. Catherine Clément, dans *Les fils de Freud sont fatigués*[4], fait ainsi remarquer que le psychanalyste, depuis Freud, est progressivement devenu plus silencieux, que la durée d'une analyse est passée de six mois en moyenne à six ans, que l'analyse des rêves et du «transfert» tend à supplanter celle de l'enfance et des symptômes, sans que quiconque se soit inquiété des effets possibles de ces mutations sur la valeur et les effets de la cure. Or, si les conditions de la cure changent, il y a de fortes chances pour que la signification qu'il convient de prêter aux comportements change aussi. Le silence prolongé d'un patient peut-il être interprété de la même manière dans le cadre d'une séance que ce patient sait vouée à être interrompue à tout moment et sans préavis, et dans le cadre d'une séance fixée à 45 minutes ? Un appel à l'aide adressé à l'analyste a-t-il la même signification lorsqu'il émane d'un patient en cure depuis un an ou depuis six ans ? La multiplication des écoles de psychanalyse se réclamant plus ou moins directement de Freud a encore accru la variabilité des conditions. A Paris, New York ou Buenos Aires, l'instauration de conditions toujours plus rigoureuses ne connaît parfois plus de limites. On observe pourtant que les patients exposés à ces conditions disent retirer de leur traitement des bienfaits tout à fait comparables à ceux que les patients qui suivent une analyse plus classique peuvent retirer de leur cure. A ce qu'il semble, rencontrer plusieurs années durant, trois fois par semaine, un homme qui ne dit rien et vous congédie selon son gré entre huit et quinze minutes après votre arrivée peut, aux dires des principaux intéressés — les patients —, faire du bien, «changer la vie». Ce type de cure, même si il n'entre pas dans le cadre de notre étude, nous suggère que les vertus de la cure psychanalytique ne sont peut-être pas où on les attend.

NOTES

[1] O. Cromwell, cité par Freud auprès de Smiley Blanton, un de ses patients, *Journal de mon analyse avec Freud*, Smiley Blanton, PUF, 1973, p. 28.
[2] *Le mythe de la psychothérapie*, Thomas Szasz, Payot, 1978, p. 27.
[3] *L'inconscient, analyse d'un concept*, MacIntyre, PUF, 1984, p. 27.
[4] *Les fils de Freud sont fatigués*, Catherine Clément, Grasset, 1978.

Le déroulement de la cure-type

Afin de permettre au lecteur de situer dans leur contexte chacun des aspects de la séance, étudiés plus loin isolément, nous nous sommes livré à une reconstitution purement factuelle du déroulement courant d'une cure. Ce qui suit constitue la synthèse de tous les témoignages d'analysants que nous avons pu recueillir. Si une telle synthèse est possible, c'est parce que la différence entre la cure-type instituée par Freud et les cures décrites par les analysés est très réduite : elle ne paraît être qu'une affaire de plus ou de moins. Plus ou moins d'interventions en cours de séance de la part de l'analyste, de temps accordé à chaque patient, et d'années passées sur le divan. La cure telle que nous la présentons ici n'est donc ni une cure idéale, ni une moyenne des cures. C'est la cure telle qu'elle se déroule le plus souvent.

AVANT LA CURE

> Annette (5 ans d'analyse) : Quand on débute, on est persuadé que ça va être drôlement chouette, qu'après on va être quelqu'un de merveilleux. Ça, on doit tous le penser, sinon, on ne s'embarquerait pas là dedans...[1]

Si tous ceux qui entament une analyse n'ont pas la candeur d'Annette, nous devons cependant constater que, dès les premières semaines de traitement, de nouvelles attentes se substituent à celles qui ont déterminé le patient à entrer en analyse. Mais la teneur de ces attentes initiales est difficile à saisir : rares sont les témoignages qui en font état. La plupart des auteurs de journaux intimes ont entamé la rédaction de leur journal une fois l'analyse engagée, et négligent d'indiquer les espoirs qu'ils plaçaient dans la cure. Quant aux auteurs d'autres types de témoignages — essentiellement des récits composés *a posteriori* —, les informations relatives à leurs attentes d'avant l'analyse ne sont accessibles qu'à travers les relectures qu'ils en ont faites en cours de traitement. Cela ne doit pas étonner : il est fréquent que l'analyste mette en question, voire en doute, le motif de consultation assumé initialement par le patient, et ce dès les premières séances. La cure est un voyage au long cours qui s'accommode mal de demandes ponctuelles ou bien définies. Comme ce serait faire preuve de peu d'humilité, de la part du patient, que de prétendre face à un analyste que seul compte le problème présenté ou que «cela ne va pas si mal que ça», le patient se laisse généralement convaincre : il quitte le cabinet persuadé de la nécessité de sa venue, mais incertain des motifs qui l'avaient poussé à venir. On peut néanmoins reconstituer assez fidèlement les représentations et les attentes du candidat à l'analyse si l'on se tourne vers d'autres sources.

L'étude de S. Moscovici, *La psychanalyse, son image et son public*[2], permet de tirer quelques enseignements sur les attentes les plus courantes de ceux qui font le choix de consulter un analyste, et de se plier aux exigences de l'analyse. L'individu qui franchit le seuil d'un cabinet d'analyse pour la première fois entreprend une démarche facultative, et privée, dans laquelle il place un certain espoir, celui, peut-être excessif, de résoudre les plus aigus de ses problèmes personnels, et de mener une vie plus heureuse, ou plus intéressante... Qu'il répugne aux prescriptions chimiques, ou qu'il ait déjà une expérience des psychotropes, il dispose en tout cas généralement de l'information minimale : «Le psychanalyste ne prescrit pas». Il fait ainsi implicitement le pari que la cause de son mal n'est pas à chercher du côté de sa physiologie, mais de son histoire, tout au moins de sa subjectivité, ce qui nous permet d'inférer d'emblée le caractère diffus ou indéfinissable de son mal. Si le candidat à l'analyse a fait la connaissance de la doctrine par le biais de ses expressions vulgarisées, il attendra de l'analyste une «écoute», l'assistance d'un professionnel du couple et de la vie psychologique, parfois un soutien, et peut-être un «grain de folie». S'il en a une connaissance plus savante, ce sera un problème persistant et encombrant qui pourra le décider à franchir le pas pour traiter la névrose qu'il est tout disposé à se découvrir. Le bien informé consultera un praticien qu'il aura choisi, pour un problème situé idéalement à la lisière du psychologique et de l'existentiel. Il demeure que chez ceux, majoritaires, qu'une véritable difficulté à vivre ou le sentiment d'un malaise chronique poussent à entrer en analyse, c'est toujours le simple espoir d'une amélioration qui constitue le mobile de la décision.

Il arrive cependant que l'initiative individuelle soit fortement préparée par l'environnement social, et que la pression en faveur de l'analyse soit si forte qu'elle agisse littéralement comme une contrainte. Ainsi, dans certains milieux de la psychiatrie, de l'assistance socio- ou psycho-pédagogique, ou dans certaines filières universitaires, par exemple, tout se passe comme si chacun était moralement tenu de suivre une analyse ou de motiver fortement son rejet. Il arrive même qu'une cure de brève durée figure comme condition d'accès à un milieu, comme c'est le cas dans certaines congrégations trappistes. En milieu scolaire ou asilaire, il est encore fréquent qu'on encourage vivement les parents d'enfants en difficulté à entamer une analyse, non pour eux-mêmes mais en priorité pour le bien leur enfant. Même si la psychanalyse perd ici du terrain au profit d'autres formes de psychothérapie, l'incitation a encore souvent la force d'une contrainte morale. Dans les milieux intellectuels concernés, c'est une suspicion d'inauthenticité et d'aliénation qui pèse comme une menace sur celui qui ne fait pas ou n'a pas fait son analyse. Ce sont parmi ceux-là que recrutent surtout les analystes lacaniens, ou ceux dont la pratique est d'inspiration lacanienne. Ces praticiens interprètent en effet la demande de soin comme une *demande d'analyse*, demande spécifique renvoyant elle-même à un tout aussi spécifique désir d'analyse. Entrer en analyse, dans cette perspective, ce n'est pas vraiment prendre une initiative individuelle, mais se rendre à la raison sous la pression des normes. Ce dernier type d'analyse n'entre cependant pas dans le cadre de notre étude : la dimension thérapeutique n'y est pas suffisamment présente.

Lorsque la décision est prise d'entrer en analyse, le patient doit faire le choix de son analyste. Il peut commencer par rendre visite à un analyste de sa connaissance. Naturellement, il ne pourra pas envisager de traitement dans ce cabinet. Dans la « vie réelle », il ne doit pas entretenir de relation avec son analyste. Il incombera donc à l'analyste de donner les coordonnées de l'un de ses collègues, en priant le patient de bien faire savoir à ce collègue d'où vient la recommandation. L'analyste semble choisir son collègue en fonction de trois critères. Le premier de ces critères, ce sont les préférences du patient. Certaines patientes affirment qu'elles ne prendraient jamais au sérieux une femme analyste. D'autres patients ne veulent pas d'un analyste plus jeune qu'eux, etc. Le second critère, c'est l'adéquation entre le praticien envisagé et le profil psychopathologique du patient. Le patient blessé ou à vif se verra plutôt conseiller un analyste maternant. Avec le patient très exigeant intellectuellement, le transfert ne sera possible qu'avec un analyste brillant. Le patient qui tend à en demander trop dès la première séance sera envoyé chez un analyste ferme, etc. Le dernier critère qui intervient dans le choix de l'analyste est d'ordre strictement professionnel. Quand un analyste voit régulièrement arriver dans son cabinet des patients recommandés par l'un de ses collègues, il doit lui rendre la pareille, sous peine de voir cette source se tarir. Et s'il suggère aux patients qu'il aiguille vers un nouvel analyste de bien préciser leur provenance au nouvel analyste, ce n'est pas, comme le croient bien des patients, pour qu'ils jouissent d'un traitement de faveur, mais parce qu'un cadeau anonyme est un cadeau perdu.

Si le candidat à l'analyse ne connaît pas d'analyste, mais que l'un de ses proches est en analyse, il commencera généralement par prier ce proche, qui dit tant de bien de son analyste, de l'autoriser à se rendre dans son cabinet. L'analyste sollicité devra, là encore, aiguiller le candidat à l'analyse vers l'un de ses collègues, puisqu'il n'est pas question qu'un même analyste traite deux patients qui se connaissent entre eux : Freud l'a fermement déconseillé.

Si le patient ne connaît ni analysé, ni analyste, ou s'il veut faire sa démarche dans le plus grand secret, il procédera lui-même au choix. Les critères les plus arbitraires prévaudront alors : le nom de famille de l'analyste, la proximité de son cabinet avec le domicile ou le travail, le fait qu'un élément quelconque de ses coordonnées « parle » au patient : un prénom, un numéro...

Enfin, si le patient est déjà féru de psychanalyse, il pourra choisir de consulter une célébrité, l'auteur d'un livre ou d'un article qui lui a plu, un analyste inscrit sur l'annuaire de l'École ou de l'Institut de psychanalyse dont il se sent le plus proche, etc. C'est la seule classe de patients qui ne soit ni ignorante des différentes orientations des analystes, ni indifférente à l'affiliation théorique de leur analyste.

Au-delà de ces différences dans le mode d'approche de l'analyste, on constate que « le courant » a d'autant moins de chance de « passer » aux yeux du patient que celui-ci a une meilleure connaissance de la psychanalyse. Les patients qui sont venus à l'analyse de manière accidentelle se montrent nettement moins difficiles : le premier analyste consulté est souvent le bon. Notons enfin que certains patients — une petite minorité — profitent sans mesure de la gratuité de la première séance. Ceux-là utilisent tous les canaux qui conduisent aux cabinets d'analyse, et disent ne se satisfaire d'aucun de ceux qu'ils visitent. Mais on peut se demander s'ils ne tirent pas plaisir de cette quête illimitée. Peut-être est-ce l'augmentation du nombre de ces patients « boulimiques » d'analystes qui encourage certains analystes à demander que la première séance soit payée.

LES PREMIÈRES SÉANCES

Lorsque le patient découvre pour la première fois le cabinet de l'analyste, il a préalablement connu sa voix, et pu évaluer certaines de ses qualités humaines : sa douceur, sa patience, éventuellement son humour. Sa première impression est le plus souvent favorable. Outre le plaisir inhérent qu'il a pu retirer de la réalisation d'une initiative, d'un commencement, il a dû convenir, à égalité de droit avec l'analyste, d'un jour et d'une heure pour la rencontre. Comme nous l'avons vu, il n'a pas de client de cet analyste parmi ses amis, il n'en a donc eu connaissance que par le biais d'un autre analyste, d'un médecin, d'un annuaire de psychanalyse, ou de la lecture d'un texte de lui. Ainsi, au moment où il pénètre dans la salle d'attente, seul, si l'analyste l'a averti que la porte lui serait ouverte, ou précédé par une secrétaire si l'analyste en a les moyens, il ne connaît pas *a priori* l'apparence de son hôte. Certes mû par les espoirs que nous avons évoqués, le patient conserve toutefois un relatif détachement à l'égard de sa situation. Si c'était d'un soulagement immédiat qu'il avait besoin, il se serait adressé à un psychiatre ou à un généraliste susceptible de prescrire des médicaments.

Isolé dans la salle d'attente, le patient peut à loisir faire connaissance, à l'insu du propriétaire des lieux, de l'environnement que s'est choisi celui qui sera peut-être son thérapeute, et tenter d'en décrypter la signification sociale, culturelle ou idéologique. Le quartier, l'immeuble, la décoration, le mobilier, le contenu des bibliothèques, les reproductions, éventuellement les revues disponibles... pourront lui donner une idée du niveau de richesse ou du goût de l'analyste. Mais il n'est en vérité confronté qu'aux prétentions sociales de celui qu'il consulte. Le patient ne dispose que de bien peu d'éléments pour distinguer l'analyste qui appartient à la grande bourgeoisie intellectuelle parisienne de l'analyste qui y aspire en en collectionnant les attributs. L'analyste est celui qui reçoit, il peut faire dire ce qu'il veut aux lieux qui le reflètent aux yeux du patient. Faute de mieux, le patient doit se contenter, pour connaître son interlocuteur, de passer au crible les indices que l'analyste aura bien voulu semer sur son chemin. Le vêtement et le niveau de langage de l'analyste jouent un rôle non négligeable dans le choix du patient. Pour une raison que nous ignorons, cette évaluation intuitive du niveau socioculturel de l'analyste a un poids certain : il est exceptionnel qu'un patient se satisfasse d'un analyste ayant *en apparence* un niveau de vie plus bas que le sien, l'inverse étant au contraire courant.

Mais l'essentiel, pour nous, est ici que le patient conserve une position de client libre de s'engager comme de ne pas s'engager envers un homme auquel il n'a encore rien livré, ni secret, ni argent.

A l'heure convenue, l'analyste vient chercher le patient dans la salle d'attente. Il le conduit jusqu'au cabinet, et la consultation commence, à la manière d'une consultation médicale classique, c'est-à-dire en face à face, de part et d'autre du bureau de l'analyste.

Si le patient n'indique pas spontanément comment il en est venu à le consulter, c'est l'analyste qui le lui demandera, à moins que, lors de l'appel téléphonique, l'information n'ait déjà été donnée. Immédiatement après, l'analyste s'enquerra auprès du patient de ce qui l'a amené à consulter. Le patient motive alors sa venue, présente le problème qu'il souhaite traiter. L'analyste peut lui demander s'il a déjà consulté, s'informer de sa situation, de son passé, etc. L'analyste doit ici s'assurer que c'est bien pour lui-même, et non à la demande ou sous la pression d'un tiers, que le sujet souhaite entamer une cure. La cure analytique requiert explicitement le concours, la motivation et la bonne volonté de celui qui s'y prête. Il est donc hors de question que l'initiative de la cure revienne à un autre que celui qui s'y engage.

L'analyste tâche aussi, au cours de cette première séance, de déterminer s'il pourra ou non suivre le patient. Lorsque l'analyste juge que la cure est *a priori* indiquée, il propose une nouvelle consultation, ou le dirige vers un collègue, s'il ne souhaite pas lui-même le prendre en analyse. Mais il dispose d'encore une ou deux séances pour prendre son parti et déterminer fermement si, oui ou non, il lui proposera une cure.

Notons que si c'est le patient seul qui a pris l'initiative de consulter un analyste, il pourra arriver que l'analyste lui apprenne au cours de cette première séance qu'un élément de sa situation rend la cure inenvisageable. Le premier critère qui définit la population des individus pouvant prétendre à l'analyse concerne leur rapport aux autres et à la société. Le succès de l'analyse, selon Freud, irait jusqu'à en dépendre puisqu'il affirme s'être «imposé la règle de ne jamais entreprendre le traitement d'un malade qui ne fût pas *sui juris*, dans les relations essentielles de sa vie, indépendant de qui que ce soit»[3]. En toute rigueur, sont donc exclus *a priori* enfants et vieillards, handicapés mentaux et prisonniers. Qui reste-t-il ? L'immense population de ceux qui sont exempts de troubles psychiques sévères, qui sont capables de communiquer avec l'analyste, et ont une perception suffisamment claire de la réalité et d'eux-mêmes pour avoir une place dans la société, de ceux qui, en un mot, peuvent être tenus pour des individus responsables. Certes, le développement de la psychanalyse pour enfants, l'exploration du champ des cas *border-line*, a un peu remis en cause ces principes. Mais ces pratiques restent somme toute marginales, tant du point de vue des institutions analytiques que d'un simple point de vue quantitatif.

Cependant, comme ces caractéristiques sont interprétables avec une grande latitude et que l'inscription sociale a perdu le sens qu'elle avait à l'époque de Freud, de nouveaux critères facilement utilisables pour l'évaluation de la responsabilité et de l'autonomie du candidat potentiel ont été mobilisés.

Ainsi, parmi les conditions nécessaires pour avoir droit à une analyse classique figure aujourd'hui la possibilité de se rendre au moins deux ou trois fois par semaine au cabinet de l'analyste, et de payer soi-même son analyse : le versement de fonds propres garantit à la fois un certain investissement, et donne au patient le droit de ne rendre de compte à personne d'autre qu'à lui-même de l'usage qui est fait de l'argent; enfin, la responsabilité du praticien est moins engagée en cas de problème ultérieur si le candidat à l'analyse s'assume financièrement, et établit ainsi une relative autonomie, celle que requiert l'aptitude au travail. Jouissent cependant d'une tolérance ceux qui, n'étant pas autonomes financièrement, disposent néanmoins d'argent de poche ou de sommes allouées régulièrement, comme les jeunes vivant chez leurs parents ou les femmes au foyer. Nous laisserons de côté le cas des patients qui font une analyse entièrement prise en charge par la Sécurité Sociale. Les psychiatres qui font le choix de ne pas faire payer, quelles que soient les raisons de ce choix, transgressent une règle essentielle de la cure psychanalytique. Et, à ce titre, les cures gratuites s'écartent de la cure telle que Freud l'a décrite. Une fois ces conditions discutées, le patient quitte le cabinet.

A l'issue de la première séance, le patient doit délibérer pour savoir s'il souhaite ou non s'engager plus avant avec l'analyste qu'il a consulté. Il semble que ce soient les aspects relatifs à l'homme plutôt qu'au thérapeute qui entrent d'abord en ligne de compte. Mais les informations disponibles ne sont guère pertinentes. Le cabinet et le logement étant presque toujours bien distincts, les patients ne connaîtront le plus souvent rien de sa «vie privée», de son âge exact, de sa situation familiale... Pourtant, dans son enquête sur 30 patients, D. Frischer met en évidence le fait que «plusieurs analysés reconnaissent avoir été très sensibles au physique des analystes rencontrés (...) Un homme trop efféminé, ou trop austère, ou trop négligé peut déplaire...»[4]

Restent à évaluer les aptitudes thérapeutiques de celui qu'on s'apprête à adopter. Les analystes célèbres, par exemple, ne le sont pas pour leur puissance thérapeutique, qui ne peut s'éprouver que dans le privé et le secret, mais pour leur ingéniosité théorique ou l'éclat de leurs allocutions publiques. Les diverses informations que l'analyste aura bien voulu mentionner sur sa carte de visite (affilié à telle association, pratique aussi la psychothérapie analytique, formé au *rebirth*, à l'animation de groupes Balint, spécialiste des problèmes du couple...) ne renseigneront que sur son passé professionnel. Et, lors de la première séance (comme lors des séances suivantes), l'analyste se montre toujours parfaitement silencieux sur lui-même, l'information la plus intime le concernant portant sur les dates de ses congés. Pour peu que le patient ne sache pas qu'à l'affiliation à telle école correspond telle orientation théorique, il ne connaîtra jamais quel type de psychanalyse son analyste pratique. Et ce n'est pas l'analyste qui le lui apprendra. On constate que tout analyste tend à se présenter comme l'analyste générique, transcendant étiquettes et querelles de clocher. Il nous faut dire ici que cette privation d'information n'est pas seulement le fait de l'analyste. Les patients ne se montrent guère pugnaces dans leur quête de renseignements. Sans doute est-ce l'aspect domestique du cabinet de psychanalyse qui les incite à adopter l'attitude de l'hôte plutôt que celle du client-roi. Et, de fait, si ceux qui interrogent l'analyste sur lui-même lors des premières entrevues («les séances préliminaires») sont déjà rares, nous verrons que ceux qui le font en cours d'analyse sont plus rares encore.

Si la première séance s'est bien déroulée, et que le patient n'a pas donné un coup de fil intempestif pour annuler la suivante, une nouvelle séance aura lieu, au cours de laquelle il sera à nouveau discuté des enjeux de la cure et de la situation du patient, mais aussi du tarif, de la périodicité et des horaires.

De son côté, l'analyste devra prendre une décision très engageante, pour lui aussi, celle de suivre ou non le patient qui le sollicite. Après une, parfois deux, plus rarement trois séances, l'analyste doit livrer au patient son verdict. Si l'analyste ne souhaite pas le suivre personnellement, il alléguera l'extrême jeunesse de son client, le retour imprévu d'un ancien patient ou son manque de qualification pour le type de pathologies que présente le patient. Ce recours heureux à de fausses raisons protège le patient d'une humiliation cuisante.

C'est aussi au cours de cette séance et des éventuelles séances suivantes que le patient s'inquiétera de la durée globale de la cure. Sur ce point, l'analyste ne le rassurera guère, et se gardera bien de donner une évaluation. D'ailleurs, comment le pourrait-il en l'absence de diagnostic?

Une singularité propre à la psychanalyse mérite examinée de près. Il s'agit de la fixation libre du tarif des séances. Pour peu que l'analyste ne jouisse pas d'un grand renom — les célébrités sont généralement hors de prix —, ou ne souscrive pas à une déontologie stricte, les deux parties doivent convenir d'un prix. On peut cependant constater trois échelles de prix : le « tarif-étudiant », le tarif réservé à « ceux qui ont une situation », et le tarif de ceux qui sont partiellement pris en charge par la Sécurité Sociale. Naturellement, le prix sera aussi fonction de la renommée et de la disponibilité de l'analyste, de son âge, de son affiliation à telle ou telle Société de psychanalyse (« Les lacaniens sont chers ! », entend-on souvent dire), de l'emplacement du cabinet, etc. La négociation commence par une évaluation intuitive du niveau de richesse du client par le professionnel. Celui-ci fait alors une première proposition de prix. Les formules courantes sont, par ordre d'humilité : « Pour les gens dans votre situation, je prends généralement tant », « Il me semble que pour vous, subjectivement, ce qui conviendrait le mieux, ce serait tant », « Il est essentiel de payer le prix de sa guérison », « Je prends tant »... L'annonce du tarif est parfois précédée d'un préambule technique, parfois abrupte. C'est alors au patient de donner son assentiment ou de discuter. Si d'autres propositions suivent et que l'analyste réduit ses prétentions, le patient pourra lui en être reconnaissant. Dans la mesure où l'argent n'apparaît qu'exceptionnellement comme un enjeu décisif chez ceux qui ont franchi le seuil du cabinet, la personnalité de l'analyste primant sur tout autre critère, la décision d'entamer ou non une analyse ne repose généralement pas sur le montant exigé, pour peu que celui-ci soit raisonnable. A un moment ou un autre, le patient doit céder s'il veut revoir l'analyste. Tout n'est alors que marchandage autour d'un bien qui sera acheté de toute façon.

Selon le degré d'information de son patient, l'analyste lui exposera ses droits et les règles qu'il doit suivre pour que la cure se déroule dans les meilleures conditions : se présenter à toutes les séances, payer les séances manquées, même lors des congés. C'est à cette fin que l'analyste indique ses dates de congés. Il sera plus allusif sur l'impossibilité — s'il la mentionne — de limiter le nombre de séances ou d'interrompre provisoirement la cure. Enfin, il présentera la règle de la libre association. Si les deux parties parviennent à se mettre d'accord sur des horaires, et une fréquence des visites, la cure peut commencer.

Notons ici que le patient n'a pas été informé des devoirs de l'analyste, et, surtout, de l'attitude que celui-ci adoptera : le silence persistant, la non-réponse aux questions, l'opiniâtre neutralité et bien d'autres idiosyncrasies propres aux analystes dérouteront longtemps des patients qui chercheront à comprendre cette attitude étrange comme si elle leur était personnellement adressée ; ils ignorent que la majorité des autres analystes adopte aussi cette conduite singulière avec la majorité des patients.

Lorsque toutes les modalités de la cure à venir sont déterminées, l'usage veut que l'analyste suggère à son patient de s'étendre sur le divan. Mais le passage paraît se faire moins abruptement aujourd'hui. L'analyste va même parfois jusqu'à laisser le patient choisir souverainement s'il se sent «prêt» ou non pour le divan. Si les délais qui séparent la fin des séances préliminaires du commencement de l'analyse proprement dite tendent ainsi à s'allonger, le divan n'en reste pas moins, aux yeux de bien des patients, un symbole précieux autant qu'une épreuve. Notons que si les entretiens en face à face peuvent continuer au-delà des séances préliminaires, ils n'en sont pas cependant de simples répliques. Dès que toutes les modalités de la cure sont fixées, l'analyste change fermement d'attitude, pour adopter d'emblée celle qui sera la sienne lorsque le patient se sera étendu sur le divan. Ainsi, s'il soutient le regard du patient, il le fera d'une manière assez diffuse et flottante pour que le patient ne se sente pas harcelé, ou d'une manière très franche et très frontale, auquel cas ce sera le patient qui cessera de chercher son inspiration dans le regard de l'analyste.

Les thèmes évoqués se renouvellent aussi sensiblement dès l'engagement dans la cure proprement dite. Ce que le patient comprend en particulier, c'est qu'il ne doit pas focaliser son attention sur le mal qui a motivé sa venue. Et parce qu'il occupe la position de patient, parce qu'il est celui qui consulte, il se conforme humblement aux suggestions de son analyste. Pour peu que l'analyste suggère au patient de raconter un rêve, le symptôme qui avait motivé la venue en cure et toutes les attentes qui lui sont attachées disparaissent de la scène analytique. Comme s'en étonne un patient de Freud, après moins de cinq séances, son problème, autrement dit ce qui le faisait souffrir et l'avait amené à consulter, est délaissé au profit des rêves[5], des épisodes biographiques marquants, et des réflexions diffuses sur soi. Mais s'il ne souhaitait pas jouer le jeu, il quitterait le cabinet. Ainsi, l'intérêt porté au motif de la venue en analyse se dissipe très vite, et perd de son actualité.

Lorsque le patient se décide à s'étendre sur le divan, la relative égalité statutaire des entretiens préliminaires, qui avait déjà été menacée lors des entretiens suivants, n'est plus qu'un souvenir : du partage de la station assise, du face à face, de l'échange bilatéral de paroles et de regards, il ne reste rien.

LA SÉANCE-TYPE

L'information peut bien être lacunaire, il suffit de quelques séances pour que le patient connaisse la conduite à tenir. Très vite, les différents aspects de la séance acquièrent un caractère rituel, parce qu'ils diffèrent très peu d'une séance sur l'autre, mais aussi parce qu'ils sont très insolites. Une preuve supplémentaire de ce caractère rituel, c'est que l'attention portée aux détails est très forte, et que tout changement dans le mobilier, les usages ou l'attitude de l'analyste est guetté et accueilli avec un très vif intérêt. Ce que nous tâcherons désormais de décrire, c'est la séance de routine.

Le patient, après un bref séjour dans la salle d'attente — à moins qu'il n'arrive à l'heure précise et que l'analyste n'ait pas de retard —, se prépare à la quitter lorsqu'il entend le patient précédent quitter le cabinet. Pendant que l'analyste aère la salle de consultation, et éventuellement renouvelle la serviette jetable à poser sous la tête du patient, ou retend le drap qui recouvre la partie supérieure du divan lorsqu'il y a lieu de le faire, le patient, avec plus ou moins de succès, s'applique à résister à la tentation de préparer mentalement la séance imminente. Il fait le vide dans sa tête, ou s'absorbe dans une activité machinale.

Quand la porte de la salle d'attente s'ouvre enfin, l'analyste apparaît. Et le patient, à partir de ce moment jusqu'au moment où il sera étendu sur le divan, va bien souvent se montrer très attentif et très sensible à toutes les nuances qui peuvent affecter la conduite de l'analyste. Selon un protocole qui suit désormais des indications scéniques implacables bien qu'invisibles, l'analyste salue son patient en l'appelant généralement par son nom. Le patient lui aussi salue, mais en se pliant au mode de salut tacitement prescrit par l'analyste : la poignée de main prévaut, mais certains analystes se contentent d'adopter une attitude d'accueil réservée ou officielle avec révérence du haut du corps. L'analyste le prie alors de bien vouloir le suivre dans le cabinet. Au seuil du cabinet, il s'attache souvent avec un certain scrupule à faire preuve de courtoisie en invitant le patient à s'engager le premier.

Le patient évite naturellement de demander des nouvelles personnelles à l'analyste — cela fait partie des bienséances —, règle au besoin quelque question technique concernant le paiement ou les absences, se débarrasse de ses affaires, puis s'étend sur le divan, avec la bénédiction implicite de l'analyste traduite par le fait que ce dernier regagne dans le même temps son fauteuil. Ainsi installé, le patient n'a plus dans son champ de vision que la moitié du cabinet que l'analyste n'occupe pas, et le plafond. Il entame alors un discours improvisé et émancipé de tout souci systématique ou rhétorique, en *tâchant* de se laisser aller à dire ce qui lui vient, sans faire de tri et sans rien cacher. De fait, quoique apparemment libre, il évoque plutôt des faits se rapportant à sa famille, à son enfance, à sa sexualité et à l'analyste lui-même, qu'à son travail, à ses loisirs, à ses projets ou à sa condition sociale.

L'analyste, qui donnait les ordres et posait les questions lors des séances préliminaires, s'est mué en une respiration régulière, parfois un halètement, éventuellement une fumée et une odeur de tabac. Le fauteuil est placé de telle manière que l'analyste voie son patient sans être vu de lui. Le patient, couché sur le dos, pourrait certes apprendre ce que fait l'analyste sur son fauteuil s'il exécutait un mouvement de tête indiscret. Un minimum de tact le fait généralement s'en abstenir. Freud a ainsi «éliminé [du dispositif] tout ce qui tendait à la forme sociale de la réponse, et jusqu'à l'échange de regard»[6].

Le patient, privé de l'appui que procure le regard d'autrui, se retrouve isolé, et, dans le même temps, flanqué d'une présence qui ne se manifeste qu'une, deux ou trois fois par séance, et parfois pas du tout, non pour donner son opinion sur les questions soulevées par le patient, mais pour affirmer ponctuellement quelque chose dont le lien avec ce que le patient dit, au moment en question, est souvent lâche. Il arrive que ces interventions reprennent un des éléments du discours du patient, et donnent lieu à une interprétation, ou à une question. Le patient répond alors autant que possible à l'intervention de l'analyste, et comme celui-ci n'accuse pas réception de la réponse, le patient poursuit.

De quoi se compose le discours du patient? En proportions variables et dans le désordre, il semble que les séances contiennent généralement les ingrédients suivants : quelques remarques émanant du patient et le plus souvent brèves sur le contenu de la séance précédente, la relation des faits pertinents d'un point de vue subjectif qui sont survenus depuis la dernière séance, la description des sensations et des sentiments présents («Je me sens...»), le récit d'un rêve récent, l'évocation des épisodes biographiques susceptibles de donner une intelligibilité à ce rêve, et, enfin, des réflexions sur la vie.

Bien des patients se dispensent de s'en référer à la séance précédente. Néanmoins, il est assez courant qu'ils y reviennent lorsqu'un événement est survenu qui leur paraît confirmer les hypothèses émises dans les séances précédentes. Repartir de la séance précédente, c'est aussi pour le patient le moyen de livrer à l'analyste les pensées nouvelles qui lui sont venues à l'esprit et dont il s'est dit qu'elles méritaient qu'il en parle à l'analyste.

La station couchée étant propice à une grande attention à soi-même, le patient ne manque pas non plus d'expliciter les sentiments qu'il éprouve à l'égard de sa situation ou de l'analyste, voire les sensations qui l'affectent.

Alors que le symptôme et la situation du patient évoluent peu, de nouveaux rêves affluent sans cesse à la mémoire rodée du patient en analyse. Ces rêves (mais aussi les actes manqués, les lapsus, etc.) font l'objet d'une investigation poussée. Bien des patients sont tentés de sortir les notes qu'ils ont prises sur leur rêve lors du réveil, mais les analystes se montrent généralement réticents à considérer ces matériaux extérieurs à la cure.

La présentation des rêves est suivie de propos qui ne sont ni de l'ordre du commentaire, ni de l'ordre de l'explication. Tout rêve doit être déchiffré. Si certains éléments du rêve font écho avec des moments de la vie du patient, la narration de ces moments s'avérera nécessaire. La reconstitution (et l'élaboration) de souvenirs se verra ainsi consacrer une part importante du temps de parole du patient.

Plus rarement interviennent des exposés des conceptions personnelles du patient : bien des analystes s'impatientent lorsque leur patient expose ses convictions morales ou politiques, ses goûts littéraires, ou ce qu'il apprécie chez sa femme. Un patient n'est pas en analyse pour se faire valoir comme sujet libre et actif, c'est sur la face obscure de son identité qu'il doit «travailler».

Après un certain temps de parole, fixé à l'avance et immuable (de trente minutes à une heure), le patient se voit signifier son congé. S'il n'a pas précédé l'appel au départ, ce sera à l'analyste de lui rappeler que la durée de la séance est écoulée. Chaque analyste semble avoir sa formule («Nous allons nous arrêter là pour aujourd'hui»), son monosyllabe («Oui» ou «Bien»), ou son onomatopée («Hum»). Le patient se redresse et reprend ses affaires. Lorsque ce n'est pas à la fin de chaque mois qu'il règle l'analyste, mais à l'issue de chaque séance, le paiement suit le protocole suivant : «L'analyste se lève le premier et quitte la pièce, l'autre pose [l'argent] sur la table [plutôt que de la main à la main] et rejoint l'analyste à la porte»[7]. L'analyste dit : «A mardi», si la séance suivante est prévue pour le mardi suivant. Le patient répond «A mardi!».

En quittant le bâtiment, le patient jette bien souvent un œil sur sa montre pour vérifier que la durée réglementaire a bien été respectée. Il peut ainsi mesurer l'écart entre la durée effective et la durée subjective qu'aura eu la séance. Le retour à la réalité est toujours brutal, bien que, pendant quelque temps, le patient reste imprégné de l'atmosphère du cabinet, comme au sortir d'une longue rêverie.

Si la cure ne s'arrête pas de façon anticipée mais dure depuis plus de deux ou trois ans, le patient aura bien souvent, de son côté, commencé son initiation théorique à la psychanalyse. La psychanalyse, comme pratique et comme grille de lecture, sera devenue un élément de sa vie à part entière, et c'est nécessairement avec circonspection qu'il envisagera l'arrêt de la cure. Il lui sera rarement donné de rencontrer en cure quoi que ce soit de décisif qui puisse en justifier l'arrêt. Les finalités qu'il poursuit n'ont plus la forme de buts, mais d'horizon. Les patients satisfaits du travail accompli, ou des changements survenus depuis le commencement de la cure, songent majoritairement que la persévérance permettrait d'engranger de nouveaux fruits, mais ces fruits seraient toujours plus indéfinis et ineffables. Il arrive inévitablement un jour où, sur la suggestion de l'analyste ou contre son avis, le patient prend la décision d'en finir avec le traitement. La première tentative d'interruption sera souvent infructueuse, mais sera suivie de nouvelles tentatives. Ce sera souvent au retour des vacances d'été que le patient se sentira la force, avec ou sans la bénédiction de l'analyste, de se priver de son assistance : au cours des congés, il aura pu se rendre compte qu'il a pu vivre plus d'un mois sans rencontrer l'analyste, et qu'il n'a pas vécu moins bien. Il tentera alors de faire part de son vœu à l'analyste, en en passant par le téléphone, s'il pressent que l'analyste jugerait le départ prématuré, dans le cabinet même s'il pressent que l'analyste est de son côté.

NOTES

[1] *Les analysés parlent*, Dominique Frischer, Stock 2, 1977, p. 198.
[2] *La psychanalyse, son image et son public*, Serge Moscovici, PUF, 1971. Les remarques qui suivent sont aussi inspirées de *Les Analysés parlent*, Dominique Frischer, *op. cit.*
[3] *Introduction à la psychanalyse*, Sigmund Freud, Payot, 1994, p. 438. La suite du passage est : «Vous ne tarderez naturellement pas à vous rendre compte dans quelle mesure le succès ou l'insuccès du traitement dépend du milieu social et de l'état de culture de la famille.»
[4] *Les analysés parlent*, Dominique Frischer, *op. cit.*, p. 107.
[5] *Journal de mon analyse avec Freud*, Smiley Blanton, *op. cit.*
[6] *Les fils de Freud sont fatigués*, Catherine Clément, *op. cit.*, p. 126.
[7] *Les analysés parlent*, Dominique Frischer, *op. cit.*, p. 275.

La perte des repères et l'altération du sentiment d'identité

Première sensation d'avoir endigué la solitude, l'étouffement dans le silence, plaisir à parler, à raconter son histoire d'une manière linéaire sans tout de suite en déceler les contradictions, satisfaction de se sentir pour la première fois réellement écouté...[1]

Lorsqu'un patient prend l'initiative d'entrer en analyse, c'est généralement avec soulagement qu'il accueille la possibilité de dire tout ce qu'il souhaite dire. Et, dans l'ivresse de la parole libérée, bien des patients envisagent initialement la réserve de leur interlocuteur comme une attitude d'écoute, d'accueil et de compréhension. Certains d'entre eux sont encouragés en cela par les approbations sourdes émises périodiquement par leur analyste, comme pour signifier qu'il prend bien note de ce qui lui est dit. Selon le témoignage de l'un de ses patients, Freud lui-même avait une façon particulière «de produire un son avec le gosier... destiné à manifester son accord ou sa sympathie au patient, mais sans gêner son flux associatif»[2]. Mais ces sons, comparables à ceux qu'émet celui qui assure l'enregistrement d'une déposition, ou suit attentivement la narration d'une histoire, en viennent bien vite à ne plus suffire au patient.

LA RÉSERVE DE L'ANALYSTE

A mesure qu'il s'est délesté des idées qu'il lui pesait de taire, le silence ou les grognements de l'analyste ont insensiblement changé de signification à ses yeux, et ses attentes à l'égard de son interlocuteur se sont modifiées. Il ne souhaite plus seulement être entendu et écouté ; il attend une réponse, ne serait-ce qu'un assentiment ou une réprobation. Pierre Marie, un analyste, rend partiellement compte des effets de la réserve des praticiens :

> Le discours adressé à l'analyste ne recueille ni désaveu, ni assentiment, et conduit l'analysant à suspendre son jugement, à attribuer à toutes les représentations une valeur équivalente. Quelle que soit la pensée qu'il puisse formuler, celle-ci trouve l'analyste silencieux sur lui-même. Les énoncés proférés ne recevant pas d'approbation ou ne suscitant pas de désaccord voient s'estomper les convictions qui y étaient attachées. L'analysant n'a pas à défendre son identité puisque l'analyste refuse le débat proposé par l'analysant[3].

Même lorsque la grande discrétion de l'analyste continue d'être perçue par le patient comme une bénédiction tacite, elle vaut comme une bénédiction donnée *a priori* à toute parole, et non comme la reconnaissance d'un aspect défini de son identité. Car le contrôle et le maintien d'une image de soi, d'une identité, exigent qu'on établisse des distinctions, des hiérarchisations, que l'on mette l'accent sur tels éléments au détriment de tels autres que l'on prétendra accessoires, secondaires ou que l'on reléguera au silence. Or, le mode d'écoute du psychanalyste nivelle toutes les différences de statut ou de valeur que le patient établit entre les objets de son discours. Le psychanalyste pose le même regard sur ce qui est simplement énoncé, ce qui a été réellement vécu et ce qui est seulement désiré, toute idée émise engageant autant que l'acte qui en serait la réalisation. Ce nivellement brouille l'image que le patient donne, et se donne, de lui-même. Et parce que le patient étendu sur le divan ne parle que de lui-même, et que c'est tout ce qui fait son identité qu'il livre à l'analyste, c'est toute son identité, tout ce qu'il pourra dire de lui-même qui sera altéré, tant que l'analyste n'aura pas réagi. Or, contrairement à ce que dit Pierre Marie, défendre son identité est une nécessité presque vitale, et ne représente pas pour le patient un effort dont il se dispenserait légèrement — ce que suggère sa formulation : « L'analysant n'a pas à défendre son identité ». Cette activité de présentation de soi est inépuisable et toujours recommencée, tant que l'analyste ne met pas fin au flottement identitaire.

Il nous faut cependant concéder que certains patients paraissent effectivement renoncer à défendre toute identité. C'est en particulier le cas des patients de longue durée qui ont été confrontés à des analystes qui n'appuient ou n'agréent que très exceptionnellement leur discours. Ces patients parviennent à parler sur un mode tel qu'il justifie le mutisme de l'analyste : ils semblent ne plus s'adresser à lui ni ne plus rien attendre de lui. Ils se sont rangés à une parole sans repère, ni consistance, ni terme possible, après avoir exploré toutes les modalités du discours adressé : le récit, la demande, la plainte, la supplication... Même l'évocation de rêves, de moments vécus, qui *a priori* imposent l'exposition d'un contexte, la présentation des personnages mis en jeu... perdent alors de leur consistance. Les structures narratives se dissipent. Et il ne subsiste plus que des éléments hétéroclites et peu liés entre eux. Cette «parole de vérité», nous n'en connaissons que des approximations, grâce aux témoignages bruts des analysés qui ont cherché à prolonger les séances dans leurs journaux, et à être, comme ils le sont en analyse, totalement sincères dans la transcription de leurs contenus mentaux. Jusqu'à trente pages d'un flot verbal confondant, sans valeur esthétique particulière, sont ainsi livrées en pâture au lecteur perplexe :

> «Thomas semblait m'aimer samedi et dimanche Mais pas lundi ni hier mardi où il m'avait laissée sans nouvelles» — «Je me sens redevenir moi puisque c'est l'heure du dîner et que je n'ai pas envie d'y aller» — «Moins je suis assurée de l'amour que l'on a pour moi plus je demande des preuves de cet amour L'amour incestueux pour la mère pourrait représenter cet amour de l'homme pour l'irréalisation le rêve. Quelque chose impossible à atteindre dont il a le besoin de tendre vers mais dont la réalisation l'anéantirait Chercher l'impossible pour atteindre le réel peut-être»[4] [La ponctuation a été respectée]

Ceux qui ont fait l'expérience de cette phase terminale de l'association libre l'envisagent généralement comme l'activité la plus propice à la manifestation de l'inconscient. La parole n'y est plus mue par l'attente ou la curiosité d'un interlocuteur, ni par la tension qu'aurait suscitée une interrogation dans l'esprit du patient. Le statut, la nature et la destination des énoncés n'y sont plus définis. En l'absence de toute hiérarchisation et de toute sanction de la parole par une instance critique, interne (le jugement du patient) ou externe (l'analyste), tous les énoncés se valent. Aucun n'est plus vrai, plus sincère ou plus juste qu'un autre, puisque vérité, sincérité et justesse n'ont de signification qu'en rapport avec des normes d'authenticité et que l'inconscient ignore la norme, qu'il est pure positivité. Il se peut que le patient rompu à la pratique de cette modalité de discours soit grisé. On voit mal, cependant, ce qui pourrait être tiré de fécond d'une telle confusion. On peut ainsi imaginer que l'analyste ne puisse plus savoir si une parole de son patient a valeur d'idée gratuite, d'assertion, de souhait, de vision, ou de souvenir. Si cette modalité du discours permet effectivement l'accès à l'inconscient, il y a fort à parier que l'inconscient n'ait pas grand chose de cohérent à nous enseigner

— alors qu'il est justement conçu comme la voie d'accès privilégiée au sens ultime de l'identité.

Mais les patients, en majorité, ne cessent pas d'attendre de leur analyste une réponse : ils ne renoncent pas à ce que l'identité qu'ils se prêtent soit reconnue par l'analyste. Le patient peut alors tenter de forcer son analyste à réagir en donnant dans la démesure. Mais à ce jeu, il est sûr de perdre. Comme le dit une patiente :

> Vous pouvez avoir tué, balayé vingt personnes sur la place publique, torturé, ou aimé vous torturer vous-même, l'analyste conserve son sourire plein de bienveillance[5].

Et celui qui aura tenté d'affecter son interlocuteur de cette manière ne tardera pas, lorsque les effusions ou les provocations se sont révélées improductives, à retourner son regard sur lui-même, et à déplorer le triste spectacle qu'il a donné. D'autres, cependant, persévèrent, et choisissent par exemple de renvoyer l'analyste à son silence. Seul subsiste alors le rapport de force :

> Pour Jean-Pierre (5 ans d'analyse), taciturne de nature, la cure, raconte-t-il, s'est composée de 70 % de silence et de 30 % de paroles assez banales. « Plus tard, j'ai lu un journal pendant toute une séance, de la provocation quoi, mais l'analyste n'a rien dit, superbe. »[6]

Au silence obstiné, il pourrait en effet sembler naturel de répondre par un silence obstiné. Mais l'analyste n'a, là encore, guère de raisons de céder le premier. Le patient est par hypothèse celui qui demande, et il se pliera inévitablement au moment du paiement. Pourtant, et comme le remarque Harold Searles, « quelqu'un d'impassible impose qu'on le provoque, qu'on le fasse réagir », puisque « rien n'est plus blessant que la surdité »[7]. Or, c'est bien comme une surdité que le patient appréhende le silence de son analyste, comme une surdité à ce qu'il dit de lui-même. Si sa parole a si peu d'effets, n'est-ce pas parce qu'il parle pour ne rien dire ? N'est-ce pas parce qu'il ne dit rien qui mérite une réponse ? Un grand nombre de fois, il aura tenté d'obtenir de l'analyste une confirmation, mais rien de ce qu'il a dit de lui n'a été sanctionné, et il doit continuer de développer son discours, en guettant le moment où l'analyste se satisfera d'un propos et lui permettra de se reposer sur une certitude, ou au moins sur un élément de son discours digne d'être développé. Bien des patients ont ainsi le sentiment qu'à travers leur réserve, les analystes affirment : « Vous ne me parlez pas vraiment de vous ; ce que j'attends, c'est que vous tombiez le masque derrière lequel vous vous cachez, que vous cessiez de me faire croire que vous vous confondez avec les rôles que vous jouez. Vous êtes ici pour me parler vraiment de vous. » Et de fait, ce que l'analyste attend, c'est la révélation de la faiblesse, le signe que l'identité a été blessée. Alors seulement, il commencera à parler.

Pendant un temps, on écoute, silencieux totalement, laissant le discours s'étonner de la non-réponse et ainsi se réfléchir au sens optique. On attend la faille, le défaut, le creux où lancer les mots qui déséquilibreront ceux de l'autre, leur imprimeront une vacillation nécessaire à la mise en question analytique[8].

LE PATIENT INTERDIT DE RÔLE

Une fois installé sur le divan, le patient n'est pas seulement occupé à parler de lui. Il est aussi en représentation devant un tiers. A ce titre, il lui est nécessaire d'assumer un rôle. Mais la possibilité de ce rôle est elle aussi compromise par les conditions de la cure. La règle de l'association libre, qui commande au patient d'énoncer toutes les idées qui affluent à son esprit, et sur laquelle repose théoriquement le succès du traitement, induit, à certains égards, les mêmes effets que la réserve de l'analyste. En effet, toute exécution de rôle, toutes les formes de présentation de soi supposent que soit laissé dans l'ombre tout ce qui est fondateur du rôle, à savoir les motifs qu'a le sujet de se présenter ainsi plutôt qu'autrement. De même que pour qu'une démonstration soit possible, il faut qu'interviennent dans la démonstration des propositions qui n'aient pas été démontrées (qu'elles soient ou non démontrables), de même, il faut pour qu'un rôle puisse être joué, que les termes de référence de ce rôle ne soient pas eux-mêmes joués. (Jeu, ici, n'est pas pris au sens d'activité ludique, mais de pratique observant des règles.) Or, le patient est sommé de tout dire. Toute mise en scène de lui-même lui est donc interdite pour peu qu'il respecte la règle de l'association libre. L'unité, la cohérence et la maîtrise de l'image que souhaite donner de soi tout homme sont par hypothèse exclues par le devoir de tout dire. Si celui qui entre dans un café et commande une Leffe ou une Chimay avant d'aborder une jeune femme au comptoir devait révéler qu'il consomme généralement une Kronenbourg (moins chère, et selon lui, meilleure), le choix de sa prestigieuse consommation, explicité, perdrait tout impact. Ce qui est argumenté et justifié perd toute force propre comme tout intérêt réel. La parole du patient, parce que le cheminement qui l'a conduit à proférer une pensée a été exposé et que la pensée ultime est énoncée, faute d'appui de la part de l'analyste, sur le même mode que celles qui l'ont précédée, ne peut dans ces conditions qu'être impuissante. Une telle parole rend impossible qu'une demande du patient soit interprétée par l'analyste comme une demande réelle, qu'une affirmation pleinement assumée soit davantage créditée qu'une remarque aveugle, qu'en somme, le rôle qu'il joue soit pris au sérieux. D'une certaine manière, le patient est dans la position d'un comique confronté à un public indifférent qu'il ne ferait jamais rire, et qui rendrait ainsi dérisoire le rôle qu'il s'escrime à jouer.

> En définitive, traitez-moi comme une femme, comme une maîtresse, comme votre fille, comme une amie, ou comme tout ce que vous voudrez, mais donnez-moi enfin une dimension; ne faites pas comme si je n'existais pas, sinon je vais me mettre, moi aussi, à douter de mon existence[9].

Interdit de rôle comme de certitude quant à son identité, le patient est alors contraint de parler comme pour lui-même, tout en escomptant de l'analyste une réponse ou une indication. Selon les mots même d'un psychanalyste, c'est «cette attente, indéterminée quant à sa durée et à son objet, [qui] crée chez le patient une panique, un état de confusion, une angoisse qu'il ne sait comment combler» et qui lui fait porter toute son attention sur l'analyste, sans que celui-ci soit d'aucun secours, puisque de son côté, «il attend tout et n'importe quoi»[10]. La parole du patient, à mesure qu'elle est moins adressée à l'analyste, gagne en gratuité, en vanité, en cécité.

> Le lendemain ou la séance suivante, je ne sais pratiquement plus de quoi j'ai parlé la séance précédente, et souvent, je ne sais plus non plus ce qu'il m'a dit. Il y a une sorte de black-out automatique qui se produit... là, je dis absolument tout ce qui me vient à l'esprit et cette absence de contrôle, il me semble, empêche la mémorisation[11].

Le patient, ayant renoncé à assumer ce qu'il dit, parle sans faire corps avec sa parole. Il ne parle pas à l'analyste, mais il parle cependant pour être entendu de l'analyste. S'il se dessaisit de sa parole et de l'image qu'il donne de lui-même, c'est pour les livrer à l'analyste. Car c'est prévisiblement de celui qui menace son identité qu'il attendra l'apaisement. Contentons-nous pour le moment de constater que le patient apprend ainsi l'humilité, qu'il abandonne «l'arrogance» des débuts, et que le sentiment qu'il se connaît perd de sa force.

LES CONFLITS ENTRE LES VALEURS DU PATIENT ET LA PRATIQUE DE L'ASSOCIATION LIBRE

Au-delà de l'attitude de l'analyste et du fait de tout dire, un autre facteur menace, voire altère davantage l'identité du patient. Il s'agit de l'antagonisme entre les valeurs qui étaient les siennes avant qu'il n'entre en analyse et les actes que l'analyste attend de lui. La pratique de l'association libre se fonde sur la transgression de règles auxquelles certains patients sont très attachés. Pour ceux de ces patients qui n'abandonnent pas l'analyse malgré cette opposition aux règles, la poursuite de l'analyse suppose déjà une redéfinition de l'identité. Il est naturel que le patient qui brigue la santé accepte, s'il est conséquent, de se donner les moyens de cette santé. Mais l'identité d'un individu dépend en bonne partie des idées qu'il se fait de cette identité. Et comment guérir sans trahir l'image que l'on a de soi ? Si la santé est le premier impératif, tout lui doit-il être sacrifié ? Si l'on découvrait que tuer guérissait du cancer, combien de cancéreux se livreraient au meurtre ?

Le premier type de conflit intérieur, le plus simple, est celui qui oppose les principes du patient à l'attitude requise par l'analyse. La pudeur, la décence, la maîtrise de soi ou la bienveillance à l'égard d'autrui, par exemple, n'ont pas de place une fois la porte du cabinet refermée. Pour suivre une cure, il faut être capable de se montrer égocentrique — on ne parle que de soi sur le divan —, de ne rien cacher, et de s'autoriser, par exemple, la malveillance dans le discours. Du temps de Freud, ces principes suscitaient régulièrement le soupçon. Et de fait, Freud a beaucoup été exposé à des réactions de rejet. De nos jours, l'écart entre les exigences de l'association libre et les normes les plus répandues s'est grandement réduit, et ce que réclame l'analyste suscite moins de réactions vives. En outre, la majorité des sujets qui s'adressent aujourd'hui à l'analyste ont une connaissance minimale des conditions imposées, et, dès leur entrée en analyse, ils seront disposés à s'accommoder de ce qu'on exigera d'eux. Il n'empêche que le fait de ne plus exercer de contrôle sur son discours continue de jouer comme facteur d'attachement à la personne de l'analyste. Une nuance de compromission subsiste toujours, qui est partie prenante dans la dynamique de l'analyse. Évoquer auprès d'un tiers ses émotions, ses souffrances ou sa sexualité, pleurer, se plaindre, adresser des reproches à ses parents défunts... toutes ces expressions de la subjectivité supposent et, simultanément, développent un engagement fort, en même temps qu'une altération de l'image que l'on avait de soi. On peut d'ailleurs constater que l'investissement de ces règles sera *a priori* d'autant plus fort que les oppositions à vaincre pour s'y soumettre auront été tenaces. Chez les patients initialement les plus étrangers à l'atmosphère morale qui sous-tend la cure, la mise en conformité des conceptions personnelles devient parfois si rigoureuse que les règles techniques de la cure en viennent à acquérir le statut de valeurs à observer, voire à transmettre, en dehors même du cabinet. La spontanéité, la capacité à tout remettre en question, la transparence du discours, la franchise inconditionnelle... deviennent alors des règles de vie. Nous étudierons de plus près cette forme de conversion dans la dernière partie.

Un second type de conflit intérieur peut nécessiter une adaptation rapide de l'identité à ce que réclame la psychanalyse. Nous avons vu qu'en n'accusant jamais réception des affirmations de son patient, l'analyste affaiblissait chez lui la conviction qui les soutenait. Or, il est des patients qui refusent que certaines de leurs croyances soient mises en question. Pour certains patients, défendre leur conviction religieuse, affirmer qu'ils ont été aimés de leur mère — même lorsque tout prouve le contraire —, ou croire que leur mari, disparu énigmatiquement dix ans plus tôt, finira par revenir... est quasiment une question de survie. Confrontés à l'épreuve du doute, ces patients ne peuvent exiger de leur analyste qu'il accrédite leurs vues. Si l'analyste n'accuse pas réception, ils seront contraints de donner à leurs convictions le statut de croyances idiosyncratiques et irrationnelles. Ils seront en quelque sorte faits témoins de leur irrationalité, de la nécessité dans laquelle ils sont d'adhérer à des croyances dont ils savent bien qu'ils devraient les rejeter. On peut noter que les croyances qui changent ainsi de statut en cours d'analyse sont de toutes natures. Des patients convaincus que vivre, c'est souffrir — nous empruntons ici leurs mots —, en viennent ainsi à penser que leur propre est de vivre en souffrant. D'autres patients qui jugent initialement que le salut passe par la création n'accréditent plus que l'idée selon laquelle *leur* salut passe par la création.

Cette altération induit à la fois une singularisation des convictions qu'ils ne peuvent mettre en question — ils ne les tiennent plus pour universellement vraies —, et un sentiment de clivage : ils ne font plus corps avec leurs croyances ; une naïveté, et peut-être une naturalité, est perdue.

LES CONTRADICTIONS DE L'ASSOCIATION LIBRE

Ce sentiment de clivage est peut-être le sentiment le plus intense que les patients seront amenés à éprouver au cours du traitement. De fait, la psychanalyse exige de tout patient qu'il suive des prescriptions qu'en toute rigueur il est impossible de suivre, mais aussi des prescriptions qui sont contradictoires entre elles. Lorsqu'un homme souhaite respecter deux prescriptions antagonistes, il peut réaliser l'une d'elle seulement, mais ce sera au prix de l'abandon de l'autre, ou, si celles-ci s'y prêtent, satisfaire à moitié seulement l'une et l'autre, mais aucune des deux prescriptions n'étant complètement accomplie, il se prive de la satisfaction d'avoir au moins conduit à son terme l'une d'elle. Ce qui donne sa puissance d'altération du sentiment d'identité à ce type de situation, c'est bien sûr que le patient se tienne pour responsable de la résistance qu'il rencontre à suivre les prescriptions de l'analyste, sans se rendre compte des impossibilités logiques ou psychologiques sous-jacentes. Ce sont ces prescriptions contradictoires que nous voudrions à présent porter au jour.

Les injonctions paradoxales

Le récit que livre Smiley Blanton de son analyse avec Freud fourmille de ces ordres qui se contredisent les uns les autres. Ainsi, tout au long du traitement, Freud répète à son patient, et sous différentes formes, que « l'autocritique est une forme de l'inhibition »[12] :

> Il ne faut pas que vous laissiez votre sens critique interférer avec ce qui vous vient à l'esprit. — C'est seulement lorsqu'on a laissé de côté l'autocritique, et qu'on ne se soucie pas de ce que pense l'analyste, qu'il devient possible d'atteindre les profondeurs de l'inconscient. — Le moyen de vaincre la résistance, c'est de la laisser grandir jusqu'à ce qu'elle tombe d'elle-même[13].

Naturellement, le patient fuit les inhibitions : il a traversé l'Atlantique pour suivre une analyse de six mois avec Freud à raison de cinq séances par semaine, et tâche d'être aussi docile que possible aux injonctions de Freud qui l'a prévenu à la fin de la cinquième séance : « Quand nous atteindrons des niveaux plus profonds, je ne resterai pas aussi souvent silencieux, je vous donnerai davantage de moi-même ». La servilité intellectuelle et affective que Blanton manifeste, sa soumission totale et inconditionnelle à tout ce que dit Freud (« L'amour que nous avons pour les chiens est le même que celui que nous avons pour les enfants. Il est de la même qualité. »[14]) se révèlent pourtant insuffisantes. Blanton, avec toute la bonne volonté possible, reste englué dans ses résistances. L'explication de ce retard permanent du fait sur la norme, de Blanton sur ce que Freud attend de lui, réside en fait dans les ordres que donnent Freud. Quel peut être l'effet sur le patient de cette déclaration : « L'autocritique est une forme de l'inhibition »? D'abord, le retour d'un sentiment de honte. Ce n'est pas la première fois que Freud reproche à Blanton de recourir à ce procédé, qui signe la présence d'une résistance. Blanton, confus, traduira pour lui-même la critique de Freud, pour en faire une autocritique : il se reprochera ses inhibitions. Malheur à lui! Il tombe à nouveau sous le coup de la critique de Freud! Il a bien là de quoi s'en vouloir une nouvelle fois, et ainsi de suite...

En réalité, de telles perversions de la communication ont été décrites précisément par Gregory Bateson et les membres de l'École de Palo Alto. Elles ont reçu le nom d'injonctions paradoxales du fait qu'elles concentrent simultanément dans le même message une information primaire, et une information secondaire portant sur la première et l'annulant. Le « Sois autonome ! » des parents à leur fils révolté et incapable de se prendre en charge en est un bon exemple. Il y a contradiction au sein de l'énoncé, parce que son contenu entre en conflit avec le fait qu'il soit énoncé. Si le garçon obtempérait à l'injonction des parents, son geste vaudrait à lui seul comme démenti de l'injonction : jusque dans la rupture, il ferait ce que lui demandent ses parents, et trahirait simultanément leur attente. S'il restait chez eux sans prendre ses responsabilités, il leur désobéirait tout autant. Il se trouve donc dans une situation sans issue. Blanton se trouve dans une situation comparable, à la différence près que l'injonction paradoxale dont il est captif appartient à la famille des «Sois spontané!». Quand Freud lui demande de ne pas se juger, il donne aux autocritiques de son patient la valeur de barrières artificielles à l'expression spontanée et libre de ses sentiments. Quand le patient se laisse aller, il énonce des paroles que Freud et lui-même interprètent comme l'indication qu'il ne se laisse pas aller. Le patient se croit alors captif de sa mauvaise volonté inconsciente, car ce «sentiment de clivage (...) est susceptible de donner analogiquement une grande intensité à la représentation de l'inconscient»[15].

Les contradictions performatives

Un autre type d'injonction, très courant en analyse, peut engendrer chez le patient un sentiment de dédoublement, et contribuer à menacer davantage, à ses yeux, sa qualité de sujet. Pour décrire les mécanismes à l'œuvre dans ce phénomène de dédoublement de la perception de soi, la notion de contradiction performative s'avère utile. Une contradiction performative est un conflit logique sans solution possible entre énoncé et énonciation, entre le contenu que le sujet énonce et le fait qu'il en fasse le contenu d'un énoncé. «Je meurs» ou «Je mens toujours» en sont des exemples connus. L'idée que nous voudrions défendre ici est que la pratique analytique la plus courante met le patient aux prises avec d'insolubles contradictions performatives.

Lorsqu'un analyste interrompt un patient perdu dans l'évocation de ses problèmes en usant d'une formule telle que «Mais parlez-moi de vous!» ou «Et vous, dans tout ça?», il l'invite à prendre conscience qu'il ne parlait pas de lui, contrairement à ce qu'il croyait, mais d'autre chose. Les analystes lacaniens se sont fait une spécialité de ce genre d'expressions, mais les freudiens y recourent aussi de temps à autre, pour briser l'adhésion naïve ou enthousiaste de leur patient au discours qu'il tient sur lui-même. Et de fait, le procédé est très efficace. Certes, aux yeux de l'analyste comme à ceux du patient, il n'y a pas là de contradiction : à travers de telles interventions, l'analyste suggère à son patient que son Moi profond est resté muet, et que c'est seulement son

Moi superficiel qui s'est exprimé. Mais, subjectivement, de telles distinctions n'ont guère de pertinence. Le patient n'a pas à sa disposition les critères qui lui permettraient de savoir s'il parle ou non de lui, quand il lui semble qu'il parle de lui. Ainsi, la formulation de ces injonctions n'est pas innocente. Si le patient accrédite l'idée qu'il ne parlait pas de lui-même, il sera en toute rigueur dans la situation d'un sujet qui affirmerait : «Ce n'est pas de moi que je parle présentement». La seule manière d'assumer une telle contradiction, c'est de se penser comme double : celui qu'on entend parler n'est pas nécessairement celui qui parle.

La plupart des interprétations émanant de l'analyste ont un effet comparable. Une interprétation — c'est sa vocation — surplombe et subvertit les significations que le patient attachait à ses paroles. A travers elle, l'analyste renvoie son patient aux représentations ou aux idées inconscientes auxquelles, par hypothèse, il n'a pas accès. Sa subjectivité est ainsi mise hors jeu : l'interprétation enseigne au patient qu'il n'entend pas ce qu'il dit, qu'il ne dit pas ce qu'il dit. A nouveau, la solution consiste pour le patient à se concevoir comme porteur d'un Moi profond et d'un Moi superficiel. Et, naturellement, seul importe son Moi profond, celui qui s'exprime à l'insu de sa conscience, et dans lequel il ne se reconnaît pas encore.

Ainsi, pour peu qu'il ait accepté le principe de l'interprétation, le patient qui associe librement doit reconnaître — bien que cette reconnaissance ne prenne jamais une forme énoncée, ni même peut-être consciente — qu'il ne croit pas à ce qu'il dit. A travers chaque interprétation, l'analyste dit en quelque sorte : «Vous ne comprenez pas ce que vous dites, puisque vous ne vous reconnaissez pas dans l'interprétation que je fais de votre discours, alors que je ne fais qu'énoncer ce que vous n'entendez pas dans ce que vous dites». Cette mécompréhension est d'ailleurs empiriquement vérifiée, puisque, comme nous le verrons plus loin, bien des interprétations laissent les patients perplexes et comme hébétés.

Au-delà de l'enjeu de la compréhension, toute interprétation menace le sentiment même que le patient peut avoir de son identité. L'interprétation enseigne ainsi au patient que son identité véritable n'a pas encore émergé, qu'il n'a pas encore accès à ce qu'il pense vraiment, qu'il n'est, en somme, pas encore lui-même. Malgré les efforts de l'analyste pour le faire advenir, il n'existe pas véritablement. A cet égard, associer librement dans les conditions de la cure, c'est proférer un discours sans en assumer le sens, parler comme si celui qui parlait était un autre. Bien sûr, la psychanalyse nous a tant accoutumé à ce genre de vérités qu'elles en passeraient presque pour des truismes. Mais vivre empiriquement, affectivement, cette expérience de dépossession de soi est autrement plus engageant. Quand la subjectivité du patient, c'est-à-dire le sentiment que le patient a de lui-même, est d'une certaine manière annulée, ce n'est plus exactement au même homme que nous avons affaire.

La dimension hypnotique du traitement

Un des procédés les plus courants de l'hypnotisme consiste à faire croire au sujet éveillé et lucide qu'il a *déjà* perdu le contrôle de lui-même, au profit de l'hypnotiseur. Ainsi, peu d'hommes savent que lorsque l'hypnotiseur leur demande de fermer les yeux et de fixer imaginairement un point situé haut dans le ciel, la position des globes oculaires dans leur orbite rend physiologiquement impossible toute réouverture des paupières. Tous les naïfs qui, quand l'hypnotiseur leur affirme qu'ils sont désormais incapables d'ouvrir les yeux, se constatent effectivement impuissants, ont alors la certitude d'être sous le charme de l'hypnotiseur et dépossédés d'eux-mêmes. L'essentiel du travail est accompli lorsque l'hypnotiseur prouve ainsi au sujet qu'il sait, mieux que lui, prédire ses réactions. C'est en effet l'impossibilité pour le sujet d'accomplir un ordre qu'il voudrait accomplir qui le subjugue. Comme dans le cas de l'injonction paradoxale, le sujet qui tombe sous hypnose veut et ne peut pourtant pas vouloir. Généralement, l'hypnotiseur exploite son pouvoir jusqu'à faire agir le sujet, en le persuadant que c'est selon sa propre volonté qu'il agit. Nous ne croyons pas que l'analyste moyen aille jusque-là. De nombreux passages de l'œuvre freudienne pourraient cependant figurer dans une anthologie de l'hypnose. Celui-ci mérite de figurer ici en entier :

> Certains patients commencent par affirmer qu'il n'ont rien à raconter, alors que tout le panorama de leur vie et de leur névrose devrait intégralement se dérouler devant eux. Ils demandent parfois à l'analyste de leur fournir le thème de leurs propos. Pas plus cette première fois que par la suite, il ne faut céder à cette prière. Le médecin doit se rendre compte de ce qui se passe dans ce cas : une forte résistance passe au premier plan afin de protéger la névrose. Il convient d'accepter le défi, de tenir tête et d'affirmer énergiquement et à plusieurs reprises qu'une telle carence d'idées est impossible au début, qu'il s'agit là d'une résistance à l'analyse. De cette façon, on oblige bien vite le patient à faire les aveux escomptés ou bien l'on arrive à découvrir une première partie de ses complexes. Les choses se présentent mal quand il se voit contraint d'avouer qu'en prenant connaissance de la règle fondamentale, il s'était réservé le droit de taire telle ou telle chose ; le pronostic est moins grave quand il déclare seulement qu'il se méfie du traitement ou qu'il raconte ce qu'il en a entendu dire d'épouvantable. S'il conteste ces possibilités, et d'autres semblables qu'on lui suggère, on peut faire pression sur lui pour le forcer à avouer qu'il a omis de parler de certaines idées qui occupaient son esprit. Il a pensé au traitement lui-même, mais non d'une façon précise ou bien à l'aspect de la pièce où il se trouve, ou encore il s'est vu obligé de penser aux objets autour de lui et de se dire qu'il est ici, couché sur un divan, toutes pensées qu'il

a remplacées par le mot «rien». Ces indications sont significatives; tout ce qui concerne la situation présente correspond à un transfert sur la personne du médecin et peut servir de résistance[16].

Dans ce même manuel à l'usage des psychanalystes, on peut trouver d'autres utilisations de procédés importés de l'hypnotisme. Ainsi :

> Il nous arrive bien souvent de constater le fait suivant : quand les associations viennent à manquer, cet obstacle peut chaque fois être levé en assurant au patient qu'il se trouve actuellement sous l'empire d'une idée se rapportant à la personne du médecin ou à quelque chose qui concerne ce dernier. Une fois cette explication donnée, l'obstacle est surmonté ou, tout au moins, l'absence d'association s'est transformée en un refus de parler[17].

Si l'on convient qu'il serait étonnant qu'un homme déroule spontanément tout le panorama de sa vie du simple fait qu'il est allongé auprès d'un autre homme assis qui doit l'aider, qu'il sache immédiatement quel thème aborder, que, dans un lieu qu'il n'a pas apprivoisé, il n'ait pas la curiosité de regarder autour de lui, on peut mettre en question la bonne foi ou la lucidité de Freud lorsqu'il prétend que tout ce que le patient n'a pas pensé à dire de sa situation correspond à un transfert.

Le patient peut souhaiter taire ses pensées[18] pour diverses autres raisons. Elles ne semblent pas présenter d'intérêt : paroles d'une chanson, tâches ménagères à accomplir, souvenir d'un divan presque identique aperçu chez un oncle, propos déjà tenus précédemment... Elles sont insultantes : la couleur du divan jure avec celle des murs, le cabinet sent le renfermé, Freud est plus petit que prévu... Ou bien il n'est pas dans l'intérêt du patient de les évoquer : augmentations de salaire, informations sur la vie privée de l'analyste, événements fictifs, mensonges, questions et demandes adressées à l'analyste au sujet de la cure... Ou encore il ne servirait à rien de les énoncer (l'analyste n'ayant pas l'habitude de répondre)... Enfin, elles peuvent être susceptibles de provoquer des conflits avec l'analyste : contestation d'une interprétation, retard de l'analyste... En règle générale, ce que le patient, comme tout autre homme, se dit spécifiquement à lui-même, est précisément ce que la situation ou les convenances imposent de taire. Le patient qui cherche ce qui se dit par-devers lui recueille presque systématiquement des pensées dont la vocation est d'échapper à la communication. Il se voit ainsi débordé d'idées qui le contraignent à enfreindre la règle de tout dire, phénomène qu'il interprète comme le signe d'une grande résistance. Une fois encore, le patient pourra éprouver la sensation d'être soumis à une nécessité intérieure et cependant inaccessible à sa conscience. Ce qu'il ignore, c'est que ses difficultés à se conformer aux injonctions de l'analyste sont naturelles, et que Freud recourait à l'hypnose jusqu'à tard dans sa vie. Tout patient garderait pour lui-même ces pensées qui veulent rester muettes sans se poser de question si l'analyste ne le mettait pas en porte-à-faux, en le convaincant qu'elles constituent des résistances. Et ces résistances, le sujet responsable et naïf qui n'a pas encore consommé le divorce avec lui-même les interprétera immanquablement comme le signe d'une la mauvaise volonté inconsciente.

En vérité, c'est la situation qui détermine à penser des choses que l'on veut taire, et qu'il faudrait dire. Tout effort de verbalisation est sous-tendu par le désir d'être compris, de soi, naturellement, et autant que possible, de son interlocuteur. Les pensées ne sont pas organisées en trains continus de phrases mentales. Et le monologue intérieur n'existe que dans le roman. La part des contenus mentaux qui sont verbalisables est en outre très limitée, et la frontière de l'indicible et de l'inconscient ne se superposent pas : la sensation d'une harmonie, un sentiment qui n'a pas de nom, une atmosphère ou une humeur subtile sont autant de réalités mentales que le langage ne peut traduire sans que l'essentiel y soit perdu. Rien ne peut être dit de la différence entre le bleu et le vert, ce n'est pas une raison pour croire que la perception subjective que les hommes ont de ces couleurs est confuse ou indistincte. Aussi, lorsqu'un analyste exige de son patient qu'il lui livre tout le flux de ses pensées telles qu'elles lui apparaissent, il lui impose de se livrer à une tâche qui en toute rigueur ne peut être accomplie. La parole n'étant pas un système autonome, elle doit être comprise comme un des instruments dont dispose le sujet pour solliciter quelqu'un, enseigner quelque chose, se rapprocher, informer quelqu'un d'un état ou d'un sentiment intérieur... Ainsi, les principes de l'association libre (tout dire, ne pas craindre la contradiction, ne pas se méfier des atteintes à la morale ou au « bon goût » qu'on serait susceptible de commettre, etc.) n'ont de pertinence que si l'on présuppose qu'un discours intérieur, vrai et libre, subit au moment de sa profération diverses censures qu'il serait possible de lever. Ce n'est certes pas le cas, mais l'assurance et l'aplomb de l'analyste, secondés par le respect de la règle de la libre association (la règle fondamentale) paraissent à même de convaincre le plus suspicieux des patients, et de lui faire accréditer l'idée que c'est son inconscient qui résiste.

Freud va plus loin encore dans la réduction de toute opposition de la part du patient. Il en donne, dans *La technique psychanalytique*, une forte démonstration.

> Au sceptique, l'on dira qu'en psychanalyse la confiance n'est pas indispensable à la réussite de la cure, qu'il a le droit de critiquer et de douter tout à son aise et qu'on n'attribue nullement cette attitude à son jugement, car il n'est point en mesure de juger valablement sur ce point. Sa méfiance n'est qu'un symptôme, pareil aux autres symptô-

mes, et ne saurait nuire au traitement, si le patient se conforme consciencieusement à la règle psychanalytique fondamentale[19].

De toute évidence, l'argument est spécieux. Il fait de la défiance du sceptique une confiance de second degré. Le sceptique se méfierait parce qu'il a la prescience que l'analyse peut le menacer, parce qu'elle est d'une efficacité redoutable. Freud aurait donc pu dire aussi bien au sceptique : « Vous n'avez pas confiance, mais cela m'importe peu, parce que vous avez confiance ». Du point de vue du sceptique qui se laisserait convaincre, cela donnerait : « Je n'ai pas confiance en la psychanalyse parce que je ne peux qu'avoir confiance en la psychanalyse » ou, sous une forme plus ramassée : « J'affirme par la présente n'avoir aucune prétention à la vérité ». Là encore, nous nous trouvons en présence d'une contradiction performative.

Dans ce même extrait, Freud affirme aussi que le respect strict de la règle fondamentale garantit la « réussite » de l'analyse, et donc la conversion du sceptique à la vérité analytique. Il semble ici être dans le vrai : le respect strict de la règle psychanalytique fondamentale — la règle de l'association libre — implique que le patient fasse aveuglément confiance à son analyste. Car on ne peut avoir strictement aucun secret pour quelqu'un sans lui accorder une confiance totale, ou du moins le crédit d'une confiance totale. Le patient qui se soumet avec bonne volonté à la « règle psychanalytique fondamentale » rend ainsi caduque la question de la confiance comme celle de la sincérité. Un patient qui ne tait rien n'est pas en position d'avoir confiance ou de ne pas avoir confiance. Doit-on dès lors envisager l'association libre comme l'instrument auquel l'analyste recourt pour « faire céder » le patient ? C'est en partie l'opinion de E. Gellner.

> Le patient peut tout dire. S'il est sincère dans sa démarche, il doit tout dire, y compris ses doutes sur la désirabilité de sa thérapie en cours. La frange de malhonnêteté pourra toujours faire soupçonner l'analysant qui n'avoue pas ses doutes de ne pas tout dire : il est d'une certaine manière enfermé. Il est tenu de dire ce que le fait de sa démarche lui interdit de dire. S'il coopère avec la thérapie, le patient est et doit être privé de toute possibilité de conserver une position d'où il pourrait tenter d'en faire une évaluation critique. S'il se refuse à coopérer, il ne saurait à l'évidence reprocher à la thérapie de ne donner aucun résultat : s'il coopère, il est encore plus évident qu'il ne saurait blâmer la thérapie, car cela est inscrit dans sa théorie et dans sa pratique. A ce niveau de conscience pure, la critique n'établit ni ne prouve rien. Nulle bonne foi que l'on puisse invoquer, car nul ne peut s'affirmer de bonne foi. Tout cela est contenu dans le concept même d'inconscient. Le concept d'inconscient exorcise toute bonne foi. La coexistence, consciente ou latente, de deux personnes, celle qui se trouve à l'intérieur d'une situation absolument définie et celle de l'extérieur pour qui tout est conjectural est un aspect essentiel de la situation. Elle nourrit la tension qui fait partie intégrante de la force de motivation de tout cela[20].

Freud présente ainsi l'association libre comme un comportement dont le patient devrait faire le choix. Ce qu'il n'indique pas, c'est qu'une telle modalité d'énonciation n'a, en elle-même et indépendamment de toute résistance inconsciente, rien de naturel ou d'aisé. On ne peut demander à un patient de ne pas s'inquiéter de la manière dont est reçu le spectacle qu'il donne de lui-même, de l'intérêt que porte son interlocuteur à ses paroles, de son éventuelle indignation... Rien de tout cela ne peut se faire sans l'intervention de l'analyste et sans le déterminisme des conditions. C'est l'analyste, par ses interprétations, par sa réserve, par son indifférence feinte à tout ce que dit le patient... qui le détermine à adopter le style de comportement qui a reçu le nom d'association libre[21]. L'association libre est bien un comportement induit. Et le psychanalyste, loin d'être l'observateur neutre que Freud évoque, est le principal agent, par son attitude, de cette induction. En ne soutenant pas son regard, en n'assurant jamais le patient qu'il l'a entendu ou compris, en n'évoquant jamais ce qu'il pense, en ne répondant pas à ses questions, en n'explicitant aucune de ses attentes... l'analyste accule le patient, si celui-ci souhaite continuer de parler dans ces conditions — et s'en montre capable —, à une parole autistique, qui rend légitime et nécessaire le principe de l'interprétation. Conformément aux suggestions des analystes, les patients lient cette révélation de la fragilité de leurs croyances initiales à l'accès, pour la première fois de leur vie, à une parole libre et n'ayant rien à défendre. On peut néanmoins se demander si l'avènement de ce scepticisme généralisé, de ce doute hyperbolique, résulte bien de la fragilité ou de la fausseté des idées qu'ils avaient d'eux-mêmes en entrant en analyse. La mise en évidence des déterminants de cette perte des repères et de cette altération du sentiment d'identité nous incite à en douter. Si les idées justes ou solides résistaient à cette épreuve, il n'y aurait rien là d'inquiétant, mais il semble qu'aucun contenu défini ne peut subsister dans les conditions qui sont celles de la cure, et que seuls peuvent être conservées les idées que l'analyste agrée.

> France : Vous êtes sur le divan, à la limite, vous ne savez pas ce que vous dites, seul celui qui est derrière vous sait, donc, vous êtes en état de dépendance complète... et incontestablement, c'est lui qui a le pouvoir[22].

Freud, par le biais du protocole analytique, dessaisit radicalement le patient de ses moyens de contrôle sur l'activité de l'analyste, ainsi que de son jugement subjectif. Il détermine le patient à ce que sa parole vaille comme symptôme, et non comme message. Et, à partir du moment où le patient accepte que sa parole soit interprétée comme un symptôme, il ne lui est plus possible de prétendre qu'il s'appartient, puisque c'est à son insu qu'elle parle de lui. Seul l'analyste est habilité à déchiffrer le symptôme ; sa parole sera donc désormais entre les mains de l'analyste.

Celui-ci dispose ainsi du moyen de convaincre de façon illimitée le patient qu'il est insincère, faux, ou, à son insu, de mauvaise foi. Pour le patient, la manière la plus simple d'éradiquer radicalement toutes ses «résistances», ce sera d'abandonner toutes ses certitudes sur lui-même. Car les résistances, ce sont d'une certaine manière les certitudes elles-mêmes. Et comme tout sujet se constitue pour une part à l'image de ce qu'il croit être, c'est son identité elle-même qu'il lui faudra reconstruire, avec, naturellement, l'assistance de l'analyste.

NOTES

[1] *Les analysés parlent*, Dominique Frischer, *op. cit.*, p. 205.
[2] *Journal de mon analyse avec Freud*, Smiley Blanton, *op. cit.*, p. 26.
[3] *Qu'est-ce que la psychanalyse?*, Pierre Marie, Aubier, 1988, p. 32.
[4] *Ma psychanalyse*, Nannina Zunino, Tchou, 1971, respectivement p. 135, p. 281, p. 230.
[5] *Transfert*, Erika Kaufmann, éd. des femmes, 1975, p. 295.
[6] *Les analysés parlent*, Dominique Frischer, *op. cit.*, p. 213.
[7] *Le contre-transfert*, Harold Searles, Gallimard, 1981, p. 187.
[8] *Couché par écrit*, J. Rousseau-Dujardin, Galilée, 1980, p. 16.
[9] *Transfert*, Erika Kaufmann, *op. cit.*, p. 288.
[10] *Comment faire rire un paronaïaque?*, François Roustang, Liana Lévy, 1995, p. 171.
[11] *Les analysés parlent*, Dominique Frischer, *op. cit.*, p. 232 et p. 162.
[12] *Journal de mon analyse avec Freud*, Smiley Blanton, *op. cit.*, p. 24.
[13] *Ibid.*, p. 28. et p. 31.
[14] *Ibid.*, p. 128.
[15] *Les Ruses de la Déraison*, Ernest Gellner, PUF, 1990, p. 61.
[16] *La technique psychanalytique*, S. Freud, PUF, 1953, p. 97.
[17] *Ibid.*, p. 52.
[18] Toutes ces pensées sont tirées des témoignages de patients.
[19] *La technique psychanalytique*, S. Freud, *op. cit.*, p. 84.
[20] *Les Ruses de la Déraison*, Ernest Gellner, *op. cit.*
[21] Seul l'usage de désinhibiteurs chimiques (Haschich, alcool, LSD...), ou l'accès à des états de conscience modifiés pourrait, semble-t-il, donner au sujet la latitude et la légèreté requises pour associer librement.
[22] *Les analysés parlent*, Dominique Frischer, *op. cit.*, p. 162-163.

Le rapport à l'analyste

La notion psychanalytique de transfert est sans doute, de tous les termes techniques relatifs à la cure, celui qui a connu la plus large diffusion. Ce concept intervient dans tous les témoignages que nous avons étudiés, quand il n'est pas le titre donné au témoignage lui-même[1]. Et cette diffusion de la notion de transfert s'explique aisément : aux yeux des adeptes comme du grand public, le transfert représente l'indispensable explication aux sentiments bien particuliers du patient pour l'analyste.

Selon Freud, le ressort même de la thérapie est le parallélisme entre l'état de santé du patient et l'état de sa relation au médecin. La situation analytique contraindrait le patient à exprimer sa névrose. Et l'actualisation de cette névrose en cure induirait un dysfonctionnement de la relation avec le thérapeute : « toute la libido et toute la résistance à la libido » se verraient « concentrées dans la seule attitude à l'égard du médecin ». A terme, on retrouverait « à la place de la maladie proprement dite, le transfert artificiellement provoqué..., la maladie du transfert »[2].

Si donc la relation au médecin peut être conçue comme ressort de la thérapie selon la doctrine freudienne, c'est parce que, sous la forme du transfert[3], elle représente la seule manifestation de la névrose sur laquelle il soit possible de travailler. Ce qui fait dire à Freud (qui commet ici un *lapsus calami*) : « Surmonter cette nouvelle névrose artificielle [le transfert], c'est supprimer la maladie engendrée par le traitement [le transfert]. Ces deux résultats vont de pair, et quand ils sont obtenus, notre tâche thérapeutique est terminée. L'homme qui, dans ses rapports avec le médecin, est devenu normal et affranchi de l'action de tendances refoulées [mais exprimées dans l'analyse], restera aussi tel dans sa vie normale quand le médecin en aura été éliminé.»[4] Mais qu'est-ce au juste que le transfert ?

Est-ce parce que l'inconscient ignore le principe de non-contradiction qu'il existe tant de définitions du transfert — des définitions souvent incompatibles entre elles ? Ne tenant pas à trancher, nous avons jugé que chacune avait le droit d'être mentionnée. Ainsi, le transfert apparaît soit comme le déplacement d'*une* ancienne relation affective sur la personne de l'analyste[5], soit comme la concentration de toute la libido et de toute la résistance à la libido dans la seule attitude à l'égard du médecin[6], soit comme *un* substitut de sa névrose artificiellement produit par le traitement[7], soit comme l'actualisation dans la situation analytique des désirs inconscients du malade[8], soit comme l'attachement à la personne du médecin[9]. Nous pouvons retenir deux caractérisations plus synthétiques mais plus floues liées aux deux usages les plus courants de la notion de transfert. Quand un analyste révèle à son patient que celui-ci effectue un transfert, la notion est à peu près synonyme de projection, sur la personne de l'analyste, d'affects, de désirs et de représentations qui se rapportent originellement aux protagonistes essentiels de l'enfance du patient. Quand un analyste explique le principe de la guérison, il insiste sur l'idée que le transfert, en tant que substitut de la névrose, rend possible une intervention indirecte sur celle-ci. Si l'on mêle ces deux définitions, on obtient une définition plus confuse encore, mais qui présente l'avantage d'être proche de la définition que les patients semblent se donner du transfert : « moyen de *revivre* des scènes cruciales de son enfance et de lever les refoulements qui se sont établis lors de ces scènes ou à partir d'elles ».

L'explication freudienne de l'émergence du transfert n'est pas beaucoup plus précise. Tantôt, le transfert est présenté comme un phénomène découlant du fait que l'analyste est vécu comme un thérapeute, toute relation à un médecin engendrant le transfert (le seul mérite de la psychanalyse étant de l'avoir mis à jour)[10]. Tantôt, il apparaît comme universel, puisque toute relation, névrotique ou non, serait la reproduction d'une expérience relationnelle vécue dans les premières années. Tantôt, il semble être causé par les résistances du patient, qui s'en sert comme d'un obstacle à l'intervention de l'analyste[11]. Tantôt, enfin, il paraît produit par la situation analytique[12].

Si complexe et hétérogène soit-elle, l'hypothèse du transfert n'en joue pas moins un rôle crucial dans l'économie de la cure telle qu'elle est envisagée par les psychanalystes. D'un point de vue théorique, c'est sur elle que reposent et la légitimité, et la vertu thérapeutique de la cure psychanalytique. Pourtant, il est quasiment impossible de mener à bien la confirmation ou l'infirmation de cette hypothèse : le transfert se dérobe à toute définition opératoire, et sur le plan de la description comme sur celui de l'explication, aucun critère n'est fourni qui permettrait de distinguer une relation transférentielle d'une relation non-transférentielle à l'analyste. La notion de transfert est bien trop polymorphe et éclatée pour qu'une référence simple et directe à des phénomènes observables puisse nous en enseigner quoi que ce soit. On pourra bien sûr affirmer que toute relation a, intrinsèquement, une dimension transférentielle, et que la psychanalyse ne fait rien d'autre que porter au jour cette dimension des relations. Mais cela n'expliquerait pas que les sentiments qu'on observe en analyse ne s'observent presque nulle part ailleurs.

Pour mettre à l'épreuve le concept de transfert dans ses différentes acceptions, et dans son ambivalence épistémologique — il est à la fois descriptif et explicatif —, nous éviterons le terrain de la stricte théorie, pour mettre à profit le fait que toutes les acceptions du transfert partagent une hypothèse, qu'elles sous-entendent ou qu'elles impliquent : la relation du patient à l'analyste ne doit pas être prise au premier degré, mais interprétée. Pour éprouver la solidité de cette hypothèse, nous tenterons de proposer une explication plus simple et plus forte des phénomènes que le transfert recouvre et explique. Il s'agira de montrer, autant qu'il sera possible de le faire, que la relation à l'analyste, dans sa dimension affective, est une relation réelle, et non une relation illusoire : la reconnaissance que tous les patients attendent de l'analyste — le fait est avéré —, les sentiments amoureux que bien des patients éprouvent pour sa personne, ou leur dépendance à son égard se rapportent bien à l'analyste lui-même et non, comme il parvient à les en convaincre, à des figures de leur enfance. Si l'on trouve dans les conditions objectives de quoi expliquer l'émergence de ces sentiments, la référence aux expériences singulières du patient perdra une grande partie de son intérêt.

LE DÉSIR D'ÊTRE RECONNU

Il importe peu aux patients d'obtenir la reconnaissance de leur dentiste, de leur astrologue ou de leur professeur de yoga. Ils n'attendent qu'une chose de ces professionnels — qu'ils leur dispensent le service pour lequel ils les rémunèrent. Il n'en va pas de même en psychanalyse. Aucun des analysés dont nous avons étudié le témoignage n'échappe au désir d'être reconnu, agréé par l'analyste. Comment expliquer une telle unanimité ?

Il est certain que l'activité qui se pratique spécifiquement en psychanalyse — parler continûment de soi-même devant un tiers, sans rien cacher — peut aisément engendrer l'inquiétude de ne pas être jugé favorablement, ou seulement de n'être pas entendu et pris au sérieux en tant que personne. Le patient s'est confessé, il attend de son confesseur qu'il le bénisse ou au moins accuse réception; il s'est aussi donné en spectacle, il attend de son public qu'il l'applaudisse ou qu'il le siffle.

Mes relations avec vous sont une source de frustration à cause du manque de réciprocité. Je sais bien que prétendre davantage serait absurde, mais le besoin demeure[13].

Le patient qui parle tout son soûl à l'analyste lui reconnaît des droits, le crédite de la capacité à lui venir en aide et le rétribue pour le temps qu'il lui a accordé — y a-t-il une marque de reconnaissance plus lisible que celle du paiement, dans une pratique où aucun bien, ni tangible, ni objectivement définissable, n'est échangé ? De son côté, l'analyste ne manifeste rien qui puisse passer pour une reconnaissance entière; il délègue pour ainsi dire aux conditions matérielles de la cure — la durée garantie de la séance et le divan — la tâche qui consiste à donner une place au patient. Celui-ci se voit donc certes allouer un temps et un espace, périodiquement réservés à lui seul, mais son attente de réciprocité n'est pas comblée : c'est en tant que personne que le patient s'expose, séance après séance. Le trouve-t-on ridicule ? Bavard ? Lâche ?... Si le patient manifeste parfois avec une telle véhémence le désir de sortir de sa condition de patient pour se voir attribuer un statut qui engagerait davantage l'analyste, c'est donc parce que la bonne volonté, la conscience professionnelle de l'analyste et les droits qu'il accorde au patient sont, à eux seuls, sans valeur : ils n'ont qu'un prix. Le patient peut toujours croire que l'analyste ne lui prête attention et ne s'intéresse à lui que dans la mesure où il touche ses honoraires.

Le patient est de surcroît convaincu que l'analyste éprouve des sentiments, qu'il nourrit en secret une préférence marquée pour tel ou tel patient... Et il n'a pas tort. Un analyste, si appliqué soit-il à mettre à distance ses sentiments et à ne pas les manifester, ne pourra jamais éviter d'en éprouver. Il lui est certes formellement interdit de faire connaître ses sentiments, mais, comme àtout homme, il arrive à l'analyste de s'ennuyer, d'être charmé, séduit, passionné, déçu... L'évidence que de tels sentiments doivent bien exister rend plus cruel encore le soin avec lequel l'analyste les dissimule. Et l'incertitude du patient quant aux sentiments de l'analyste l'encourage à se poser la question de sa reconnaissance avec toujours plus d'acuité, au lieu de l'abandonner.

Un autre facteur peut jouer un rôle important dans l'exacerbation du désir de reconnaissance : seul l'analyste est à même de déterminer le chemin parcouru et le chemin qu'il reste à parcourir. Mais l'analyste ne dit rien de la cure elle-même. Pour avoir une idée de l'état d'avancement de sa situation, le patient en est donc réduit à épier chacune des réactions, des attitudes de son analyste, à mesurer la chaleur ou l'intensité de ses poignées de main, afin d'y déceler des signes d'encouragement ou de lassitude. Car, en situation de privation d'information, le plus maigre indice, le geste le plus anodin peut valoir comme preuve : quand il est indispensable d'obtenir une information, le fait que les sources ne soient pas de bonne qualité importe peu. Comment faire la part entre l'analyste et l'homme ? Entre le silence qui relève d'une stratégie thérapeutique, et le silence qui témoigne purement et simplement, par exemple, d'un ennui profond ? Rares sont les patients préalablement informés des usages en vigueur chez l'analyste, et, même connus, ceux-ci restent par nature ambigus. Le silence de l'analyste, le fait qu'il ne réponde pas ou qu'il ne réponde qu'allusivement aux questions posées, un regard appuyé en fin de séance prendront une signification affective évidente, que ce soit ou non leur vocation.

Il en va de même des interprétations proposées par l'analyste à son patient : elles sont peu souvent envisagées en elles-mêmes ; il est au contraire fréquent que le patient ne s'attache qu'à y déceler un signe de faveur ou de défaveur de la part de l'analyste. Or, ce n'est pas dans ce souci qu'elles ont été produites : interrogées par le patient sous cet angle, il y a peu de chance qu'elles lui donnent une réponse univoque. Le patient peut les jauger sans fin.

> Je ne voudrais pas vous importuner, je voudrais vous plaire, je voudrais déclencher en vous une réaction quelconque, je parle avec vous (ou plutôt je monologue) pendant des heures et des heures (...) je commence à souffrir. Je ne veux pas vous ennuyer. Non, je ne suis pas amoureuse de vous (...) Et les jours où nous nous voyons que se passe-t-il ? Vous parlez (...) et quand ensuite je rentre chez moi, une seule phrase reste imprimée dans mon esprit, (...) celle que j'ai sélectionné parce que gratifiante[14].

La différence entre signes d'encouragement ou de sollicitude et signes d'affection n'étant pas codifiée à l'avance, le patient tendra naturellement à assimiler les manifestations d'intérêt aux « Tu chauffes », et les signes d'ennui aux « Tu refroidis ». Il pourra être convaincu, comme le sont souvent les écoliers, qu'un élève a les meilleures notes parce qu'il est le « chouchou », et, simultanément, qu'il est le « chouchou » parce qu'il est le meilleur. La confusion des deux ambitions, celle de progresser en analyse, et celle d'être apprécié, est amorcée. Et tout au long du traitement, elle connaîtra d'incessantes vicissitudes. Lorsque le désir d'être le patient préféré, et d'être celui qui avance le mieux, se développe au point d'être vécu comme un sentiment amoureux, le patient en vient nécessairement à souhaiter briser le cadre analytique, incompatible en droit avec la réalisation de l'amour. L'analyste devra se montrer inflexible, et le patient devra se rendre à la raison. L'ambition thérapeutique du patient n'en sera pas affaiblie pour autant. Elle se sera seulement identifiée, dans la conscience du patient, à l'obtention de l'amour de l'analyste. Freud dit ainsi de ses patientes :

> Elles prétendent avoir toujours su qu'elles ne pourraient guérir que par l'amour et avoir eu la certitude, dès le début du traitement, que le commerce avec le médecin qui les traitait leur procurerait enfin ce que la vie leur avait toujours refusé[15].

Cette confusion entre les signes que le travail analytique avance et les marques d'intérêt de l'analyste est sans doute autant une conséquence qu'une cause du développement de sentiments amoureux chez le patient. Car l'envie d'être reconnu est, à bien des égards, solidaire du fait de reconnaître. Le patient ne déduit-il pas ses sentiments de ceux qu'il voudrait constater chez l'analyste ? N'est-ce pas parce qu'il cherche à être aimé de l'analyste qu'il en tombe amoureux ?

Lorsque le patient a en vue le terme de son traitement, le besoin d'être reconnu peut encore s'exacerber : la recherche, par le patient, de la reconnaissance de l'analyste constitue peut-être une manière raisonnable de court-circuiter le processus analytique. Il n'y a pas en effet en analyse de critère indépendant de la théorie qui permette de distinguer celui qui est malade de celui qui ne l'est pas, ou ne l'est plus : d'une certaine manière, pour la psychanalyse, le névrosé, c'est celui qui s'adresse à elle ; l'homme « guéri », celui qui n'a plus besoin d'elle. Dans ces conditions, il devient essentiel pour le patient d'amener l'analyste à penser que le transfert est désormais liquidé, qu'il le reconnaît enfin pour ce qu'il est. Obtenir de l'analyste qu'il reconnaisse à son tour le patient pour ce qu'il est, un sujet à part entière avec lequel il peut parler d'égal à égal, c'est être tiré d'affaire. La fin du traitement coïncidant avec la liquidation du transfert, il paraît naturel que le patient cherche à hâter cette dernière.

L'AMOUR

L'amour que bien des patients éprouvent pour leur analyste est, à plusieurs titres, inattendu et paradoxal. Il nous faut d'abord constater qu'une partie des patients nourrissent initialement une défiance diffuse à l'égard des analystes : qu'ils fassent payer leur prochain pour lui venir en aide leur paraît inquiétant. Une relation humaine doit être gratuite, *a fortiori* si cette relation est une relation d'amour. On pourrait ainsi penser que le fait de payer un homme exclut qu'il soit envisagé comme autre chose qu'un professionnel. Et, de fait, tous les analysés que D. Frischer a interviewés savent dès le départ que l'analyste n'est pas en mesure, par hypothèse, de «donner de l'amour». «Les amis donnent quelque chose en écoutant, alors que le psychanalyste, c'est son métier, donc, il ne vous donne rien, on le paie pour ça...»[16].

Un autre facteur tend à rendre l'amour du patient pour son analyste plus inattendu encore : le psychanalyste est toujours silencieux sur lui-même, et c'est seulement sa qualité d'analyste qui lui a valu la confiance du patient. En atteste la forte dimension statutaire de la relation à l'analyste : les titres de Docteur, de Professeur reviennent régulièrement, et les patients, comme par humilité, s'arrogent rarement le droit de questionner l'analyste sur sa formation ou sur lui-même, malgré leur inépuisable intérêt pour le sujet, et leur droit de tout dire. Les analystes eux-mêmes insistent régulièrement sur la nécessité, pour eux, de ne jamais cesser de s'identifier à leur fonction, de ne jamais sortir de leur rôle. J. Rousseau-Dujardin formule ainsi cette exigence :

> Ce dont il faut que l'analyste se persuade, c'est qu'il n'est pas demandé en tant qu'un tel ou un tel, individu spécifique et supposé plein, mais qu'il est sous le couvert d'un choix illusoire..., assigné à une place : il est là pour la tenir et savoir s'y tenir[17].

L'opacité de l'analyste doit répondre à la transparence du patient. L'analyste ne doit pas parler de lui-même, ni manifester son intérêt pour autre chose que le travail analytique effectué par le patient. Il doit se cantonner dans sa fonction, et barrer la route à toutes les complicités possibles, à tout ce qui serait susceptible de compromettre son professionnalisme. En écho, les patients pâtissent souvent de cette opacité — un terme récurrent dans leurs écrits.

> Mon psychanalyste... m'est apparu opaque, comme blindé dans sa fonction. Je me suis dit que, moi aussi, il fallait que je réintègre un état de fonction[18].

Malgré ces obstacles, des sentiments amoureux ne manqueront pas d'émerger. Et bien peu de patients tenteront de les inhiber ou d'interrompre leur traitement. Ils pourront à loisir se soupçonner de payer en partie l'analyste pour continuer de le rencontrer, ils n'en resteront pas moins attachés à l'analyse, et guetteront les témoignages d'affection les plus ténus. Il arrivera même que cet antagonisme entre l'amour et la vénalité devienne un des enjeux de l'analyse : la situation est telle que le patient paie pour entretenir une relation qu'il voudrait gratuite.

S'agit-il bien cependant d'authentiques sentiments amoureux ? Se pourrait-il que de simples conditions relationnelles entraînent des patients à aimer? A ces questions, nous avons choisi de donner une réponse affirmative. Naturellement, les causes de l'amour que l'on observe en analyse ne sont sans doute pas celles de l'amour hors du cabinet. Mais la nature d'un phénomène doit bien être distinguée de ses causes. La colère due à une trahison et la colère gratuite d'un sujet irritable donnent lieu aux mêmes manifestations, et méritent au même titre l'appellation de colère. Il est plus délicat de réduire à sa seule manifestation l'amour que la colère, parce qu'un consensus universel prête à l'amour une valeur absolue, en décrétant souvent qu'il échappe à tout déterminisme. Nous avons cependant pris le parti de cette apparente réduction, parce que les sentiments décrits par les patients épris de leur analyste sont conformes à la définition la plus communément partagée de l'amour. En outre, les patients sont les premiers à parler d'amour pour qualifier leurs sentiments à l'égard de leur analyste. Or, tout sentiment est en bonne partie de la nature que lui prête celui qui l'éprouve.

Au-delà de *sentiments* amoureux, avoués et explicités comme tels, les attentes des patients tout autant que leurs actes trahissent leur amour. Les témoignages révèlent l'omniprésence de l'analyste dans la vie quotidienne des patients : il est au cœur de leurs pensées, de leurs souffrances, bien souvent de leurs rêves. Naturellement, les séances elles-mêmes sont investies comme un moment précieux de la semaine. Les patients anticipent parfois la séance suivante dès la fin d'une séance ; le moment venu, ils la vivent avec intensité ; et au sortir de la séance, ils remâchent longuement les propos qui s'y sont tenus, et les observations qu'ils y ont faites.

De façon tout aussi systématique, les patients épris de leur analyste éprouvent le désir d'être aimés de lui, et se découvrent d'intenses sentiments de jalousie[19] à l'égard de ses autres patients. Les éclats de voix du patient précédent, audibles depuis la salle d'attente, et qui paraissent être le signe d'une grande familiarité, la minute supplémentaire que l'analyste paraît lui accorder, le fait qu'il le raccompagne jusqu'au pallier, et non jusqu'à la porte... les faits les plus dérisoires se voient accorder une attention considérable, et causent les tourments les plus profonds. Paradoxalement, aucun des témoignages que nous avons étudiés ne fait mention de la vie familiale ou extra-professionnelle de l'analyste. Ce sont toujours les autres patients qui suscitent la jalousie, et non son hypothétique épouse. Si la jalousie n'excède pas le cadre du cabinet, les patients épris manifestent néanmoins une insatiable curiosité pour tous les aspects de la vie, passée et présente, de l'analyste. Ils achètent ses œuvres, dévorent ses articles, arrivent en avance pour se laisser le temps de regarder les titres des livres présents dans sa bibliothèque...

Porté à son paroxysme, l'amour des patients leur inspire la certitude qu'ils ne peuvent qu'être aimés en retour, même en la plus complète absence de preuve. Leur amour leur paraît parfois si absolu que la conviction que l'analyste doit les aimer se mue en conviction intime que l'analyste les aime effectivement. De manière générale, l'attente de réciprocité dans l'amour est très forte :

> Découvrir que nos relations ne sont pas à sens unique (comme je le craignais au début) me donne parfois un bonheur tel que j'en ai presque le souffle coupé[20].

Dans de telles conditions, le désir manque rarement de faire son apparition. Et ce désir est amplifié et explicité par l'intérêt des analystes pour la dimension sexuelle de la personnalité. Même quand analyste et patient sont de même sexe, et qu'une relation homosexuelle est hors de question, on peut presque toujours déceler chez le patient le plus vif espoir de s'entretenir un jour librement avec l'analyste, devenu loquace, personnel et ouvert, devenu un ami. Il nous faut ici évoquer un fait dont la solidité n'est pas assurée, mais qui a son intérêt : les hommes semblent vivre avec moins d'acuité leur relation à l'analyste que les femmes, et paraissent disposés à se contenter d'un analyste qui les reconnaîtrait et s'ouvrirait à eux. S'il était confirmé que les femmes sont, en analyse, plus sujettes à l'amour que les hommes, il faudrait sans doute expliquer ce fait en montrant que l'analyste représente à bien des égards un modèle de l'homme «désirable», conforme du moins aux attentes communément prêtées aux femmes : l'analyste est toujours disponible et à l'écoute, tout en se gardant bien d'être envahissant. Il connaît mieux que quiconque la patiente, mais n'en tire jamais profit. Il conserve toujours une distance, qui lui assure une grande dignité, et la maîtrise occulte de la situation. Il est le spectateur invisible et discret d'une mise à nu sans précédent... Nous concéderons que ces remarques ne sont inspirées que d'un échantillon qui compte bien moins d'hommes que de femmes parmi les analysés, et une sur-représentation d'analystes masculins. Il n'est pas certain que cet échantillon soit suffisamment représentatif pour qu'il soit légitime de se prononcer sur la question.

Il faut enfin noter que beaucoup de patients s'insurgent contre l'interprétation transférentielle que l'analyste moyen tend à donner à leurs sentiments. Ils y soupçonnent le désir de rester sourd à leur amour, en niant la liberté qui y préside. Et ils souffrent de ce que l'analyste ne reconnaisse pas la pureté et l'authenticité de leurs sentiments. Dans leur témoignage, ils se disent souvent indifférents aux attentions ou à la sollicitude que l'analyste peut manifester lorsqu'il joue son rôle d'analyste : c'est l'homme qui se dissimule derrière la fonction d'analyste qui les intéresse, et qu'ils aiment.

> Tout mon comportement, mes sensations, mes pensées, sont ceux d'une femme amoureuse, et rien ne sert, absolument rien, de se répéter du matin au soir, avant de dormir et à peine éveillée, que cela fait partie du *Transfert*. Entre cet amour ou un autre, il n'est aucune différence sinon qu'en d'autres circonstances, j'obtiendrais, tôt ou tard, une satisfaction quelconque, alors qu'à présent, je n'obtiens vraiment rien. Reste la perspective future de la récompense finale [la guérison][21].

Néanmoins, ces conflits entre le patient et l'analyste au sujet de l'amour que le premier porte au second ne sont pas la norme. Rares sont les analystes qui interprètent avec insistance les sentiments qui leur sont favorables. Dans les témoignages que nous avons étudiés, il n'est arrivé que l'analyste s'acharne à interpréter systématiquement l'amour de son patient pour lui en termes de transfert que dans deux situations : lorsqu'il souhaite se défaire d'une patiente trop dépendante, et lorsqu'il tente de démontrer à une patiente devenue amante que leur relation charnelle est illusoire, qu'elle ne lui donne aucun droit, et qu'il faut y mettre un terme. Dans de telles situations, l'analyste s'appuie sur l'explication que la psychanalyse donne de ces sentiments amoureux : la relation à l'analyste, comme toutes les relations, serait calquée sur les relations primordiales, et «l'amour de transfert» ne serait que la réactualisation d'un lien archaïque ou du moins infantile, une réactualisation qui serait pleinement vécue, mais illusoire quant à son objet. A travers l'analyste, c'est la mère, ou une figure déterminante pour l'élaboration de la personnalité, que viserait le patient.

Quand il s'agit d'expliquer pourquoi de telles identifications ont lieu dans le cabinet d'analyse, les analystes se réfèrent sans beaucoup de précision au caractère bien spécifique du cadre analytique, ou au fait que tous les thérapeutes suscitent un tel transfert, mais qu'ils en sont simplement ignorants. L'essentiel est que l'amour en analyse soit bien distingué de l'amour générique, et que le cabinet d'analyse ne soit pas tenu pour une paradoxale «garçonnière de l'abstinent».

Mais les distinctions que Freud établit entre amour de transfert et amour générique ne sont guère convaincantes. Et, il nous faut l'avouer, c'est la lecture de Freud qui nous a le plus encouragé à voir dans l'amour de transfert un amour certes condamné, mais en rien illusoire.

La lecture freudienne de l'«amour de transfert» est en effet des plus paradoxales :

> L'amour de transfert présente quelques traits propres qui lui assurent une place à part : 1° C'est la situation analytique qui le provoque ; 2° La résistance qui domine la situation l'intensifie encore ; 3° Ne tenant que fort peu compte de la réalité, il s'avère plus déraisonnable, moins soucieux des conséquences, plus aveugle dans l'appréciation de l'être aimé, que ce que nous attendons d'un amour normal. N'oublions pourtant pas que ce sont précisément ces caractères anormaux qui forment l'essentiel d'un état amoureux.

Freud, parti pour décrire la spécificité de l'amour de transfert par rapport à l'amour simple, finit par en faire les deux représentants d'une même espèce, faute d'avoir pu énoncer clairement ce qui les distinguait. Pour légitimer l'amour de transfert, il en vient même à prêter un caractère pathologique à l'amour «normal». Une fois encore, Freud justifie ici la technique qu'il a mise au point en interprétant des réalités psychiques externes à la cure comme des expressions modérées et affadies de phénomènes se révélant dans toute leur pureté et leur crudité en analyse. Nous en verrons bien d'autres exemples : ainsi, la résistance supposée du patient aux investigations de l'analyste, le fait qu'il ne se souvienne pas d'événements qui seraient survenus dans sa vie, ou qu'il ne veuille pas en reconnaître la réalité malgré la conviction de l'analyste, tous ces aspects de l'attitude du patient ont amené Freud à postuler l'existence d'un mécanisme de défense de la psyché, plus discret dans la vie courante, mais aussi actif : le refoulement, dont, selon certains textes, l'activité serait responsable de la formation de l'inconscient. Pour élucider l'attachement énigmatique des patients à la personne de leur analyste, Freud ramène de même les attachements en général à des reproductions complexes et imparfaites des premiers attachements. Le transfert, la résistance et l'amour de transfert se retrouvent ainsi en position de juges par rapport aux phénomènes non pathologiques auxquels Freud les fait correspondre. Les observations que l'on peut faire du patient qui suit une cure analytique nous apprendraient donc *a priori* ce qu'est l'homme, plutôt que ce qui, dans la situation, détermine les réactions originales du patient. Freud évite d'interroger l'incidence du procédé analytique sur le comportement du patient en prétendant systématiquement que la cure met à jour la nature profonde des affects qui apparaissent dans la vie quotidienne. Le cabinet de l'analyste devient une simple chambre d'écho de la singularité des sujets qui y entrent, un pur amplificateur des phénomènes inconscients qui déterminent inexorablement quoiqu'invisiblement les actes les plus élémentaires de la vie diurne et de la vie nocturne.

Résumée, la démarche de Freud pourrait être schématisée ainsi : l'amour de transfert n'est pas identique à l'amour normal [ce qui vaut mieux pour la crédibilité et le sérieux de la profession d'analyste]. L'amour, cependant, que l'on croit normal n'est en rien normal : il est en vérité de la même nature que l'amour de transfert. L'amour de transfert est donc certes anormal [c'est cette proposition qui détient l'enjeu essentiel de l'argument], mais pas beaucoup plus que l'amour dit normal.

L'incapacité freudienne, et la nôtre, à distinguer le sentiment amoureux éprouvé pour la personne de l'analyste de celui qui est éprouvé pour toute autre personne, est peut-être révélatrice d'une réelle identité de nature. Nous avons ici de bonnes raisons de penser que l'amour du patient pour son analyste ne vise que l'analyste lui-même et personne d'autre. Une patiente, très amoureuse de son analyste, témoigne d'un soupçon semblable :

> Freud eut une idée géniale, qui devait sauver la chèvre et le chou. Il affirma qu'il ne s'agissait pas d'un amour véritable mais d'autre chose, à savoir du « transfert ». Anna O. avait transféré sur le Docteur Breuer son amour infantile pour son père. Cet amour n'était donc pas réel, mais illusoire. Et ni Anna O., ni le Docteur Breuer ne pouvaient en être tenus pour responsables. Avec cette définition du transfert, Freud rendit sa respectabilité à la catégorie entière des analystes[22].

LES CONDITIONS D'ÉMERGENCE DES SENTIMENTS AMOUREUX

Si l'existence de sentiments amoureux est établie, leur émergence demeure énigmatique. Quelles sont les sources de cet amour? On invoque parfois un mécanisme d'« idéalisation du thérapeute ». Et, certes, l'idéalisation, présente dans toute forme de soins, doit aussi jouer en psychanalyse. Le fait, pour un malade, de s'en remettre à son médecin, de placer en lui ses espoirs de guérison, de faire l'objet de toutes ses attentions, peut certainement favoriser chez lui l'éclosion de sentiments amoureux. Mais l'amour que les malades ou les convalescents éprouvent pour leur médecin vaut presque comme une rétribution affective de l'amour qu'ils décèlent dans son application à leur faire du bien. Il est empreint de douceur et de gratitude. Au contraire, les sentiments amoureux que bien des analysés éprouvent pour leur analyste sont intenses, profonds, exigeants et douloureux. D'autres raisons doivent donc être convoquées pour expliquer cet amour énigmatique.

Le premier fait digne d'être mentionné est que la relation entre patient et analyste n'est pas seulement privée, mais secrète. Or, une relation secrète ne peut subir les mises à l'épreuve que connaissent les relations publiques : elle n'est pas exposée au jugement d'autrui, elle est sans équivalent dans sa vie, et personne, dans l'entourage du patient, ne peut porter de jugement sur l'analyste, puisque personne ne le connaît. Ce caractère secret de la relation comme de l'analyste n'est possible que parce que diverses règles garantissent l'isolement du patient, et ce dès la première séance.

Il ne suffit pas en effet que le patient fasse preuve d'une autonomie suffisante pour que tous les cabinets d'analyste lui soient ouverts. Tout analyste refusera un patient si un isolement rigoureux de la relation n'est pas garanti.

Le patient ne doit, en premier lieu, être lié à l'analyste que par le biais du cabinet. Mis à part le cas de Freud, qui a analysé sa fille et entretenait avec ses patients des relations parfois amicales, il n'est pas de transgression de ce commandement qui n'ait été tenue par la communauté analytique pour une déviance répréhensible. Il est exclu qu'un patient soit en traitement chez un parent, un ami ou même une connaissance. Freud a justifié cette règle de deux manières : en affirmant, d'une part, que l'implication dans une relation réelle, hors du cabinet, limitait la liberté de parole du patient — or, c'est par excellence ce que le patient souhaiterait taire que l'analyste doit savoir. En affirmant, d'autre part, que la représentation que le patient se ferait de l'analyste ne serait pas initialement vierge, et que sa liberté de projeter sur la personne de l'analyste les acteurs essentiels de sa vie en serait affectée.

Selon une autre règle, nul ne doit consulter un analyste dont il connaît un patient. Les analystes célèbres doivent naturellement se résoudre à ce que leurs patients se rencontrent : ces rencontres sont inévitables. Mais le respect que l'analyste leur inspire et la crainte que les propos hostiles qu'ils pourraient tenir à son sujet ne lui soient rapportés les dissuadent généralement d'en parler sur un mode autre que celui de la louange. Officiellement, cet interdit repose sur l'idée que la pureté des fantasmes produits par le patient au contact de son analyste serait compromise. Un patient est censé ne voir en son analyste que ce que ses projections inconscientes lui font voir : si un ami du patient était l'instigateur réel de la rencontre avec l'analyste, il se pourrait, selon la doctrine, qu'à travers celui-ci, ce soit l'ami que « rencontre » le patient. Une telle justification est d'ailleurs congruente avec la thèse du transfert selon laquelle le patient revivrait au cours du travail analytique les relations qui ont été déterminantes pour lui, en superposant inconsciemment à l'image de son analyste celles des personnages concernés, en transférant sur lui des désirs ou des attentes attachés à d'autres que lui.

Une dernière règle stipule que le patient ne doit pas être en analyse ailleurs. La doctrine allègue ici la nécessité d'un investissement exclusif de l'analyste comme condition du succès de l'analyse. Analysé par deux analystes différents, le patient verrait ses projections se brouiller, et la possibilité même du transfert en serait compromise.

Il nous semble que les justifications que les analystes donnent de ces règles sont fragiles — dans la mesure où leur validité dépend de celle de la théorie —, et qu'on peut proposer de ces trois règles d'autres justifications, qui reposent, elles, sur des hypothèses simples et familières.

Notons d'abord que ces règles sont scrupuleusement respectées. Bien des analystes vont même plus loin en s'efforçant de limiter la possibilité de rencontre entre les patients. La mise en place d'une procédure bien réglée dans l'ouverture des portes permet ainsi d'éviter que le sortant ne voie l'entrant.

Si deux ou trois patients d'un même analyste pouvaient échanger en toute liberté et en toute confiance leurs impressions sur lui, il n'y a pas de doute qu'ils briseraient le sérieux et le sacré qui l'entoure : c'est ce que font systématiquement les élèves avec leurs professeurs, les électeurs avec leurs hommes politiques, et, plus généralement, les humbles devant les détenteurs de la puissance et de l'autorité. La désacralisation d'un personnage ne peut se faire qu'en compagnie de pairs, et la figuration y joue un rôle essentiel : surnoms ironiques, reproduction outrée de la gestuelle et des intonations, imitation des tics de langage, des ridicules divers... pourraient sans aucun doute rétablir un certain recul critique. Mais nul contre-pouvoir ne menace l'analyste tant que son patient ne dispose pas de repères extérieurs, et de moyens de comparer ses vues avec celles d'autres patients. La personne du psychanalyste n'est donc jamais appréhendée que dans un lieu et dans des circonstances propres, à l'abri du monde et de l'opinion d'autres observateurs. Elle ne peut ainsi faire l'objet d'une mise à distance intersubjective. Il est significatif à cet égard qu'il suffise que le patient croise accidentellement l'analyste hors du cadre du cabinet pour le découvrir différent, « comme s'il était parfois malheureux »[23]. L'ardent désir de savoir « s'il est le même avec les autres, s'il est toujours aussi silencieux, s'il faut interpréter ou non les sortes de ronflement qu'il émet périodiquement... » reste insatisfait.

On peut de même supposer que si les analystes jugent impensable qu'on puisse mener deux analyses de front, c'est parce que la confrontation des diagnostics ou des thèmes dominants mettraient les analystes en concurrence, et porterait atteinte à la crédibilité de leurs interprétations, des interprétations sans doute contradictoires. L'analyste, seul dans sa tâche, sans concurrent ni élément de comparaison, est beaucoup moins vulnérable.

La relation ne se joue pas seulement dans un huis clos rigoureux, elle est aussi protégée par la périodicité inconditionnelle des rencontres. L'engagement que prend un analyste en acceptant un patient en analyse est significatif et sans équivalent. Les séances sont programmées à l'avance, et selon une périodicité rigoureuse que l'analyste s'est imposé de maintenir inconditionnellement. Cette programmation ne fait jamais l'objet de commentaires ou de contestation de la part de l'analyste. Si bien qu'au terme de toute séance, le patient jouit du droit d'envisager avec certitude la séance suivante. Pour peu qu'il paie régulièrement, respecte les règles et se présente au bon moment au cabinet, le patient peut donc toujours compter sur la totale disponibilité de l'analyste, et ce quels que soient les aléas de sa relation « personnelle » avec lui, du rapport des subjectivités. L'analyste est présent, attentif, peut-être irrité, voire excédé, mais toujours formellement impassible.

> Vous vous efforcez toujours de comprendre. Et puis, en tant que personne, vous êtes toujours présent, authentiquement. Constater à chaque instant votre présence, voilà ce qui vous rend précieux[24].

Naturellement, le moment venu, le patient pourra vivre ce régime de fréquentation inflexible comme une contrainte s'il en vient à souhaiter espacer provisoirement ses visites, manquer une séance, ou interrompre pour un temps l'analyse. Mais tant qu'il sera porté par l'amour, il n'y trouvera que des avantages.

Cette disponibilité garantie de l'analyste est certes nuancée par son relatif mutisme. Initialement incapable d'y voir la soumission à une prescription technique, le patient pensera longtemps que si l'analyste se tait, c'est parce que son discours ne suscite rien chez lui. C'est donc à lui-même qu'il s'en prendra, plutôt qu'à l'analyste. Une fois qu'il se sera aperçu, après avoir fait preuve de toute la bonne volonté dont il est capable, que l'analyste conserve la même pose, il pourra attribuer sa froideur, ou son égalité d'humeur, à son respect scrupuleux des règles du métier. Dès lors, rien ne lui interdira de penser que l'analyste cache ses sentiments. L'attitude réservée de l'analyste en vient ainsi à autoriser les espoirs les plus chimériques.

> Défense lui est faite d'aimer en tant que psychanalyste[25]. [ou plus loin :] Psychanalyste, il me tient dans sa dépendance, homme il me libère[26].

Se référant à cette idée, le patient pourra songer que si l'analyste ne manifeste rien, ce n'est pas par défaut d'amour, puisque s'il aimait, il ne le ferait pas savoir. Bien des patients se sont posé la question de l'amour éventuel que leur analyste ressentirait pour eux, et lui ont posé la question. L'analyste ne répond bien sûr pas. Selon un mécanisme que nous étendrons à d'autres aspects de la cure, les patients désireux de savoir à quoi s'en tenir sont alors contraints, comme au poker, du fait de leur ignorance et de leurs incertitudes quant à l'intérêt réel que leur analyste leur porte, de miser et de miser encore, ne serait-ce que «pour voir» son jeu — à moins que celui-ci ne cède à la pression amoureuse, ce qui n'est pas du tout exceptionnel, aux dires même de beaucoup d'analystes. Quoi qu'il en soit, le patient, avant même de s'être interrogé sur son intérêt pour l'analyste, aura commencé très tôt à se poser la question de l'intérêt que l'analyste lui porte : ne pas connaître les sentiments d'un interlocuteur que l'on rencontre deux à trois fois par semaine demeure, en tout état de cause, un problème.

Le fait que cet interlocuteur se voie prêter une épaisseur humaine est sans doute aussi une condition nécessaire à l'épanouissement des sentiments amoureux. A l'heure où le sourire fait partie du métier d'hôtesse ou de vendeur, et où les marques de sollicitude ne sont plus de bons indicateurs (un professionnel ne doit plus tant, de nos jours, observer une correction exemplaire, qu'être sympathique, avenant, et se comporter comme un ami), la réserve et la discrétion de l'analyste sont perçus par les patients comme les signes de son authenticité, authenticité d'autant plus précieuse que les rapports commerciaux modernes en ont modifié la définition. Et cette attitude incline à attribuer à l'homme les traits repérés chez l'analyste. Car les patients ignorent que les psychanalystes jouent la froideur, jouent la distance, jouent la neutralité, et que leur rôle leur est dicté par l'exercice de leur profession. Ils rencontrent donc régulièrement une personne qui ne se laisse pas connaître, mais à laquelle ils attribuent cependant une singularité et une authenticité proprement personnelles.

La *démesure* dans l'appréciation que les patients font de leur analyste reste néanmoins énigmatique. E. Gellner, dans *Les ruses de la déraison*, propose une première explication.

> Une relation qui prend de l'importance est très tôt soumise à des tests rigoureux, et c'est bien pourquoi les relations intenses ont tendance à être turbulentes et instables : l'aimé se voit demander des conseils, plus de temps, son soutien dans des différends, un prêt, l'exclusivité et dieu sait quoi. Il ou elle peut satisfaire ces demandes et, ce faisant, montrer l'amour ou le dévouement qui est attendu de sa part, mais objectivement ou subjectivement, il arrivera inévitablement un moment où l'amant se révélera *faux*, faute d'avoir donné les signes d'amour requis. L'analyste est institutionnellement, professionnellement, protégé d'une telle mise à l'épreuve par les règles reconnues de la situation thérapeutique. Quand l'heure est finie, elle est bel et bien finie, et il n'est aucun appel à l'intensité des sentiments qui la pourraient prolonger, comme cela serait inévitable lorsque deux amants se sont donné rendez-vous[27].

Selon cette analyse, les conditions de fréquentation interdiraient donc toute mise à l'épreuve : l'analyste ne trahit jamais ses engagements, il respecte le contrat. Il retire de ce fait au patient la possibilité même d'être déçu et de revoir à la baisse son estime, sa confiance ou son amour.

Cette immunité radicale où est maintenu l'analyste peut même entraîner les patients à lui attribuer des propriétés semblables à celles d'un dieu personnel, quoique transcendant : certains patients prêtent l'omniscience à leur analyste : « On lui dit tout parce que ce n'est pas la peine de lui cacher quelque chose puisqu'il sait tout »[28]. Cette foi en l'omniscience de l'analyste résulte elle aussi du pari aveugle et illimité sur sa valeur et sa puissance — un pari qui repose lui-même sur l'immunité que lui donne ses droits institués au silence et au respect du cadre contraignant. Mais le sentiment que l'analyste en dit moins qu'il ne pourrait le faire doit certainement jouer aussi son rôle. Le fait qu'il parle si peu paraît signifier qu'il garde par-devers lui les savoirs qu'il a acquis sur l'identité du patient, afin de laisser celui-ci y venir spontanément. Ailleurs, l'analyste va jusqu'à être perçu comme une providence divine, légitimant *a posteriori* une vie d'erreur ou de souffrances : cette vie en vient à être réinterprétée comme un véritable destin, tout entier orienté vers l'analyse comme vers sa finalité propre. Une patiente déclare :

> Finalement, toutes les erreurs de ma vie semblent avoir tendu à faire le chemin qui me menait à [ma psychanalyste]. Je n'ai été névrosée que pour la rencontrer[29].

La grande méconnaissance de l'identité de l'analyste dans laquelle le patient est maintenu joue certainement aussi son rôle dans l'appréciation excessive qu'il en fait. Quand on ne connaît d'un homme que quelques aspects, on est contraint de compléter, sans l'appui des faits, l'image que l'on s'en donne. On peut ainsi lui prêter toutes les vertus, sans que jamais l'expérience ne menace de contredire cette supposition. La fascination que peut exercer un interlocuteur virtuel, dont on ne connaît que la voix ou les écrits, et les attentes démesurées que l'on peut nourrir à son endroit procèdent d'une méconnaissance comparable.

Une relation secrète, confinée dans l'espace du cabinet, à laquelle seuls patient et analyste auront jamais accès. Une relation dont le cadre même est inconditionnellement imposé par le rythme des séances, si bien qu'au bout d'un certain temps, le patient n'est plus concrètement obligé de s'interroger sur sa nécessité, sa raison et sa nature. Une relation où jugements, demandes, satisfaction et insatisfaction sont disqualifiés comme critères de maintien de la relation. Une relation qui se voit dénuée progressivement, du point de vue du patient, de tout objet, et n'a plus d'autre propriété que celle d'« avoir lieu ». L'analyste est disponible, et présent, mais refuse de jouer aux jeux que lui propose le patient. Et celui-ci, constamment renvoyé à lui-même, a graduellement renoncé à défendre tout ce qui donnait à la situation une identité reconnaissable. La situation analytique elle-même devient donc un espace de liberté indéfini, sans qu'aucune censure, ni interne, ni venue de l'extérieur, ne puisse venir regarder ce qui s'y joue : toujours plus immunisée, toujours plus gratuite, la relation a toutes les raisons, pour le patient, de devenir à elle-même son propre objet. Patient et analyste se retrouvent régulièrement, seuls, comme deux inconnus dans un ascenseur arrêté entre deux étages, et qui savent bien que les secours n'arriveront pas avant une demi-heure.

LA DÉPENDANCE

> Je ne crois pas avoir été aussi vulnérable que maintenant, aussi fragile, aussi infantile. Je me sens en pleine confusion, complètement vide au-dedans, sans colonne vertébrale. Devoir reconnaître que j'attends tout de vous m'humilie[30]. — Je suis très passive avec vous, je suis heureuse quand vous prenez des décisions à ma place ; à la limite, j'aimerais que vous les preniez toutes[31].

Au-delà du besoin de reconnaissance et de l'amour, la dépendance à l'analyste représente un troisième phénomène généralement rattaché au transfert. Nous n'évoquerons ici la dépendance que dans sa dimension affective. Comme l'amour, la dépendance n'est pas le fait de tous les patients, mais néanmoins de beaucoup d'entre eux. Elle se traduit par des sentiments intenses de perte d'autonomie, par le besoin incessant de s'en référer à l'analyste, et par l'incapacité à rompre le lien avec l'analyste quels que soient les sentiments éprouvés à son égard. De façon prévisible, Freud rapporte cette perte d'autonomie à la dépendance infantile envers une figure maternelle ou à l'ambivalence des sentiments inconscients, faisant de l'amour et de la haine les deux expressions d'un même besoin. Il nous semble qu'on peut donner une intelligibilité à cette dépendance sans faire intervenir l'hypothèse de l'inconscient.

La dépendance résulte d'abord de l'affaiblissement identitaire que le patient a subi en analyse. Quand la confiance en soi est atteinte, quand la fiabilité de la conscience est menacée, et que la foi en la capacité à s'autodéterminer librement décline, l'analyste apparaît spontanément comme le seul recours. Pour l'essentiel, la dépendance affective est la simple traduction, chez ceux des patients qui y sont sujets, de l'altération qu'a subie leur identité. Des aspects de la cure que nous n'avons pas encore évoqués sont cependant susceptibles de jouer un rôle important dans l'explication de cette dépendance.

Un élément apparemment aussi inoffensif que le divan peut être un facteur de dépendance. Autant la position allongée est nécessaire à l'intervention du dentiste et favorable à celle de l'hypnotiseur, autant elle paraît singulière pour le nouveau genre de conversation qu'a institué l'analyse. Freud justifie le choix du divan par deux arguments sans relation mais souvent mêlés.

> Je tiens à ce que le malade s'étende sur un divan et que le médecin soit assis derrière lui de façon à ne pouvoir être regardé. Cet usage a une signification historique, il représente le vestige de la méthode hypnotique d'où est sortie la psychanalyse. Mais c'est pour plusieurs raisons qu'il mérite d'être conservé. Parlons d'abord d'un motif personnel, mais probablement valable pour d'autres que pour moi : je ne supporte pas que l'on me regarde pendant huit heures par jour (ou davantage). Comme je me laisse aller, au cours des séances, à mes pensées inconscientes, je ne veux pas que l'expression de

mon visage puisse fournir au patient certaines indications qu'il pourrait interpréter ou qui influeraient sur ses dires. En général, l'analysé considère l'obligation d'être allongé comme une dure épreuve et s'insurge, surtout quand le voyeurisme joue, dans sa névrose, un rôle important[32].

De manière générale, les justifications freudiennes de l'institution du divan nous paraissent fragiles. Il arrive d'ailleurs à Freud de se contredire sur le sujet, comme lorsqu'il affirme que la position étendue ne serait pour le patient qu'une «affaire de commodité»[33]. Quant à l'influence que ses «pensées inconscientes» pourraient avoir sur le cours des pensées du patient, elle est certainement moins forte que celles que peuvent avoir, par exemple, les interprétations produites par l'analyste. On peut, au passage, se demander comment Freud est parvenu à prendre conscience de l'existence de ses pensées inconscientes.

En réalité, le fait que les patients soient étendus sur un divan a une incidence bien trop importante sur leur attitude et sur leurs sentiments pour que ces justifications puissent être jugées suffisantes. Freud mesurait-il la portée de l'institution du divan? Nous n'avons pas les moyens de le savoir; il est certain, en revanche, que Freud ne se montre guère psychologue lorsqu'il se contente d'affirmer que le divan assure une certaine quiétude à l'analyste, et empêche le patient d'être troublé par les réactions de l'analyste. Peut-on croire un instant que le fait d'être privé du regard de celui auquel on s'adresse n'ait pas des effets marqués?

Un divan n'est pas un lit. Le patient ne s'y étend ni parce qu'il est fatigué, faible ou malade, ni par goût pour le délassement que la station couchée autorise, ni parce que l'intervention de l'analyste nécessite qu'il soit couché. Il est étendu, mais il ne doit pas faire la sieste, ni *a priori* fermer les yeux. Le divan met-il à l'aise? Peu de témoignages vont en ce sens. Le patient, sur le dos, est exposé au regard de l'analyste qu'il ne voit pas. Sa mobilité étant réduite, il peut pâtir d'un sentiment de passivité forcée, voire d'impuissance : ses mouvements sont limités par la station couchée. Sans drap ni plaid pour se couvrir et se protéger, il doit choisir la place de ses bras, la position de ses jambes, de ses pieds... Si le patient est une femme, la jupe ou la robe qu'elle porte peut-être découvrira partiellement ses jambes, sans qu'elle ait les moyens de les soustraire à la vue de l'analyste. Celui-ci, qui échappe au regard du patient, et peut librement se lever en cours de la séance, ne partage pas la passivité et la vulnérabilité physique de son client.

Selon certains analystes, l'abandon du corps auquel inciterait le divan favoriserait aussi celui de l'esprit. Le divan ferait oublier les bienséances, et lèverait les censures. La parole s'y écoulerait sans contrainte ni contrôle. La conscience, pour un moment, serait comme évanouie. Le témoignage des patients ne concorde guère avec l'opinion de ces analystes. La station couchée, qui n'intervient pas toujours à un moment opportun, peut leur faire ressentir avec acuité l'existence et l'inertie, le poids de leur corps. Et, dans le silence du cabinet, la torpeur qu'entraîne la station couchée alourdit leur parole, et la répercute avec plus de netteté : rien ne fait événement à leurs yeux que leur propre voix.

Le fait que l'analyste soit invisible conduit certains patients à éprouver la sensation de parler à quelqu'un qui a quitté la pièce. Depuis le divan, le patient ne peut s'assurer de rien. Il est ainsi arrivé à beaucoup de patients de douter que l'analyste soit éveillé. Freud, qui émettait périodiquement des grognements, a ainsi inquiété bien des patients qui ignoraient s'il fallait y voir assentiment ou ronflement. Dominique Frischer fait le même constat lorsqu'elle remarque que le patient «ne cesse de se tourmenter en se demandant avec indiscrétion ce que l'autre fabrique derrière»[34].

Le divan n'a donc pas les effets que lui prêtent les analystes. Le principal effet du divan est sans doute d'instaurer un ordre où les patients sont invités à assumer un rôle — et cela est exceptionnel en analyse —, le rôle de patient. Bien des patients disent pouvoir se décharger d'une partie de leur responsabilité dans la soumission à l'ordre de la cure. Ils se sentent occuper la même place que ceux qui les ont précédés et que ceux qui leur succéderont; ils peuvent ainsi s'intégrer à la grande famille des patients en cure. Ils éprouvent alors la sensation apaisante d'être pris en charge, et se donnent le droit à une certaine irresponsabilité. En somme, le divan suggère au patient l'abandon de soi à l'analyste, à titre de solution psychologique.

Si le divan induit un certain abandon, non pas à soi-même, mais bel et bien à l'analyste, il n'a guère, à lui seul, le pouvoir de déterminer une dépendance marquée. Il suggère d'adopter une certaine attitude à l'égard de l'analyste, mais l'adoption effective de cette attitude ne peut être déterminée que par une incitation psychologique plus forte. Il nous semble que c'est la frustration qui peut le mieux engendrer cette dépendance, une dépendance que nous croyons nécessaire au «succès» de l'analyse. Sur la question, la franchise des analystes est confondante : non seulement, ils ne donnent pas d'interprétation transférentielle des sentiments de frustration éprouvés par les patients, mais ils affirment ouvertement faire leur possible pour frustrer le patient. Freud dit ainsi qu'«en ce qui concerne ses relations avec le médecin, le malade doit conserver suffisamment de désirs irréalisés». Il exhorte de même les analystes à «refuser [au patient] justement celles des satisfactions auxquelles il aspire le plus ardemment et qu'il exige le plus impérieusement»[35]. Jacqueline Rousseau-Dujardin, une analyste, a même l'audace d'avouer que les analystes vont parfois trop loin :

> Vous, du divan, vous protestez contre le protocole analytique, vous râlez, vous ironisez, vous gémissez. Vous en souffrez, d'accord. Vous ne supportez pas les portes closes sur votre passage, les visages fermés, les rencontres esquivées. C'est vrai, on en fait trop parfois, et plutôt que de spécifier un lien, on le rend artificiel[36].

Et, de fait, s'il est un thème qui revient de manière systématique dans la quasi-totalité des témoignages que nous avons étudiés, c'est bien celui de la frustration. Il est certain que les occasions d'éprouver de la frustration ne manquent pas. Le patient n'obtient que rarement des réponses aux questions qu'il pose. L'analyste ne manifeste jamais ouvertement son intérêt ou sa satisfaction. Il observe en toute occasion un formalisme aveugle, et n'accuse pas souvent réception des secrets que lui livre le patient. Enfin, il respecte scrupuleusement des règles très contraignantes. Pour leur plus grande part, les patients accueillent, par exemple, l'avènement du moment de payer comme la privation, la dépossession de leur droit à parler et à occuper le divan. Le patient qui se voit abruptement arrêté par le « Hum » ou le « Bien ! » de l'analyste sort pantois du cabinet, faute d'avoir pu ponctuer la séance, ou ne serait-ce que son propos. La solitude ou la sensation d'être « resté sur sa faim » qu'il peut éprouver sont accusées par le paiement en liquide au terme de chaque séance — un mode de paiement encore majoritaire, malgré son caractère bruyant et quelque peu sordide, à une époque où le débit d'argent a su se faire si abstrait, si léger. Bien des patients se sont demandés si cet usage systématique n'était pas destiné à leur rappeler que l'analyste n'est pas un ami. Car ce qui clôt la rencontre, c'est le paiement. Et que rémunère le paiement? Rien d'autre que la rencontre même qui vient de se faire ! L'indélicatesse des serveurs de restaurant qui apportent l'addition avant qu'on l'ait réclamée est littéralement ritualisée dans la cure analytique.

Naturellement, lorsque l'analyste applique les règles avec beaucoup de rigueur, elles ne manquent pas de devenir un enjeu affectif déterminant pour le patient.

> Mon désespoir naît de votre intransigeance à l'égard des « règles », du « cadre » dans lesquels nos rapports doivent évoluer[37].

Il ne sera pas rare que l'analysant en vienne à mesurer l'amitié que lui porte l'analyste à l'aune de l'assouplissement des règles qu'il autorisera. Car les patients savent bien que l'analyste est souverain dans la définition du cadre : c'est lui qui prend la décision de respecter ou non la durée réglementaire, et de faire cas ou non des situations exceptionnelles. Sur ce terrain, les patients n'obtiendront généralement pas grand chose. Les seuls cas de transgression dont nous ayons eu connaissance consistaient en un tutoiement réciproque, et en relations sexuelles — mais celles-ci ne se déroulaient que sur le divan, au cours des séances programmées, et moyennant le règlement. L'attitude des analystes, telle que les patients la décrivent dans leurs témoignages, laisse penser qu'ils redoutent plus que tout d'être débordés et manipulés. Il semble presque qu'ils se sentent menacés dans leur sécurité lorsqu'un patient tente d'obtenir un aménagement, ou commet un acte engageant. Si un patient éclate en sanglots trente secondes avant la fin de la séance, n'est-ce pas pour obtenir une minute supplémentaire ? Dans le doute, l'analyste dominera sa compassion et ignorera les larmes, en appliquant la procédure habituelle.

On peut prévoir que lorsqu'un patient subit des conditions rigoureuses, il cherchera à amadouer celui qui les lui impose. La frustration jouera donc comme facteur d'attachement. Mais elle déterminera surtout une dépendance. La dépendance des enfants mal aimés, des femmes battues, n'est que trop connue.

Cette dépendance sera renforcée si l'analyste fait preuve de duplicité. Comme le dit une patiente, l'analyste doit savoir « susciter des élans et les briser »[38]. Une vraie sujétion ne peut s'obtenir que si récompenses et sanctions sont dispensées avec mesure. Le principe de la « douche écossaise » trouve parfaitement sa place dans le dispositif analytique. Une autre patiente en témoigne très bien :

> Dans vos relations avec moi, vous avez parfaitement reproduit la duplicité des relations familiales : donner-ne pas donner, être là-ne pas être là, une contradiction continuelle, la stimulation du plaisir annulée tout de suite après par la secousse électrique douloureuse : n'est-ce pas le système destiné à rendre fous les gens ? Bien sûr, je ne peux vous accuser de quoi que ce soit, parce que la technique suivie est la technique orthodoxe, vous ne faites qu'appliquer ce que la psychanalyse considère comme juste[39].

La mise au jour de la frustration et de son lien à la dépendance permet aussi d'expliquer que les analyses d'inspiration lacanienne connaissent un tel succès. La logique de frustration qui y est à l'œuvre est plus marquée encore. Ainsi, la durée de la séance n'y est pas fixée à l'avance, Lacan ayant jugé arbitraire le fait que le terme de la séance soit lié à une contrainte étrangère à son contenu. Utilisant l'effet de ponctuation ou de sanction (pris ici sans valeur négative) que possède la fin de séance, il fit de la durée de la séance un instrument supplémentaire au service de l'analyste dans sa tâche d'éradication des résistances. Si de telles séances reçoivent le nom de séances brèves ou de séances interrompues, c'est parce que Lacan ne pratiquait qu'exceptionnellement des séances de longue durée, la moyenne étant comprise entre cinq et quinze minutes (le tarif demeure quant à lui fixe, quoique Lacan ait fait souffrir à cette règle des exceptions). Et les héritiers de Lacan conservent les mêmes usages. Nous croyons donc, parce que tous les témoignages recueillis sont concordants, que la rigueur des conditions imposées au patient, loin de l'inciter à fuir, le maintiennent fermement en cure, en induisant une dépendance d'autant plus forte que les règles seront appliquées avec plus de scrupule. Cette même patiente, qui reconnaissait qu'elle ne pouvait rien reprocher à son analyste, se dit atteinte, jusque dans son corps propre, par cette sujétion :

> En regardant en arrière, je m'aperçois que, sous l'effet de l'envoûtement, je me suis laissée aller à des épisodes sexuels idiots, et, en un certain sens, dégoûtants (...) Votre attitude est froide et détachée. Je prends des risques en continuant à vous voir : j'ai traversé des périodes de dépersonnalisation où je ne reconnaissais plus mon corps, vous n'aimez pas, vous n'approuvez pas mon corps, et je ne peux plus l'aimer moi non plus[40].

Peut-on croire qu'une expérience relationnelle aussi intense favorise l'exploration par le patient de sa subjectivité propre ? Peut-on croire que le dispositif analytique réunisse toutes les conditions pour que le patient se dévoile librement à lui-même et acquière une autonomie ? Qui aurait la force, dans de telles conditions, de résister à la tentation de s'en remettre aveuglément à l'analyste pour trouver une solution au tourment identitaire ?

NOTES

[1] *Transfert*, Erika Kaufmann, *op. cit.*
[2] *Introduction à la psychanalyse*, S. Freud, *op. cit.*, p. 433.
[3] Est-ce la maladresse qui a déterminé Freud à donner en divers endroits de son œuvre l'appelation «névrose de transfert» à la fois au rapport du malade à l'analyste (le transfert), et aux maladies pour lesquelles l'analyse était indiquée (la névrose obsessionnelle, l'hystérie de conversion...) ? Cette confusion, et le lapsus indiqué, donnent quoi qu'il en soit un réel appui à la formule de K. Kraus : «La psychanalyse est cette maladie qui se prend pour son propre remède».
[4] *Introduction à la psychanalyse*, S. Freud, *op. cit.*, p. 422.
[5] *Les concepts fondamentaux de la psychanalyse*, Jean-Pierre Chartier, Payot, 1993, p. 116.
[6] *Introduction à la psychanalyse*, S. Freud, *op. cit.*, p. 433.
[7] *Ibid.*, p. 422 ou p. 434.
[8] *Clefs pour la psychanalyse*, Georges-Philippe Brabant, Seghers, 1970, p. 209.
[9] *La technique psychanalytique*, S. Freud, *op. cit.*, p. 99.
[10] *Cinq psychanalyses*, S. Freud, PUF, 1978, p. 87.
[11] *La technique psychanalytique*, S. Freud, *op. cit.*, p. 56.
[12] *Ibid.*, p. 127.
[13] *Transfert*, Erika Kaufmann, *op. cit.*, p. 83.
[14] *Ibid.*, p. 47.
[15] *Introduction à la psychanalyse*, S. Freud, *op. cit.*, p. 418.
[16] *Les analysés parlent*, Dominique Frischer, *op. cit.*, p. 165.
[17] *Couché par écrit*, J. Rousseau-Dujardin, Galilée, 1980, p. 20.

[18] *Echec et mat ou un an de psychanalyse*, Marie Vaubourg, Desfemmes, 1978, p. 14.
[19] Parmi les témoignages les plus vifs, on peut citer : *Mon analyste et moi*, Joëlle Augerolles, Lieu commun, 1989, p. 18 — *Journal*, Anaïs Nin, Le livre de poche, 1980, p. 178 — *Ma psychanalyse*, Nannina Zunino, *op. cit.*, p. 267 — *Echec et mat ou un an de psychanalyse*, M. Vaubourg, *op. cit.*, p. 95.
[20] *Transfert*, Erika Kaufmann, *op. cit.*, p. 68.
[21] *Ibid.*, p. 181.
[22] *Ibid.*, p. 410-411.
[23] *Journal*, Anaïs Nin, *op. cit.*, p. 152.
[24] *Transfert*, Erika Kaufmann, *op. cit.*, p. 157.
[25] *Echec et mat ou un an de psychanalyse*, M. Vaubourg, *op. cit.*, p. 95.
[26] *Ibid.*, p. 114.
[27] *Les Ruses de la Déraison*, Ernest Gellner, *op. cit.*, p. 73.
[28] Extrait des paroles d'un patient issues d'une étude de cas — *Les concepts fondamentaux de la psychanalyse*, J.-P. Chartier, *op. cit.*, p. 161.
[29] *Ma psychanalyse*, N. Zunino, *op. cit.*, p. 251.
[30] *Transfert*, Erika Kaufmann, *op. cit.*, p. 78.
[31] *Ibid.*, p. 156.
[32] *La technique psychanalytique*, *op. cit.*, p. 93.
[33] Propos de Freud extraits du *Journal de mon analyse avec Freud*, Smiley Blanton, *op. cit.*, p. 49.
[34] *Les analysés parlent*, Dominique Frischer, *op. cit.*, p. 128.
[35] *La technique psychanalytique*, S. Freud, *op. cit.*, p. 137.
[36] *Couché par écrit*, J. Rousseau-Dujardin, *op. cit.*, p. 25.
[37] *Transfert*, Erika Kaufmann, *op. cit.*, p. 293.
[38] *Echec et mat ou un an de psychanalyse*, M. Vaubourg, *op. cit., p. 86.*
[39] *Transfert*, Erika Kaufmann, *op. cit.*, p. 342.
[40] *Ibid.*, p. 344.

Les identifications illusoires

Vous êtes en train de devenir une de mes inventions, avec des phrases et des gestes que j'imagine, que je vous attribue[1].

C'est un fait que le rapport à l'analyste est des plus étranges. Le patient ne cesse de prêter à l'analyste des intentions, des motivations et des désirs qui ne sont de toute évidence pas les siens. La théorie analytique parle de projection : le patient, inconsciemment, confondrait la personne de l'analyste avec d'autres personnes qui ont joué un rôle important dans son développement. C'est cette idée qui conduit les analystes à se demander à qui le patient s'adresse véritablement lorsqu'il croit s'adresser à l'analyste, de qui il parle lorsqu'il croit parler de l'analyste, etc.

Mais, nous l'avons vu, l'un des premiers centres d'intérêt du patient est l'analyste, que celui-ci soit célèbre ou inconnu. Beaucoup de propos, de pensées, de rêves et de sentiments mettent en scène l'analyste, ou le concernent. Certes, les patients accréditent très vite l'idée qu'ils projettent sur la figure de l'analyste des acteurs essentiels de leur développement psychique. Mais n'est-il pas normal que le patient parle beaucoup à l'analyste de lui-même, étant donné les sentiments qu'il éprouve pour lui?

Le premier fait qui nous incite à douter de la valeur de l'hypothèse des projections est que l'adhésion d'un patient à l'idée qu'il a projeté sur l'analyste une figure infantile est purement intellectuelle, et qu'elle lui vient directement de l'analyste. Nul patient n'a en effet jamais déclaré spontanément avoir pris l'analyste pour son père. Et la mise à jour des identifications, opérée par l'analyste, ne reçoit jamais de la part du patient un assentiment intuitif du type : « Ah! C'est vrai! Je vous avais pris pour mon père ». Cela ne pose guère de problème à l'analyste puisque le mécanisme à l'œuvre dans les projections est inconscient : il est donc prévisible que le patient n'y adhère pas spontanément.

Quand bien même nous accepterions l'hypothèse des projections, nous n'en serions pas moins en droit de douter de leur capacité à nous renseigner sur l'inconscient du sujet. Freud a fait le pari que la réserve et la discrétion de l'analyste assureraient sa neutralité et son absence d'effets sur la subjectivité du patient. Mais l'idée d'une neutralité de l'analyste est tout simplement dépourvue de signification. Dans une interaction entre deux individus, la neutralité doit être négociée : la neutralité face à un patient chaleureux n'est pas la neutralité face à un patient glacé. Comme, par ailleurs, la situation analytique est très particulière, et que l'atmosphère qui règne dans un cabinet et les rites qui y sont observés ne sont jamais identiques d'un cabinet à l'autre, l'un des acteurs — le patient — ne dispose pas en lui-même de modèle du rôle que tient l'analyste. Il n'a pas ainsi les moyens de savoir si l'attitude de l'analyste est conforme aux canons de l'attitude analytique, et donc neutre, puisque de tels canons n'existent guère, et qu'il ne les connaît pas. Or, seule une conformité du rôle joué par l'analyste au modèle pourrait donner un sens à l'idée de neutralité. Dans une situation nouvelle, rien n'est neutre. Et l'idée d'une neutralité de la situation ou de l'analyste est d'autant moins crédible que la sensibilité du patient à tout ce que l'analyste peut dire ou faire est exacerbée par son intérêt pour sa personne.

> Voilà un peu plus d'un mois que nous nous connaissons, ce n'est rien, je me demande comment tout a pu se passer si vite, vous êtes à présent pour moi le problème le plus vital, plus encore que celui de ma relation avec Simon ou celui de mon manque d'enfants[2].

Peut-on croire un instant que l'auteur de ces lignes a eu sur son analyste un regard suffisamment vierge et dégagé pour effectuer, par le transfert, une libre remontée dans le temps et en revenir aux expériences infantiles qui n'ont pas connu une issue pulsionnelle épanouissante ?

Et a-t-on jamais interrogé l'incidence sur les pensées du patient de l'impavidité, du mutisme, en un mot, de la « neutralité » de l'analyste ? La « neutralité » du thérapeute ne garantit pas, loin de là, la neutralité du contexte dans lequel le sujet doit s'exprimer. Quand bien même des murs vides, un divan anonyme, un psychanalyste sans émoi pourraient effectivement être qualifiés de neutres en eux-mêmes, cela ne préjugerait en rien de leur neutralité pour le patient, de la neutralité subjective de ces murs, de ce divan et de cet homme. Or, c'est seulement la neutralité de l'analyste aux yeux du sujet, et non sa neutralité objective, qui en toute rigueur devrait retenir l'attention de la psychanalyse.

La manière dont les analystes décryptent les projections nous fournit une seconde raison de douter de leur réalité. Tous les témoignages que nous avons étudiés nous montrent que les analystes se contentent de bien peu d'indices pour rapporter une figure au père ou à la mère. Il suffit que le patient relève une nuance d'autorité dans le regard qu'il prête à l'analyste sur lui pour que l'analyste se sente autorisé à convoquer la figure du Père. L'analyste se voit-il reprocher sa froideur ? Le patient a manqué d'amour. Le patient lui attribue-t-il des qualités d'accueil et de douceur ? C'est de la mère qu'il s'agit. C'est donc en s'appuyant sur des attributs extrêmement imprécis et parcellaires que l'analyste décrypte les projections.

L'interprétation des projections ne connaît plus de limites lorsque l'analyste décrète qu'il est normal que le patient ne retrouve pas les souvenirs correspondant aux projections — et c'est toujours le cas. Freud en donne ici une extraordinaire démonstration :

> L'analysé ne dit pas qu'il se rappelle avoir été soumis ou insolent à l'égard de l'autorité parentale, mais il se comporte de cette façon à l'égard de l'analyste. Il ne se souvient pas s'être senti, au cours de ses investigations infantiles d'ordre sexuel, désespéré et déconcerté, privé d'appui, mais il apporte quantité d'idées et de rêves confus, se plaint de ne réussir en rien, et accuse le destin de n'arriver jamais à mener ses entreprises à bonne fin. Il ne se rappelle plus avoir éprouvé un intense sentiment de honte lors de certaines activités sexuelles et avoir redouté leur découverte, mais il montre qu'il a honte du traitement auquel il s'est soumis et tient absolument à tenir secret ce dernier, et ainsi de suite[3].

Le fait remarquable est que ce texte est cité dans une anthologie récente de la psychanalyse : il est donc encore tenu pour un texte de référence, alors que l'arbitraire le plus complet préside à l'interprétation des « projections » : un rêve confus ou une difficulté à vivre seraient l'expression directe d'un désespoir enfantin lors des premières « investigations d'ordre sexuel » ? Le désir de maintenir une analyse secrète parlerait de la honte des premières « activités » ? A quel titre ?

LES FIGURES SOCIALES

Une autre lecture des faits s'impose. Il arrive sans doute à tout patient de se méprendre sur l'identité véritable de son interlocuteur, mais ces erreurs d'attribution ne nous renseignent guère sur l'identité du patient.

De fait, presque toutes les «projections» dont nous avons pu avoir connaissance étaient assez directement inspirées par les conditions qui les avaient vu naître.

> Mon psychanalyste, lui, veut me regarder en train de créer des images. Il me veut étendue sur son divan et j'imagine son regard comme un projecteur. C'est la violence d'une lumière que l'on vous envoie exprès dans les yeux pour que, coupable ou non, vous retrouviez dans votre passé cette lointaine faute qu'il ferait si bon d'avouer. Je vois un flic... ma mère..., le prêtre qui me donne l'absolution dans le confessionnal à travers la grille de bois, un prêtre anonyme, ou plutôt une idée de prêtre dans une idée de confessionnal[4]...

Ces lignes, qui émanent d'une adepte fervente de la psychanalyse, donnent avec une grande évidence un aperçu de l'impact du dispositif sur le cours des pensées du patient. Ce qui est ici manifeste, c'est que la patiente interprète à tort les images qui affluent à sa conscience comme des expressions de sa névrose, et de bonnes indications de la direction que doit prendre sa quête du refoulé : celle de la faute et de la culpabilité. Ce qui lui échappe, c'est qu'il y a une similitude objective entre le prêtre et l'analyste-confesseur, entre le confessionnal et le cabinet-lieu spécifique des aveux et de l'absolution, etc. Ce n'est pas donc pas un hasard si — selon le témoignage même d'un analyste[5] — les mêmes figures reviennent inlassablement : le policier, le prêtre, le contrôleur, le juge... Chacune de ces figures partage avec le rôle de l'analyste certaines caractéristiques. Quand les patients se représentent leur analyste sous les traits de celui auquel on ne peut faire de réclamation, et contre lequel il n'est aucun recours possible, c'est par exemple un gardien de prison qu'ils évoqueront pour décrire leurs sentiments au cours de la séance. Mais d'autres identifications explicites à des personnages typiques (et non individués) reviennent aussi régulièrement dans les témoignages des patients. Ainsi, l'analyste est comparé au dieu omniscient et invisible[6], à la mère qui dispense l'amour à ses enfants-patients[7], au Christ qu'on implore[8], au magicien et au médecin protecteur[9]... Ce qu'il est essentiel de noter ici, c'est que ces rapprochements ne sont nullement des projections : ils ne sont inspirés que par le rapport réel avec l'analyste. Quoi de plus naturel pour une patiente épuisée par une lutte incessante contre ses résistances que de souhaiter le repos ?

> Pendant mes rêveries, je me vois apaisée par certaines effusions innocentes. J'imagine que je m'assois à vos pieds sur le tapis, que je pose ma tête sur vos genoux. J'imagine que vous me caressez les cheveux[10].

Ces images traduisent-elles autre chose que l'espoir d'être accepté par l'analyste, sans avoir à défendre sa place ? La patiente, perpétuellement éprouvée affectivement, toujours sur le qui-vive, n'aspire plus qu'à une reconnaissance tendre. Et d'ailleurs, n'est-il pas plus compromettant d'avouer qu'on désire être traité comme un enfant ou comme un animal de compagnie que d'avouer qu'on tient l'analyste pour sa mère ? Qu'est-ce qui déterminerait le refoulement ? N'est-il pas de même prévisible qu'une patiente qui éprouve des sentiments de vénération pour son analyste souhaite les lui témoigner ?

> Il me prend l'envie absurde de m'agenouiller aux pieds de mon psychanalyste, de lui prendre une main et d'embrasser cette main[11].

Plus généralement, il semble qu'il soit bien difficile d'identifier le type de situation sociale que représente la séance d'analyse. Or, la situation analytique est hautement insécurisante. Dans sa recherche de la sécurité, le patient est amené à prêter à l'analyste les intentions et les caractères propres aux acteurs auxquels il l'identifie provisoirement, et à jouer le rôle qui correspond à la situation telle qu'il la postule. Face à un analyste présumé provisoirement confesseur, le patient pourra donner au récit de ses errances l'apparence d'une énumération de fautes, interpréter ses désirs comme des tentations, faire de Freud un prophète et demander l'absolution... Un analyste sérieux, cependant, ne donnera jamais l'absolution. Quand le patient se décidera à comprendre que l'analyste ne donne pas le pardon, il pourra tenter de voir en lui un juge. Face à l'analyste présumé désormais juge, le patient creusera son sentiment de culpabilité, implorera, demandera un relèvement des honoraires de l'analyste tant la faute est grande, jusqu'à se rendre compte que l'analyste ne juge pas. Celui-ci sera alors confident, le patient se livrera à l'étalage complaisant de toutes ses aventures, de ses peines et de ses joies ; il sollicitera enfin des conseils... que l'analyste ne lui donnera pas. Face à un analyste vécu dorénavant comme voyeur professionnel, il forcera le trait, se montrera impudique dans le délire, violentera ses censures morales, et cherchera des signes de complicité... qu'il ne recevra pas. Comme le dit G.-P. Brabant (un analyste), l'analyste ne doit « à aucun moment [entrer] dans le jeu où le patient cherche à l'entraîner », il doit toujours s'abstenir « de céder à telle ou telle de ses demandes », mais en « rechercher la signification transférentielle ». Il rappelle de même que sont proscrites du comportement de l'analyste toutes les « marques de satisfaction, de réprobation, de colère, d'intérêt ou de désintérêt (...) que le patient attend de lui, et cherche à provoquer en tant que répétition transférentielle d'expériences passées »[12].

Dans de telles conditions, le fait de se méprendre sur la personnalité ou les attentes de son interlocuteur est tout à fait banal. Mais l'erreur ou la confusion de personne doit le plus souvent être envisagée comme une étape inévitable dans la prise de contact avec un interlocuteur inconnu, plutôt que comme le signe que la connaissance d'emblée juste et totale qu'a l'analysé de son interlocuteur est troublée par des fantasmes subjectifs. La procédure tentative-échec-ajustement constitue une stratégie d'apprentissage et de reconnaissance tout à fait rationnelle ; tous les apprentissages moteurs, techniques, linguistiques... suivent d'ailleurs cette procédure. Le propre de la psychanalyse est ainsi d'interdire à cette procédure d'ajustement de fonctionner. L'illisibilité sociale de la situation contraint le patient à d'éprouvantes et vaines tentatives d'identification, puisque aucun stéréotype de rapport social ne reçoit l'agrément de l'analyste. Un à un, il déclinera implicitement les rôles que le patient lui propose de jouer : médecin attentionné, grand-mère affectueuse, Dieu, amant, père, mère, frère, ennemi... Il faut noter ici que toutes les attitudes de l'analyste peuvent recevoir un grand nombre d'interprétations. Sa réserve, par exemple, pourra aussi bien être envisagée comme un signe de sa timidité, que comme un indicateur de son indifférence à l'égard du patient, voire de son antipathie, ou comme une réaction de défense traduisant sa vulnérabilité...

Au bout d'un certain temps, le patient devra cependant se résoudre, s'il y parvient, à une situation kafkaïenne où l'autre est perçu comme n'ayant aucune envie, aucun désir, aucun besoin, où il devient le représentant d'un système quand le patient demeure un simple individu.

> Maintenant, ce n'est plus à vous que je m'en prends, mais au système. Vous faites tout, bien sûr, pour vous identifier à lui. Vous ne me permettez pas de vous détacher du contexte. Je n'aurais jamais le droit de vous connaître en tant qu'homme[13].

Là encore, le patient aura l'occasion de revendiquer, de s'effondrer, de se mettre hors de lui, comme tous ceux qui se trouvent confrontés aux fonctionnaires qui se sont faits de purs représentants de l'État, en négligeant leur rôle de médiateur humain entre les individus et la collectivité. Comme ces fonctionnaires qui se confèrent l'autorité de leur fonction en assumant en leur nom propre les exigences des formulaires et des règles, les analystes se dérobent en tant que personnes : ils ne rendent pas un service, ils se contentent de faire leur travail et ne marquent aucune différence entre eux-mêmes et leur fonction.

Pour maintenir et développer la relation, l'individu devra alors conquérir l'analyste sur son terrain, celui de l'analyse. Il se montrera dès lors soumis, donnant son agrément à toutes les interprétations, se laissant conduire dans la plus complète servilité. Naturellement, des sentiments de défiance ou de colère ne manqueront pas de survenir de temps à autre, mais ils seront presque automatiquement intégrés au processus analytique, dissous dans le transfert, et passeront mécaniquement pour symptomatiques :

> Le docteur Allendy me demande de me détendre et de lui dire ce qui me passe par la tête.

– J'analyse ce que vous avez dit, et je ne suis pas d'accord avec vos interprétations.
– C'est mon travail que vous êtes en train de faire, vous essayez d'être le psychanalyste, de vous identifier à moi. Avez-vous jamais souhaité surpasser les hommes dans leur travail personnel, obtenir plus de succès ?[14]

Le patient, perpétuellement renvoyé à sa condition de patient par les interprétations, ne sait plus dès lors que parler de lui. Désormais dépourvu des attributs qui faisaient de lui un sujet, il n'est plus qu'une source de symptômes qui ne sait pas ce qu'elle dit ni ce qu'elle fait.

LES FIGURES FAMILIALES

Toutes les relations personnelles — exception faite de la relation entre patient et analyste — fonctionnent selon un système d'adaptation à l'autre. L'apprentissage des droits et des devoirs est généralement fondé sur l'usage de gratifications et de sanctions. Un geste déplacé, l'oubli d'un rendez-vous, une parole malveillante entraîneront une réprimande plus ou moins marquée, qui indiquera à chacun les licences qui lui sont autorisées et les obligations qui lui incombent. Certains aspects de la relation feront l'objet d'une négociation, mais il s'agira surtout pour chacun d'apprendre ce qui convient à l'autre. Apprentissage et négociation définiront le cadre de la relation.

Si le patient en analyse dispose de beaucoup de moyens de gratification, la seule arme dont il dispose pour se faire entendre, c'est une arme démesurément violente en regard des petites récriminations qu'il pourrait vouloir faire, et dans une certaine mesure autopunitive : son départ. Impuissant en analyse du fait que l'analyste ne quitte pas son masque d'impassibilité, le patient se révèle aussi impuissant hors de l'analyse. On comprend alors que tant de patients fassent état, à un moment ou à un autre de leur cure, de sentiments de haine d'une intensité exceptionnelle, mêlés au sentiment paradoxal qu'il serait vain de leur donner une suite. Il y a fort à parier que si la haine atteint une telle violence, c'est justement parce que, sans être interdite d'expression, elle reste sans effet sur sa cible. Il est très éprouvant de rémunérer une personne détestée, parce que cela revient à exprimer matériellement son désir de revoir la personne en question. Il n'y a pas alors à s'étonner que le patient reprenne rapidement à son compte l'interprétation de son analyste. Celui-ci prétend que par un effet du transfert, le patient aurait dirigé sur lui la haine éprouvée en réalité envers tel parent. Et les récriminations du patient au sujet de l'augmentation du tarif imposée par l'analyste, par exemple, ne seraient que de fallacieuses rationalisations *a posteriori*. Le patient aurait détourné sur l'analyste une haine qui visait en réalité un membre de sa famille auquel il s'interdisait d'en vouloir. En voici une illustration classique :

> L'analyste est un escroc, [la patiente] ne peut pas se permettre de formuler cela en clair et le rêve lui permettra d'exprimer son agressivité inconsciente pour son analyste. Dans ce rêve de transfert, la mise en scène de son agressivité envers moi lui permet de retrouver l'agressivité qu'elle porte à sa mère. Jusqu'alors, l'idée d'avoir une pensée hostile pour sa mère dépressive lui était intolérable : fantasmatiquement, elle craignait de la tuer. Elle prend conscience qu'elle peut nourrir des sentiments hostiles envers sa mère sans que celle-ci soit détruite et sans qu'elle-même en perde le droit de vivre[15].

Le dispositif analytique ne laisse donc qu'une alternative au patient : partir ou s'incliner — et s'incliner suppose l'adoption de l'interprétation transférentielle de son ressentiment. L'analyste est ainsi comparable au type de la coquette aussi orgueilleuse que vulnérable qui rejette les reproches les plus anodins sur un air trop connu : « Si vous n'êtes pas satisfait, vous pouvez quitter les lieux. C'est vous qui avez fait appel à moi, pas le contraire ». Si le patient s'en va effectivement, il prend le risque de voir sa place prise par un autre à son retour, comme l'amant. Ce dont il peut être sûr, c'est qu'on ne le rappellera pas, et qu'il n'aura pas les moyens de savoir si son départ-punition a porté.

Ainsi, quand un patient retourne après la fin de ses congés chez son analyste, et que celui-ci s'avise de lui réclamer le paiement des séances qu'il a manquées du fait même de ses congés, comment le patient peut-il réagir à ce qu'il juge sur le moment comme une injustice ? La scène est aussi courante que son issue immuable. Pour avoir le droit de seulement s'expliquer avec l'analyste, il faut payer. Combien de colères sont ainsi ravalées (refoulées ?) ou interprétées en termes de transfert négatif, faute d'avoir pu être exprimées ? Il existe bien sûr des manières plus discrètes de punir, mais le patient apprend bien vite à éviter d'y recourir. Ne pas prévenir l'analyste à l'avance d'une absence programmée donne par exemple à certains patients l'occasion de se réjouir en imagination du spectacle de leur analyste, trépignant d'impatience, attendant en vain ou rongé de doutes. Mais ce type de punition nécessite une prise de risque. Car le coût psychologique des représailles éventuelles de l'analyste peut être nettement plus élevé que le bénéfice tiré de la punition. Si bien que le patient apprend bien vite à donner systématiquement son agrément aux interprétations transférentielles de son ressentiment et de ses récriminations. Le patient se fait graduellement à l'idée qu'il n'a aucune prise sur son analyste, aucun moyen d'infléchir son comportement. Comme le fait remarquer D. Frischer :

> Même les analysés qui récriminent publiquement sur les abus commis par certains analystes au niveau de la règle ou de la non-règle, une fois en séance, n'osent plus leur exprimer leurs doléances[16].

Nous croyons en somme qu'un patient a de bonnes raisons de se ranger àl'opinion de son analyste lorsque celui-ci repère un transfert négatif, et d'abandonner si vite ses sentiments hostiles : c'est une situation des plus inconfortables que d'avoir à fréquenter un homme pour lequel il éprouve du ressentiment, et qui se montre intraitable. Détourner la haine de son origine, l'analyste, vers une figure de son enfance paraît être un moyen aisé et accessible de réduire les contradictions de sa condition de patient vindicatif et pourtant incapable de s'émanciper.

Il nous est peut-être permis d'aller plus loin, et de risquer une hypothèse plus audacieuse. Il s'agirait d'expliquer avec ce même argument que la guérison analytique apparaisse souvent comme une succession de « meurtres symboliques » des proches parents et de leur emprise inconsciente sur l'enfant[17] devenu adulte névrosé. M. Vaubourg, une patiente, offre à cet égard un exemple typique :

> Je le savais que, si je me laissais entraîner dans les Enfers de l'inconscient par mon psychanalyste, il me dirait de regarder et que je la perdrais. J'ai perdu ma mère, non pas cette vieille femme que je suis allée voir hier à la clinique psychiatrique, mais la vraie, celle que j'avais intériorisée depuis mon enfance, avec son beau visage de jeune femme blonde, et que j'ai dû laisser à son immortalité. Moi, j'ai à vivre le temps qui passe. [fin du livre][18]

Posons incidemment une question : cette patiente, qui a effectué le meurtre symbolique de sa « vraie » mère jeune et blonde, comment appréhendera-t-elle la mort — vraisemblablement imminente — de sa vieille mère ? Comme une fiction ? Du point de vue de la psychanalyse, le patient, qui paie et donc ne « doit » rien à l'analyste, peut sans culpabilité exprimer à l'encontre de ce dernier sa haine et sa rage les plus virulentes et ainsi se libérer de toute sa haine refoulée, jusqu'à ce que l'analyste lui révèle qu'il n'est pas l'objet haï, qu'il n'en est qu'un substitut transférentiel, car bien souvent, la névrose est décrite comme le produit d'une inhibition (du fait de sentiments de culpabilité) de la haine qui devrait être adressée à un parent.

> J'ai transféré sur Éole [la psychanalyste] la haine que j'avais [pour] ma mère. Elle a repris sa dimension de vent[19].

Réconcilié avec l'analyste, le patient peut continuer le chemin qui le mènera à son désir, un désir affranchi de toutes les emprises infantiles, qu'il abat les unes après les autres tant qu'il rencontre un nouveau sujet de haine jusque-là refoulé. Ce n'est que lorsque le patient est amoureux de son analyste qu'il tend à rejeter les interprétations transférentielles de ses sentiments à son égard :

> Si je fais l'amour avec un inconnu en pensant à vous, cela voudrait dire que je pense à vous parce que je voudrais faire l'amour avec mon père ? Mais derrière ce jeu de

miroirs, ne pourrait-il se cacher un autre fantasme ? Et si je m'étais laissée embrasser par cet inconnu tout simplement parce que je suis amoureuse de vous et que j'ai vraiment oublié mon père ?[20]

Il arrive aussi que l'intérêt du patient le conduise à cacher des faits à l'analyste. Or, nous l'avons vu, le fait de taire certaines choses préserve la possibilité d'un recul critique. Abram Kardiner, un patient de Freud, qui souhaitait ardemment obtenir de lui l'autorisation d'exercer la psychanalyse, en fournit une bonne illustration :

> L'homme qui avait inventé le concept de transfert ne savait pas le reconnaître quand il se présentait. Une seule chose lui avait échappé : oui, bien sûr, j'avais peur de mon père quand j'étais petit, mais aujourd'hui l'homme que je craignais, c'était Freud en personne. Il pouvait me donner la vie ou la briser, ce qui n'était plus le cas de mon père. Sa lecture renvoyait ma réaction tout entière dans le passé, et du même coup, elle faisait de cette analyse une reconstruction historique[21].

L'ANALYSTE COMME ÉNIGME INSOLUBLE

En somme, tout patient, faute de connaître l'identité de celui auquel il parle, auquel il dit tout, et auquel il doit faire confiance, est contraint de lui attribuer une identité définie. Et cette identité projetée est d'autant moins adéquate à l'identité réelle de l'analyste que ce dernier reste imperturbablement muet, lorsque le patient tâche de connaître ses pensées. Comme l'analyste ne corrige jamais les perceptions de son patient, celui-ci peut, sur la base d'un regard équivoque, d'une poignée de main chaleureuse, d'un air contrit du praticien, construire tout un personnage, et échapper, par cette construction, à l'inquiétude née de ce qu'il ne sait ni à qui il s'adresse, ni ce que l'analyste comprend de ses paroles, ni ce qu'il pense de lui... A-t-il d'autre choix que celui de prêter un visage à un interlocuteur invisible et muet ? Que de prêter des attentes, des opinions, des jugements à l'analyste, pour pouvoir y réagir ? Lorsqu'une intuition nouvelle portant sur la personnalité de l'analyste surgit, le patient l'investit provisoirement pour en faire l'épreuve, avec, il est vrai, une assurance excessive, celle que donne l'espoir de sortir d'une relation qui ressemble à une impasse. Lorsque j'aurai enfin reconnu mon interlocuteur pour ce qu'il est, peut songer le patient, il sortira de sa réserve, et il me reconnaîtra. Il apparaît clairement que l'analyste prive tant son client des informations les plus élémentaires que projeter, parier et postuler aveuglément constituent la seule stratégie d'identification disponible, et peut-être aussi, dans ce contexte, la plus rationnelle. Comme en outre un personnage généralement muet, et renvoyant des questions aux questions qu'on lui pose, induit beaucoup plus de désordres affectifs qu'aucun autre, le patient tendra à se soucier obsessionnellement de ce que pense l'analyste.

> Vous, au lieu de me détacher de ces projections, vous m'y enfoncez encore plus, en stimulant mon désir, et en ne me donnant rien de vous. Je voudrais vous voir tel que vous êtes, voir les autres tels qu'ils sont et ne plus me livrer à ces petits jeux de superpositions dont j'ai honte[22].

L'impassibilité de l'analyste ne peut que donner au patient le sentiment qu'il se méprend inconsciemment sur son identité, et qu'à travers lui, ce sont d'autres personnages qu'il vise, ce à quoi les rares interprétations l'encouragent. Ne sachant qui il a en face de lui, il demeure difficile pour le patient de déterminer la façon dont il doit réagir. L'opiniâtreté analytique à prétendre que lorsque le patient parle de son enfance ou de l'analyste, c'est toujours de son enfance qu'il s'agit, peut venir à bout des convictions les plus fermes. Peu importe alors si l'identité de la personne confondue et de l'analyste reste systématiquement inaccessible subjectivement au patient. L'essentiel est que le patient soit convaincu qu'il y a transfert.

Il est une raison supplémentaire de douter de la réalité des projections. Tout au long de la séance, dans sa recherche des souvenirs comme dans sa recherche des significations ou des impressions attachées à un élément présent dans un rêve, le patient est placé en situation de «rappel libre». M. Lobrot décrit, dans l'*Anti-Freud*, le mécanisme à l'œuvre lors de telles recherches :

> Si une personne, en situation de rappel libre, part de la pensée de son [symptôme névrotique], elle va aboutir, dans la phase de «récupération» (ou de rappel, de remémoration), à une image comparable dans une situation ayant une tonalité affective comparable[23].

Si le symptôme en question ne consiste qu'en un sentiment indéfini, qu'en un mal-être diffus, ni verbalisable, ni intelligible, comme c'est généralement le cas, le patient ne pourra concentrer son attention que sur les affects survenant lors de la séance. Ceux-ci étant en grande partie déterminés par les conditions très rigoureuses et très spécifiques de la cure, le patient aura de fortes chances de parvenir à une vision en relation avec sa situation dans le dispositif.

> C'est une gêne diffuse, elle se balbutie en soupirs, en tortillements, être éveillé et couché, juste comme cela pour parler, comment est-ce possible? La gêne se dit. La gêne et le rêve se nouent ensemble. C'était la guerre, et[24]...

Si l'on se souvient que la sensibilité exacerbée des patients aux conditions les conduisent à considérer avec beaucoup d'acuité l'événement le plus dérisoire, on ne s'étonnera pas que la relation des micro-événements occupe tant de place dans leurs récits. Un divan encore imprégné des effluves du patient précédent, la toux persistante de l'analyste, une fatigue sur ses traits... donnent lieu à des sentiments et à des sensations bien trop intenses pour que les pensées et les discours du patient n'en soient pas affectés.

Ne peut-on cependant penser que chaque personne a une manière particulière de réagir à des conditions semblables ? Et qu'à ce titre, l'étude des « projections » pourraient nous renseigner sur la subjectivité du patient? Et, de fait, certains réagissent par le désarroi au fait d'avoir un interlocuteur sans visage, d'autres se sentent spontanément mis en confiance par la discrétion de l'analyste et le silence qui règne dans le cabinet... Mais ces réactions nous renseignent tout au plus sur les façons qu'a chacun de réagir à la situation analytique. Assurément, certains hommes se montreront *a priori* inhibés et auront du mal à ouvrir leur cœur, d'autres craindront toujours qu'autrui ne les trahisse ou ne trahisse leur confiance..., certains se confieront aveuglément, en fin de compte indifférents à l'accueil que recevront leurs propos, d'autres auront une attitude plus mesurée, plus prudente, et ne se livreront que graduellement... Les observations que l'on pourrait faire en analyse ne seraient cependant guère fécondes : on sait bien aujourd'hui que les traits psychologiques traditionnels n'ont ni consistance, ni permanence, dans le temps comme dans l'espace. Tel résistant héroïque peut se révéler lâche et soumis avec sa femme, tel enseignant très à l'aise dans sa classe peut passer pour autiste face à un élève isolé... En somme, l'étude des « projections » ne nous renseigne que sur la manière dont chaque patient réagit à des conditions très spécifiques, et toujours différentes, d'une séance à l'autre comme d'un patient à l'autre. Aucune inférence de quelque généralité ne peut sérieusement en être tirée.

Tous les phénomènes que la psychanalyse prétend expliquer, en appliquant sans mesure la thèse du transfert, nous paraissent finalement n'être que des artefacts de la situation d'examen. Les explications que nous avançons pour rendre compte des mêmes faits reposent sur des hypothèses psychologiques si élémentaires (en regard des hypothèses psychologiques auxquelles la psychanalyse recourt) que leur rejet ne pourrait être motivé que par une répugnance pour leur apparence tautologique. Nous avons en premier lieu jugé que, si un comportement n'apparaît que dans certaines conditions, il y a de fortes chances pour que ces conditions jouent un rôle de facteur déclenchant à l'égard de ce comportement. Et c'est délibérément que nous usons du terme de conditions, qui laisse entendre que le comportement de l'analyste n'est pas une variable dépendante. Si ce terme nous paraît légitime, c'est parce que le comportement de l'analyste n'est pas affecté par celui du patient. En second lieu, il nous est apparu que lorsqu'une personne éprouve des sentiments clairs, quelle qu'en soit la nature, pour une autre personne, il y a de fortes chances pour que ces sentiments se rapportent effectivement à cette autre personne. La langue analytique tend à toujours considérer les sentiments et les affects isolément, c'est-à-dire indépendamment de leur objet autant que du sujet qui les ressent. Pourtant, certains sentiments se vivent avec l'évidence qu'ont, par exemple, les sensations. L'amour de la personne de l'analyste est de ceux-là. D'ailleurs, ce sentiment n'engendrant pas de conflit avec l'analyste ou avec soi-même, il est rare que l'analyste invite son patient à l'interpréter et à le surmonter.

L'UTILISATION DE LA THÈSE DU TRANSFERT PAR L'ANALYSTE

C'est une maladresse d'expression commune à plusieurs psychanalystes qui nous a fait soupçonner l'existence d'une nécessité stratégique à l'utilisation du transfert. Quand J.P. Chartier (analyste) déclare que l'« une des règles fondamentales de la cure analytique est qu'il ne faut jamais interpréter le transfert avant qu'il ne soit établi »[25], il semble sous-entendre que l'analyste pourrait interpréter un transfert sans que celui-ci n'existe. Faut-il soupçonner que l'analyste ait un quelconque intérêt à interpréter le transfert ?

Pour saisir l'effet que l'interprétation des transferts peut avoir sur le patient, il faut prendre en compte la pratique interprétative réelle des analystes. Le premier constat que l'on peut faire est celui de la forte asymétrie dans le traitement des transferts favorables et des transferts hostiles. Les patients mettent rarement plus de deux séances pour rejeter du côté de leur histoire un ressentiment initialement adressé à l'analyste. Les sentiments tendres perdurent au contraire durant toute la cure, et parfois même après celle-ci. Il est en fait à peu près sûr que les analystes ne se soucient guère d'enseigner la vérité à leur patient quant aux transferts amicaux que ceux-ci effectuent. Freud ne dit-il pas lui-même que l'analyste ne doit rien dire avant « qu'un transfert sûr, un rapport favorable, aient été établis chez le patient » ? Que « le premier but de l'analyse est d'attacher l'analysé à son traitement et à la personne du praticien »[26] ? Il serait étonnant qu'après s'être efforcé de s'attacher le patient, il montre à celui-ci le caractère illusoire de son attachement. Il aurait au contraire intérêt à disqualifier le plus rapidement possible tous les sentiments susceptibles d'inciter le patient à arrêter l'analyse, en les interprétant. Freud l'affirme d'ailleurs explicitement :

Nous surmontons le transfert en montrant au malade que ses sentiments, au lieu d'être produits par la situation actuelle et de s'appliquer à la personne réelle du médecin, ne font que reproduire une situation dans laquelle il s'était déjà trouvé auparavant[27] — Le transfert, destiné à être le plus grand obstacle à la psychanalyse, devient son plus puissant auxiliaire, si l'on réussit à le deviner chaque fois et à en traduire le sens au malade[28].

La technique analytique consiste en fait à précéder le patient dans l'expression de son ressentiment, pour le détourner, avant même son éclosion, de la personne de l'analyste, et le diriger vers quelque parent. Dans les témoignages que nous avons étudiés, les interprétations destinées à préserver l'estime du patient ne manquent pas :

> [Après plusieurs années d'analyse, l'analyste a accepté le tutoiement tant réclamé par sa patiente, Erika Kaufmann. Cet extrait appartient aux dernières séances.]
> E.K. : Et je pensais que tu me comprenais ! (...) Personne ne m'a méconnue autant que toi !
> L'analyste : A présent, tes projections sont de plus en plus névrosées. Tu t'adresses à ton père, pas à moi. (...)
> E.K. : Je te voulais, toi.
> L'analyste : Tu ne te serais jamais détachée. Certains besoins sont insatiables. Tout particulièrement dans ton cas. Parce que c'est peut-être la mère qui t'a réellement manqué[29].

C'est lorsque l'analyste affirme se féliciter de ce que son patient lui soit hostile que le caractère stratégique du transfert apparaît le plus manifestement. Y a-t-il meilleure manière de faire perdre l'équilibre à celui qui vous frappe que d'accompagner son mouvement ?

> Vous déclariez hier que vous étiez très satisfait de mon agressivité [à votre encontre][30].

Le procédé confine ici à la perversité. Si l'analyste se réjouissait sincèrement de l'agressivité de sa patiente, il ne l'annulerait pas comme il le fait, mais tâcherait de la préserver. L'agressivité qui réjouit celui qui en est la cible est humiliante parce qu'elle manque doublement son but : celui que l'on voulait atteindre n'a pas seulement été épargné ; il a aussi été témoin de l'impuissance de la « victime » à l'affecter. Ainsi, la révélation même du transfert au patient a souvent pour effet d'induire une sujétion de second degré au thérapeute : elle assure à l'analyste une position de surplomb, une maîtrise des sentiments du patient. Sous la complexité et la richesse affective des relations entre patient et analyste, il semble que l'analyste, de façon discrète mais implacable, cherche à maintenir son pouvoir sur le patient. Et Freud n'est pas loin de le reconnaître :

> C'est à bon escient qu'on exigera de l'analyste, comme une part de ce qui atteste sa qualification, un assez haut degré de normalité, et de rectitude psychique ; à cela s'ajoute qu'il a, en outre, besoin d'une certaine supériorité pour agir sur le patient comme modèle dans certaines situations analytiques, comme maître dans d'autres[31].

A la lumière des remarques précédentes, il devient possible de déceler dans l'activité interprétative la plus courante une privation de droits comparable à celle qu'occasionne l'interprétation transférentielle de l'hostilité. Quand l'analyste se voit livrer des pensées dont il est l'objet, ce qui arrive fréquemment, il renvoie systématiquement le patient non à sa subjectivité, mais aux désirs ou aux idées inconscientes auxquelles celui-ci n'a pas encore accès. Et, comme le dit E. Gellner, «dans une proportion raisonnable de cas, les interprétations doivent contredire, renverser, ce que le patient a d'abord imaginé ou redouté». En effet, «si l'Inconscient ne nous réservait quelques surprises, pourquoi payer autant? Pourquoi payer autant pour un Inconscient qui se contenterait de reproduire nos idées conscientes?»[32]. Parce que la théorie freudienne de l'inconscient fait de celui-ci l'ensemble de toutes les représentations refoulées, tout analyste consciencieux traquera systématiquement dans les paroles de chacun ce qui n'a pas été réellement dit et surtout ce qui n'aurait pu être dit. Le rôle du thérapeute est ainsi d'enseigner au patient non seulement ce qu'il ne sait pas, mais surtout ce qu'«il ne pourrait savoir sans lui»[33]. Loin de l'émanciper, la reconnaissance et la révélation au patient de ses transferts aurait plutôt pour effet, dans la mesure où sa subjectivité, où son jugement ne sont pas pris à témoin, de priver le patient de son sentiment de maîtrise sur ses affects. Pourtant, rien n'interdirait à l'analyste d'expliquer à son patient comment il en est venu à déceler l'existence d'une projection. Le patient ne dispose-t-il pas d'un jugement, au même titre que le professionnel qu'il consulte? Décrété incapable de reproduire mentalement les opérations qui ont conduit l'analyste à déduire des matériaux présentés l'existence d'un transfert, le patient doit se contenter d'assimiler passivement les produits finis que lui délivre l'analyste, et, s'il le peut encore, se retourner contre la part de lui-même qu'il méconnaît et qui le trahit sans cesse, et implorer son inconscient de lui dispenser sa vérité profonde.

Un autre aspect de la pratique analytique renforce notre conviction que l'interprétation des projections constitue dans les faits un moyen extrêmement efficace de dicter au patient ce qu'il doit penser. Il s'agit des projections dont l'analyste se prétend le référent réel, dissimulé sous un substitut quelconque. Lorsque Freud, par exemple, est confronté à un rêve dans lequel des gens creusent un trou, malgré l'opposition du rêveur, et finissent par trouver un petit chiffon, il affirme à son patient que celui-ci lui demande inconsciemment «de ne pas continuer à creuser le passé», en prétendant, toujours inconsciemment, «qu'[il] n'y trouvera rien d'important»[34]. Il cherche ainsi à persuader le rêveur que son inconscient se mobilise contre la menace que représente l'analyse, tout en trahissant son secret désir de connaître la vérité par l'analyse, puisque

Freud envisage ce rêve comme un message qui lui serait adressé. Remarquons au passage que de telles interprétations ne doivent guère aider le patient à surmonter son transfert, elles tendent plutôt à l'y enferrer, voire à le produire.

Dans ces conditions, il devient opportun de se demander si l'invention de la notion de transfert n'est pas en bonne partie justifiée par deux nécessités, celle de maintenir le patient dans des dispositions favorables à l'égard de l'analyste, en détournant son hostilité sur un autre que lui, et celle de rendre compte de la quantité importante de sentiments et de pensées du patient qui ont l'analyste pour objet : il ne serait pas sérieux que le thérapeute soit en vérité, réellement, l'objet central de la pensée des patients.

Affirmer que le transfert rend trop de services à l'analyste pour que la question de sa vérité soit pertinente, c'est enfin la seule manière de rendre compte de l'indigence de la typologie des transferts. Le sort réservé à la notion de transfert dans la typologie élaborée à partir de ses applications concrètes dans la cure ne laisse pas en effet d'étonner par sa simplicité. La grande diversité dans la définition et dans l'explication nous préparait à une typologie des transferts débordant de catégories, de raffinements... On pouvait imaginer un classement des transferts en fonction de leur origine fantasmatique : transferts paternel, maternel, sororal..., en fonction de leur intensité : transferts faible, partiel..., en fonction de leur nature : transferts névrotique, psychotique, schizoïde, paranoïde..., peut-être en fonction de leur signification imaginaire : transferts oraux, phalliques... Or, rien de tout cela n'existe :

> De manière traditionnelle, on retient deux catégories de transfert : le transfert positif et le transfert négatif. On appelle positif le transfert de sentiments tendres — la confiance, l'admiration, l'amour — et négatif le transfert de sentiments hostiles — méfiance, agressivité, haine[35].

Une telle superficialité, une telle affectivité dans la caractérisation des types de transfert nous suggère que ce qui intéresse Freud, ce sont moins les vertus thérapeutiques ou le contenu cognitif du transfert que l'utilisation qui peut en être faite, par l'analyste ou par le patient. La distinction positif/négatif met au premier plan la bienveillance ou l'hostilité du patient envers l'analyste, comme si rejet et acceptation avaient quelque intérêt du point de vue de l'inconscient. Cette désinvolture dans la caractérisation de la pièce-maîtresse de la cure, érigée en principe de l'efficacité thérapeutique comme du sérieux de la relation analytique, ne peut que faire douter de la valeur théorique de la notion de transfert, et, peut-être, de la légitimité des fins que poursuivait Freud lorsqu'il l'élabora. Quoiqu'il en soit, l'étude des «projections» ne présente guère d'intérêt si l'on vise la connaissance de l'identité du patient.

Ainsi, la psychanalyse rend acceptable l'idée d'une relation payante, de la transaction d'une relation, en décrétant fictive ou seulement apparente la relation du patient à l'analyste. La vraie relation se jouerait entre le patient et lui-même, le patient et son passé, ou le patient et les fantômes infantiles qui le hantent. Mais, nous l'avons vu, les projections au sens strict n'apparaissent jamais que dans les interprétations de l'analyste en réponse aux affects que le patient lui adresse. A aucun moment et dans aucun des témoignages recueillis, il n'est fait mention de confusion entre l'analyste et un personnage de l'enfance du patient : jamais la projection n'est vécue subjectivement par le patient. Figure sociale polymorphe et fortement investie affectivement, faisant l'objet d'incessants paris, l'analyste semble n'être qu'une figure actuelle, une figure du présent. L'hypothèse des projections peut ainsi être envisagée comme la solution que Freud a donnée à ce problème de légitimité que pose l'effusion intense et continue de sentiments d'amour, de haine, de captivité et de libération dont le cabinet d'analyse donne le spectacle.

Quand le patient commence à s'épuiser et abandonne la quête indéfinie de l'identité de son analyste, quand sa distance critique à l'égard des affirmations de l'analyste s'érode, quand les mécanismes de préservation de son identité sont suffisamment enrayés, il en vient à accepter de s'abandonner à cet interlocuteur si mal connu. Étant privé d'identité relationnelle — l'identité que peut lui reconnaître celui avec lequel il est en relation —, constatant qu'aucune pose, si humble soit-elle, n'est agréée, le patient en vient à se montrer nu, à s'exposer, à s'en remettre à l'analyste. Il renonce à défendre quoi que ce soit. N'étant jamais parvenu à affecter son interlocuteur par ses actes ou ses paroles, le patient déclare forfait. L'analyste existe, et lui non. Le patient est alors mûr pour lui prêter le pouvoir magique de lui donner la santé, de lui donner une identité.

NOTES

[1] *Transfert*, Erika Kaufmann, *op. cit.*, p. 47.
[2] *Ibid.*, p. 79.
[3] « Remémoration, répétition et élaboration », in *La technique psychanalytique*, S. Freud, *op. cit.*, p. 108-109.
[4] *Echec et mat ou un an de psychanalyse*, Marie Vaubourg, *op. cit.*, p. 17.
[5] *Couché par écrit*, J. Rousseau-Dujardin, *op. cit.*, p. 35.
[6] *Les concepts fondamentaux de la psychanalyse*, J.-P. Chartier, *op. cit.*, p. 161.
[7] *Ma psychanalyse*, N. Zunino, *op. cit.*, p. 291.
[8] *Echec et mat ou un an de psychanalyse*, Marie Vaubourg, *op. cit.*, p. 43.
[9] *Journal*, Anaïs Nin, *op. cit.*, p. 127.
[10] *Transfert*, Erika Kaufmann, *op. cit.*, p. 167.
[11] *Echec et mat ou un an de psychanalyse*, Marie Vaubourg, *op. cit.*, p. 43.
[12] *Clefs pour la psychanalyse*, Georges-Philippe Brabant, *op. cit.*, p. 209.
[13] *Transfert*, Erika Kaufmann, *op. cit.*, p. 292.
[14] *Journal*, Anaïs Nin, *op. cit.*, p. 126.
[15] *Les concepts fondamentaux de la psychanalyse*, Jean-Pierre Chartier, *op. cit.*, p. 102.
[16] *Les analysés parlent*, Dominique Frischer, *op. cit.*, p. 130.
[17] En particulier, *Les mots pour le dire*, Marie Cardinal, Grasset, 1975, p. 315.
[18] *Echec et mat ou un an de psychanalyse*, Marie Vaubourg, *op. cit.*, p. 125.
[19] *Ma psychanalyse*, Nannina Zunino, *op. cit.*, p. 167.
[20] *Transfert*, Erika Kaufmann, *op. cit.*, p. 110.
[21] *Mon analyse avec Freud*, Abram Kardiner, Belfond, 1978, p. 89.
[22] *Transfert*, Erika Kaufmann, *op. cit.*, p. 346.
[23] *L'anti-Freud*, Michel Lobrot, PUF Sociologies, 1996, p. 22.
[24] *Les fils de Freud sont fatigués*, Catherine Clément, *op. cit.*, p. 73.
[25] *Les concepts fondamentaux de la psychanalyse*, Jean-Pierre Chartier, *op. cit.*, p. 116.
[26] *La technique psychanalytique*, S. Freud, *op. cit.*, p. 99.
[27] *Introduction à la psychanalyse*, S. Freud, *op. cit.*, p. 421.
[28] *Cinq psychanalyses*, S. Freud, *op. cit.*, p. 87.
[29] *Transfert*, Erika Kaufmann, *op. cit.*, p. 525.
[30] *Ibid.*, p. 361.
[31] Extrait de l'analyse sans fin et l'analyse avec fin (1937) de Freud, in *La psychanalyse*, par Roland Chemama, Larousse, 1993, p. 529.
[32] *Les Ruses de la Déraison*, Ernest Gellner, *op. cit.*, p. 70.
[33] *Les concepts fondamentaux de la psychanalyse*, Jean-Pierre Chartier, *op. cit.*, p. 30.
[34] *Mon analyse avec Freud*, Abram Kardiner, *op. cit.*, p. 85.
[35] *Les concepts fondamentaux de la psychanalyse*, Jean-Pierre Chartier, *op. cit.*, p. 116.

Le renouvellement de l'image de soi

Le patient que nous considérerons ici est avancé dans le « travail » sur lui-même : il a abandonné comme une chimère l'idée que la rémission de ses éventuels symptômes signifierait le retour à la santé ; il a perdu une bonne partie de ce qu'il considère désormais comme ses illusions : les bases de son savoir sur lui-même étaient viciées, acquises dans une époque de sa vie où il était suggestible sans mesure ; il sait désormais qu'il doit s'affranchir de l'emprise de ses parents, pour mettre à jour le désir qui lui est spécifiquement propre ; il a fait l'apprentissage d'une douloureuse mais noble et lucide humilité dans le regard qu'il porte sur lui-même. Il s'est enfin attaché à l'analyste, et le crédite de la capacité à satisfaire sa soif de définition identitaire. Qui est-il authentiquement ? Qui a-t-il été ? Et qui doit-il devenir ? Telles sont les questions qui l'occupent. Des questions qui relèvent désormais de la sphère de la connaissance.

Il ne s'agira pas ici de s'interroger sur les idées, sur les valeurs, sur les croyances que l'analyste dispense à son patient : les questions de fait seront traitées dans le chapitre suivant. Que rien ne limite *en droit* la possibilité pour l'analyste de guider où bon lui semble son patient, c'est ce que nous tâcherons à présent de montrer, et ce de deux manières : en établissant d'une part que les interprétations analytiques, dont le rôle dans la construction de l'identité est décisif, résistent à toute mise en question critique ; en démontrant, d'autre part, que c'est l'analyste qui prodigue au patient les savoirs que celui-ci lui réclame. Nous tenterons aussi de mettre en évidence que la pratique de l'association libre obéit à une logique sous-jacente, selon laquelle les intuitions de l'analyste tendent à se transformer en convictions chez le patient.

L'INFAILLIBILITÉ ET L'IMMUNITÉ DANS L'INTERPRÉTATION

> Il y a quelque chose de très déconcertant dans la psychanalyse, qui met au défi l'écrivain. Il est à peu près impossible de déceler le cheminement qui permet d'aboutir à une certaine affirmation[1].

La pratique psychanalytique possède une spécificité, découlant directement de la doctrine, celle de faire reposer sur le seul sentiment de l'analyste la distinction entre une interprétation juste et une interprétation fausse. Le patient n'étant par définition pas en mesure de juger, son assentiment ou son rejet sont indifférents. Mais ne possède-t-il pas les moyens de comprendre? N'arrive-t-il pas à l'analyste de se tromper? Une anecdote[2] donne la mesure de l'opiniâtreté d'un analyste, en l'occurrence Freud. Un analyste américain du nom d'Oberndorf fut reçu par Freud pour une «tranche d'analyse». A la première séance, l'analyste américain apporta un rêve de la veille au maître. Tiré dans sa calèche par deux chevaux, l'un noir, l'autre blanc, Oberndorf se laissait porter vers une destination inconnue. Freud interpréta. Oberndorf resterait célibataire s'il ne décidait pas rapidement de la couleur de peau de celle qu'il épouserait. En 1921, même fantasmatiquement, l'interprétation ne pouvait qu'être absurde. Malgré les appels à la raison d'Oberndorf, le maître resta sur sa position, jusqu'à donner son congé à l'analyste américain, et l'exclure de l'association internationale de psychanalyse...

On comprend aisément qu'un analyste ne se reconnaisse pas, dans sa pratique, de droit à l'erreur. Quand bien même il lui arriverait de prendre conscience du fait qu'il ait commis une erreur d'interprétation, il lui faudrait observer le plus rigoureux silence. S'il affichait sa faillibilité, il ferait perdre à ses interprétations une grande partie du crédit que le patient leur accorde. Au risque, donc, de se tromper parfois, il faut à l'analyste ne jamais manifester de doute ou d'hésitation ; éviter de poser des questions alors qu'il pourrait souhaiter avoir confirmation d'une hypothèse ; ne jamais faire répéter une parole qu'il aurait manquée, etc. Pour limiter le risque de voir ses interprétations mises en question, il les profère rarement sur le mode de la proposition ou de l'hypothèse, mais les présente froidement comme des faits connus... Ces poses et ces façons de se présenter sont sans doute nécessaires à l'entretien, chez son client, de la foi en son infaillibilité. Certains analystes justifient cette attitude dans la communication en affirmant qu'elle traduit leur souci de préserver la pureté du flux d'associations verbales. Sans doute sont-ils sincères ; on peut cependant leur reprocher leur naïveté : les interprétations qu'ils lancent périodiquement déterminent des réactions subjectives intenses de la part du patient, et les perturbent, ou les laissent perplexes. Elles sont donc loin d'avoir l'effet officiellement recherché. Il est en tout cas difficile, lorsqu'on occupe la position de patient, de considérer avec le recul nécessaire les interprétations émises par l'analyste puisque celles-ci ne sont pas argumentées, mais imposées péremptoirement.

Cette difficulté est encore accrue si l'interprétation émise est ésotérique ou hermétique. Or, ce type d'interprétation est monnaie courante. Dans l'enquête que D. Frischer a menée, il est apparu le fait suivant :

La majorité des trente interviewés ne comprennent que peu ou que mal les paroles de leur analyste[3].

Si les interprétations analytiques qui doivent faire l'objet d'un décryptage laborieux pour livrer leur sens peuvent difficilement être mises en question, c'est, d'une part, parce que, par hypothèse, le patient ne peut jamais être assuré d'en connaître le sens ultime, d'autre part, parce que les notions auxquelles l'analyste recourt sont souvent solidaires de l'ensemble de la doctrine analytique, que le patient ne maîtrise pas nécessairement.

Les expressions et les usages linguistiques typiques qui donnent aux interprétations analytiques leur couleur si spécifique jouent aussi un rôle dans l'incapacité du patient à les mettre en question. Les analystes manifestent ainsi un goût prononcé pour les formules qui n'indiquent pas le sens de la relation qui unit deux phénomènes tout en suggérant que la relation qui les lie est bien de nature causale (« quelque chose de l'ordre de... », « qui fait signe vers... », « qui a partie liée avec... », « qui fait lien à... »). Ils apprécient les licences poétiques, dont le sens est lui aussi instable, parce qu'inédit. Cela consiste le plus souvent à pourvoir un verbe d'usage généralement intransitif d'un complément d'objet (« vivre son désir », « parler sa haine »...). Ils apprécient de même les bons mots dont le degré d'ironie est indécidable (« Ah ! les transports en commun... »). Ils s'autorisent aussi de perpétuels sauts du sens métaphorique au sens propre (la Mère, la castration, le Phallus...). Tous ces idiotismes voient leur richesse (ou leur ambiguïté) sémantique décuplée grâce à l'usage de quelques procédés qui passent facilement inaperçus. Ainsi, l'usage désinvolte de l'adjectif qualificatif sans plus de précision sur la nature du lien qui l'unit au nom qu'il qualifie conduit à produire des formules dont le sens est trop ambivalent pour que quoi que ce soit puisse en être tiré. On pourra parler de désir inconscient, de mensonge refoulé, de représentations projetées, de conflit pulsionnel... sans que personne n'y trouve rien à redire. Pourtant, l'idée d'un désir inconscient, par exemple, est extrêmement floue : l'expression traduit-elle l'impossibilité pour le sujet de prendre conscience de l'existence — manifestée pourtant par ses effets observables — de son désir? Signifie-t-elle l'incapacité du sujet à donner suite à un désir dont il sait pourtant que c'est le sien? Indique-t-elle l'incapacité du sujet à éprouver un désir qui n'est pas connu de lui, et qui ne s'est jamais manifesté par ses effets, mais qui existe pourtant bel et bien?... Comme souvent avec l'idée d'inconscient, la question de savoir si le problème est affaire de conscience ou d'affect est indécidable. Une représentation inconsciente est ainsi souvent une réalité dont le détenteur n'a pas conscience, mais qui a pourtant une incidence sur ses choix. Au contraire, un fantasme inconscient est généralement une réalité dont le sujet est conscient, mais qui n'a pas d'effets sur ses choix. Ainsi, la signification qu'il faut prêter à la notion centrale d'inconscient change en fonction des usages.

Les tournures de la langue psychanalytique, si imprécises et si polysémiques, redoublent les ambiguïtés lexicales. S'il arrive aux analystes eux-mêmes de s'y perdre, qu'en sera-t-il pour les patients — qui sont loin d'avoir leur connaissance de la doctrine? Si tant de commentateurs reprennent inlassablement les mêmes énoncés de Freud, au prix de lourdes répétitions, c'est sans doute parce qu'aucun ne souhaite se prononcer sur le sens à leur donner. «Là où était le ça, le moi doit advenir» fait partie de ces énoncés dont la lettre fascine et dont la signification exacte se dérobe toujours. Dans ce domaine, Lacan possède toutefois une nette suprématie. Qui a eu l'audace de paraphraser, ou de présenter sous un autre jour, l'immuable «L'inconscient est structuré comme un langage» ou «L'analyste ne s'autorise que de lui-même»? A force de déborder de sens, de telles formules stérilisent. En fait, aucune autre discipline qui a une prétention à la vérité, et donc à la rigueur, ne se permet de laisser naïvement à la langue vulgaire le soin d'établir les relations logiques entre les éléments du discours. Que répondre à Freud, lorsqu'il affirme, non sans s'être excusé du caractère métaphorique de l'expression :

> Par suite de l'analyse, non seulement le patient, mais aussi sa phobie, a acquis plus de courage et ose se montrer[4].

Le recours immodéré à l'analogie et au symbolisme achèvent naturellement d'interdire la confrontation avec les faits, ou plus simplement la mise en rapport de l'interprétation analytique avec un domaine factuel dont l'accès, ou au moins l'intelligibilité, ne soit pas contrôlés par la théorie. Les énoncés émanant des psychanalystes en viennent ainsi à ne plus relever de la sphère du vrai ou du faux.

En réalité, les matériaux sur lesquels travaillent les analystes suffiraient à eux seuls à leur assurer une marge d'interprétation exceptionnelle. De quoi traitent les ouvrages canoniques de Freud et de quoi s'occupent les analystes ?

En premier lieu, les analystes s'intéressent aux fruits de l'activité onirique, énigme née avec l'humanité. La psychanalyse ne s'occupe pas cependant de tous les rêves. Elle privilégie, selon la typologie de J.P. Chartier, le troisième type de rêves, celui « des rêves obscurs, incohérents » — sur les deux premiers : ceux des rêves simples et des rêves raisonnables. Les rêves obscurs et incohérents tireraient leur intérêt de ce qu'ils mettent « en scène des problèmes importants »[5]. Il n'est pas difficile de prévoir que de tels rêves autorisent par hypothèse toutes les interprétations. Notons au passage que Freud a facilité le travail des analystes en affirmant que l'interprétation des éléments d'un rêve ne peut jamais être exhaustive. Ce disant, il légitime l'abandon des éléments dont l'analyste ne saurait que faire. Freud parle pour l'occasion de l'ombilic du rêve, à savoir de ce résidu irréductible et ininterprétable. Si cette idée d'un ombilic du rêve a sa beauté (ou sa laideur), elle présente surtout l'avantage d'autoriser les sélections les plus arbitraires : une fois encore, aucun critère n'a été défini qui permettrait de distinguer l'élément le plus significatif du rêve d'un élément procédant du résidu ininterprétable.

Les analystes traitent en second lieu des lapsus et des actes manqués. Par définition, ces « matériaux » constituent des erreurs, des éléments du discours ou des gestes dont le sujet n'a pas eu la maîtrise et dont la raison d'être lui échappe. Notons au passage que la psychologie scientifique tient dans son ensemble les lapsus et les actes manqués pour des erreurs comportementales dépourvues de signification. Des expériences de psychologie expérimentale ont mis en évidence que l'on pouvait déterminer n'importe quel sujet à commettre un grand nombre de lapsus à connotation sexuelle en lui demandant de se souvenir de mots peu usités, mais proches phonétiquement ou sémantiquement du mot à trouver. La distraction, que celle-ci soit due à une baisse de vigilance ou simplement à la nature focale de l'attention (on ne peut faire bien attention à deux choses simultanément) peut très bien expliquer l'essentiel des lapsus. En outre, prétendre qu'un lapsus n'est jamais innocent, c'est postuler un fonctionnement parfait de l'intellect. Si l'on reconnaît que les erreurs de calcul sont dépourvues de signification, ne faut-il pas accepter que les erreurs linguistiques le soient aussi ? A moins d'opter pour une vision hyperdéterministe des manifestations de la subjectivité, selon laquelle rien ne serait laissé au hasard, à la contingence, à la fatigue...

La psychanalyse s'intéresse en troisième lieu aux symptômes « névrotiques ». De nos jours, ces symptômes consistent essentiellement en sentiments et en états d'âme indéfinis comme l'angoisse, le désarroi, le sentiment de vide, le mal-être, l'ennui chronique... qui laissent naturellement le sujet qui en pâtit dans la plus grande perplexité quant à leur origine.

C'est en dernier lieu l'enfance du patient qui retient l'attention de l'analyste. De cette période, les sujets ne conservent le plus souvent que des souvenirs partiels et partiaux. Là encore, en matière de remémoration d'épisodes infantiles, le patient peut toujours être pris en défaut : autant il sera difficile à l'analyste de convaincre son patient qu'il a subi un viol l'année précédente si celui-ci ne s'en souvient pas, autant le patient se montrera ouvert et réceptif quand il se verra enseigner qu'à l'âge des premières dents, il a fait l'objet d'attouchements insoutenables qu'il s'est empressé de chasser de sa conscience.

En somme, tous les objets du travail analytique ont en commun d'être en bonne partie inaccessibles à la conscience et d'échapper à l'emprise de la volonté. Et Freud, à son insu (!), a fait preuve de beaucoup de ruse lorsqu'il a légitimé son intérêt pour ces phénomènes en y voyant les manifestations de la personnalité les plus propices à l'expression de l'inconscient — défini circulairement comme ce qui est inaccessible à la conscience, et échappe à l'emprise de la volonté. Ce qui nous fait voir en Freud un penseur rusé, c'est que tous ces matériaux partagent une propriété très précieuse pour le chercheur ambitieux intellectuellement : ils n'opposent aucune résistance à l'interprétation. On peut énoncer à peu près tout et n'importe quoi à leur sujet, en ayant la garantie que l'on ne sera jamais contredit par les faits. Car ces matériaux (les rêves, la petite enfance, les erreurs comportementales, le mal-être...) réfèrent à des faits tendres et vulnérables, dont une théorie séduisante en elle-même ne fera qu'une bouchée. N'étant ni bien connus, ni bien assumés, ils offrent au chercheur inventif l'opportunité de parler de la condition humaine avec profondeur et style. Pour s'assurer l'exclusivité théorique sur ce nouveau continent qu'était l'inconscient, il a certes fallu que Freud aille très loin dans la mise en avant de la dimension irrationnelle, faillible et inintelligible de l'homme. Et, assurément, une procédure de sélection des éléments qui privilégient si unilatéralement la dimension irrationnelle de l'homme laisse beaucoup de déchets, et contraint à un certain réductionnisme : ce n'est pas toute la vie d'un homme qui compte, mais seulement ses toutes premières années ; sur trente minutes de discours, il ne faut pas retenir les vingt-neuf minutes dans lesquelles le sujet se reconnaît et assume ses paroles, mais la minute au cours de laquelle le sujet n'a plus bien su quoi dire, et a commencé à tenir des propos incohérents ou inadéquats ; ce ne sont pas les choix, les œuvres, les actes d'un homme qui parlent le mieux de lui, mais ce qu'il fait la nuit, pendant son sommeil... L'inventaire de tout ce qui a été négligé pour donner à la psychanalyse ses lettres de noblesse s'allonge à l'infini, l'essentiel étant que tout objet sur lequel le patient pourrait avoir une conviction ferme soit disqualifié comme n'ayant rien à enseigner sur sa névrose ou sur sa vérité : les faits ? Il n'y a pas à s'en soucier : seule la construction fantasmatique a une incidence sur le développement du sujet. Les sentiments ? Il faut bien se garder de les prendre au premier degré : il se pourrait qu'ils expriment l'exact opposé de ce qu'ils semblent exprimer. La haine, ce peut être de l'amour, et vice versa ; le fait d'offrir un bouquet de rose peut traduire une désir de meurtre, le dégoût peut signifier une attirance[6], l'homophobie, le signe d'une homosexualité latente... Ainsi, tous les critères qui donnent aux faits leur factualité sont disqualifiés. Il n'y a plus de faits, mais seulement des interprétations — pas n'importe lesquelles cependant : celles de l'analyste. Et, désormais, l'analyste disposera du pouvoir de décréter fausses ou inadéquates au vrai soi les croyances, les sensations, les larmes, trompeurs ou mensongers, les sentiments, les désirs... Les procédures d'interprétation psychanalytique sont si souples que le patient n'est jamais en position de précéder l'analyste dans une interprétation.

La clef de lecture que propose Freud possède décidément une vertu inégalable pour confondre le patient ainsi que son jugement. L'inconscient est moins une hypothèse qu'une « suspension de toutes les hypothèses »[7]. Nous ne nous intéresserons ici qu'à l'une des nombreuses propriétés de l'inconscient freudien, celle à laquelle Gellner a donné le nom d'*astuce récursive*. L'astuce récursive, c'est l'astuce dont fait toujours preuve le maître de nos sentiments et de nos pensées, capable de prendre toutes les formes qu'il veut pour servir ses intérêts, tout en restant dissimulé. Hors du contexte freudien, on remarque généralement un désir passé inaperçu ou demeuré non-conscient au fait qu'il infléchit le comportement du sujet dans le sens de sa satisfaction. Si une femme dont le mari est provisoirement éloigné se rend compte, à son retour, qu'elle le préférait absent, elle en conclura qu'elle souhaite désormais l'éloigner. Le fait qu'elle n'ait plus envie de vivre avec lui lui indique qu'elle ne l'aime pas. Elle peut alors éventuellement retrouver dans son comportement passé la présence de divers signes avant-coureurs de ce désir de fuir son mari qu'elle avait jusque-là négligés, ou mécompris, parce qu'ils manquaient de clarté. En contexte freudien au contraire, autrement dit si l'on prend la même femme dotée d'un inconscient freudien, ses réactions pourraient être interprétées bien différemment. Ce désir d'éloigner son mari pourrait bien être une formation réactionnelle, puisque, selon Freud, « tout comme les sentiments tendres, les sentiments hostiles sont un signe d'attachement affectif, de même que le défi et l'obéissance expriment le sentiment de dépendance, bien qu'avec des signes contraires »[8]. Ayant inconsciemment pris la mesure de sa dépendance envers son mari lors du voyage de celui-ci (voyage qui résonnait avec les « voyages » de son père à elle, lorsqu'il délaissait sa femme pour d'autres femmes), la femme de notre histoire exprime à travers son désir d'éloigner son mari, une identification à sa mère souvent délaissée. Il se peut aussi que l'apparition de ce désir témoigne d'un amour si fusionnel pour son mari que la simple éventualité de son non-retour serait susceptible de le détruire. Pour prévenir ce péril, elle va au-devant de l'échec qu'elle ne supporterait pas, et s'en fait l'auteur. Ce désir pourrait de même manifester une identification latente de son mari à son père. Se rendant compte qu'elle dispose d'un moyen de punir son père de ses départs, la femme obtiendrait une satisfaction substitutive, nécessaire, dans la mesure où elle n'avait pas liquidé le ressentiment qu'elle éprouvait pour son père. La liste pourrait ainsi s'allonger à l'infini, l'essentiel étant que l'inconscient freudien autorise une totale disjonction entre le phénomène subjectif (ici, le désir de se séparer de son mari) et la signification ultime qu'il possède. On pourrait ajouter que l'inconscient freudien exige un lourd postulat, selon lequel rendre compte d'un phénomène subjectif, se serait toujours en déterminer la signification : au contraire, on pourrait très bien concevoir, comme G. Politzer[9], qu'on « vit » beaucoup plus qu'on ne pense, et qu'un comportement ne se laisse pas réduire ni résumer aux récits qui tentent de l'expliquer, de le justifier, ou simplement d'en rendre compte.

Les modèles théoriques se révèlent ici tout-puissants. Ils peuvent intégrer tous les faits *a priori*. Il suffit de songer que la description freudienne des trois opérations fondamentales de l'appareil psychique dans ses activités oniriques ou névrotiques (elles sont en tout point semblables) peut être renversée en clefs d'interprétation au service de l'analyste confronté à un rêve ou un comportement. Déplacement, condensation et figuration donnent à l'analyste toute latitude pour voir avec évidence en tel rêve de bain de mer un fantasme régressif de fusion materno-fœtale. Comme il n'existe pas de critère pour déterminer lesquels des mécanismes sont à l'œuvre dans un rêve défini, et que ces mécanismes sont d'une utilisation très aisée, tout psychanalyste se voit offrir un droit illimité au délire interprétatif. Et Freud le premier. A. Kardiner rapporte ainsi l'interprétation que Freud a donné de l'un de ses rêves, lors de la troisième séance :

> Voilà un rêve vraiment très intéressant. Vous avez fait en quelques secondes une quantité de condensations. La cave et le mobilier au rebut veulent simplement dire que vous êtes dans le passé, à l'époque où vous étiez un petit garçon ; les choses au rebut renvoient au passé. Les italiens, ce sont les gens dont vous avez peur [lors de la première séance, Kardiner avait dit avoir peur des immigrés italiens de son quartier]. Trois italiens valent un grand italien lequel est votre père. [Le père de Kardiner n'est cependant pas italien.] Vous vous sentiez humilié, surclassé par votre père, diminué par lui, le nègre amnésique que vous avez vu lors de votre séance de travail à l'hôpital est une projection d'une peur que vous éprouviez dans le passé[10]...

Si l'on résume, cela fait d'un lieu une époque, de trois italiens un père, et d'un homme noir une peur.

Lacan, friand de bons mots, a ajouté à la liste des mécanismes de l'inconscient celui — universellement applicable — de la consonance phonétique entre signifiants. Ces règles assimilées, la coïncidence apparaît comme une règle impérieuse. Il n'y a plus que des coïncidences ; il s'agit dorénavant de savoir les repérer. Mais prétendre ainsi que nul mot n'est innocent, que l'inconscient, cruciverbiste averti, n'est jamais en sommeil, n'est-ce pas le plus sûr moyen de confondre, d'acculer à la reddition intellectuelle le patient que chaque parole trahit ?

En somme, tout est réuni pour que le patient ne puisse plus juger ou faire confiance à son jugement. Dès lors que le patient est engagé dans l'analyse, chacun de ses propos peut être interprété. Autrement dit, chacun de ses propos peut être nié en tant que propos libre et assumé, puisque l'analyste peut mieux en connaître la signification que lui. Le principe de l'association libre devient ici dévorant. S'il est compréhensible que l'analyste se livre à l'interprétation des matériaux que le patient souhaite lui faire examiner, il paraît moins évident que toute parole énoncée dans le cadre analytique recèle quelque sens à décrypter. Il arrive fréquemment qu'un patient maîtrise sa parole et sache précisément ce qu'il souhaite dire. Le plus éprouvant (et le plus aliénant) pour le patient se produit lorsqu'il parle *à* l'analyste et que celui-ci interprète ses paroles, comme si elles avaient seulement été énoncées *pour* lui.

> Toute menace [de départ], toute agression, est immédiatement vidée du sens qu'on a voulu lui donner et replacée sur le plan de l'imaginaire ou du symbolique... Celui qui l'a prononcée n'a plus qu'à s'incliner, comme l'enfant qui rentre les épaules pour ne plus recevoir d'autres coups[11].

L'interprétation, dans ces cas là, ne vaut plus comme assistance théorique, mais comme moyen de déposséder le patient de ses moyens intellectuels. Freud, dans les *Cinq psychanalyses*, se livre sans scrupule à cet exercice de harcèlement interprétatif. Il commente en bas de page de ce propos laconique un « Je ne sais pas » de sa patiente Dora : « Façon habituelle [d'après lui] qu'elle avait alors d'accepter une pensée refoulée » [dont il lui avait fait la suggestion][12]. Les commentaires de Freud, « le premier homme a avoir écouté les malades », reposent sur l'application systématique dans la sphère théorique de la procédure de *minorisation*, qui dessaisit une personne majeure de ses droits civiques parce qu'elle n'est pas jugée être en pleine possession de ses moyens.

> Le « non » que nous oppose le malade, après qu'on a présenté, pour la première fois, à la perception consciente l'idée refoulée, n'est qu'une preuve du refoulement ; le degré de décision de ce « non » laisse en quelque sorte mesurer l'intensité du refoulement. Si l'on ne considère pas ce « non » comme l'expression d'un jugement impartial, dont le malade n'est en effet pas capable, mais si l'on passe outre et que l'on continue le travail, on a bientôt les premières preuves que le « non » signifie, dans ce cas, le « oui » attendu[13].

Mais puisque son « non » n'a pas été pris au sérieux, pourquoi son « oui » devrait-il l'être ? Parce que c'est ce que l'analyste voulait entendre ? Une fois encore, c'est l'analyste qui décide de la signification que *le patient* attribue authentiquement à ses propres assertions.

Bien des interprétations énoncées en analyse n'ont pas la netteté et les qualités littéraires de celles de Freud. L'immunité des interprétations de l'analyste s'accroît encore d'un degré lorsqu'elles sont dépourvues de toute signification. Il n'y a rien de plus difficile que d'attaquer l'arbitraire. Et nous devons avouer que des énoncés gratuits, sans raison ni conséquence, il s'en rencontre beaucoup dans les témoignages des patients :

> Aujourd'hui, vous m'avez parlé des seins vécus comme des substituts de pénis : « Les femmes en sont fières et s'y attachent parce qu'elles n'ont pas de pénis, les hommes sont fiers et s'attachent au pénis parce qu'ils n'ont pas de seins »[14].

Mais que signifie « vivre les seins comme substituts de pénis » puisqu'aucune femme n'a jamais *vécu* une telle expérience ? Et pourquoi le fait que les hommes soient privés du substitut les incite-t-il à s'attacher à l'original ? Ou, pour le dire plus simplement : les femmes sont jalouses, mais fières, les hommes sont fiers, mais jaloux. Que faut-il en déduire ?

En somme, il semble que toute interprétation émanant de l'analyste interdise la mise en question ou la critique, tant par la nature de ses objets (rêves, lapsus, conduites névrotiques...), que par les procédés — légitimés par la doctrine — qui permettent son élaboration. Comme les épistémologues aguerris ne courent pas les cabinets, l'immense majorité des patients sera désarmée face aux innombrables transgressions des canons scientifiques que les analystes s'autorisent. Sans jamais prendre conscience que les interprétations analytiques sont structurellement immunisées contre toute réfutation, ces patients ne pourront que constater qu'ils ne parviennent pas à les mettre en défaut. Et comme elles résistent à leurs critiques, ils finiront par juger qu'elles sont vraies.

LE RÔLE ESSENTIEL DE L'ANALYSTE DANS LE RENOUVELLEMENT DE L'IMAGE DE SOI

Nous souhaiterions montrer ici que si l'analyste a toute latitude, en droit, pour dicter ses idées propres au patient, on constate qu'il ne manque pas de le faire dans les faits. Mais, de manière inattendue, il apparaît que l'analyste n'est pas bien conscient du rôle décisif qu'il joue dans le renouvellement des idées, des valeurs, des jugements du patient. On peut l'en excuser : il y a de fortes chances qu'il tienne ses idées pour vraies, ses valeurs pour bonnes, ses jugements pour équitables, si bien que, lorsque le patient se les appropriera les uns après les autres, l'analyste éprouvera seulement le sentiment que le patient acquiert une meilleure connaissance de ce qui est juste, vrai et bon. Dans la mesure où, au stade de l'analyse que nous considérons, l'enjeu essentiel pour le patient est de recouvrer une identité, nous nous concentrerons dans cette partie sur les idées relatives au questionnement identitaire. Il s'agira donc de montrer, conformément à nos observations, qu'en matière de représentation de soi, ce sont les analystes qui pourvoient aux besoins cognitifs de leurs patients.

L'« auto-analyse »

Depuis la naissance de la psychanalyse, les analystes ont toujours fait valoir qu'elle était essentiellement une démarche réflexive, et que la relation du patient à l'analyste est en vérité une relation entre le patient et lui-même. Ils rejettent ainsi l'idée qu'ils enseignent aux patients les modèles dont ils ont besoin pour retrouver un certain apaisement identitaire. L'analyste ne serait que le catalyseur de ce qui, en dernier recours, ne peut être qu'une auto-analyse. Il n'interviendrait en rien, donnant juste au patient l'occasion de se chercher, et de se rencontrer. Bien des analystes, et Freud le premier, ont défendu leur neutralité — prise ici en un sens cognitif, et non plus affectif — en affirmant que, lorsqu'ils interprètent, et les interprétations sont, en théorie, les seules interventions qu'ils s'autorisent, ils ne convoquent aucun savoir, mais se contentent de renvoyer le patient à lui-même. Si le psychanalyste n'est détenteur d'aucun savoir, comment pourrait-il être suspecté de transmettre quoi que ce soit ? Cette humilité affichée peut les conduire jusqu'au déni assumé de quelque compétence interprétative que ce soit.

> Il y a pour l'analyste un impératif, dit Freud, il ne doit jamais se préoccuper de découvrir le sens exact des associations de son patient. Il n'a pas besoin de s'en soucier. Qu'il aide seulement le patient à surmonter ses résistances et celui-ci trouvera éventuellement ce sens[15].

Lorsque le patient manifeste de la bonne volonté, mais que son inconscient résiste, l'analyste n'a qu'une chose à faire : lever le voile, sans qu'il soit nécessaire de délivrer de contenu. Et, de fait, Freud a supprimé du dispositif tout ce qui pouvait laisser supposer que l'analyste inculquait un savoir quelconque. L'analyste ne prend qu'exceptionnellement l'initiative de la parole, et, dans tous les cas, ne cherche jamais à convaincre son patient de la véracité de ses vues; il ne doit jamais le juger, ni lui donner de conseils; il ne prescrit rien. Enfin, il ne procède jamais à la mise en ordre et la récapitulation du savoir accumulé : ces démarches seraient artificielles, réductrices, et irrespectueuses du caractère évanescent et insaisissable de l'inconscient. Et, de fait, «d'une séance à l'autre, il n'y a généralement aucune continuité dans les thèmes abordés, pas de série par exemple consacrées consciemment à un sujet précis»[16]. Un analyste reconnu va jusqu'à avancer que «le malade est celui qui renseigne et même enseigne au médecin la nature de son mal»[17]. L'analyste serait le catalyseur neutre et anonyme de l'individuation authentique? L'intercesseur sans épaisseur et bienveillant de l'inconscient? Le miroir sans subjectivité du patient? François Roustang, un analyste contemporain, va plus loin encore :

> Si l'analysant attend de l'analyste qu'il le sorte d'affaire, l'analyste attend de l'analysant qu'il se sorte d'affaire. L'analyste met sa confiance dans l'analysant, il fait l'hypothèse que celui-ci s'en tirera, il y croit, il lui fait crédit[18].

La compétence analytique se réduirait alors à une attente? L'analyste, à un espoir? Mais que sont les études de cas, sinon la consignation du savoir de l'analyste sur le patient? Il n'y aurait aucun sens à prétendre que, dans leurs études de cas, les analystes ne font que noter les indications que les patients leur ont donné sur eux-mêmes. Bien souvent, les patients résistent — le terme est pris ici au sens courant — aux interprétations. En réalité, les interprétations de l'analyste constituent des interventions dans la subjectivité du patient d'autant moins neutres et d'autant plus violentes dans leur impact qu'elles sont rares. L'analyste peut bien vouloir s'effacer, il n'en est pas moins ce dont le patient se soucie le plus. Le patient a certes la possibilité de parler tout son soûl, mais il ne sait pas bien ce qu'il dit. C'est l'analyste qui sait.

L'ingérence de l'analyste

> Dans les discussions qui s'élèvent entre médecin et analysé relativement à quelque chose que ce dernier a dit ou à propos de la façon dont il l'aurait dit, c'est généralement le médecin qui a raison. (Freud)[19]

C'est peut-être en cela que réside la paradoxale singularité de la relation analytique par rapport à toute autre forme de relation : le premier des ses deux acteurs — l'analyste — croit posséder une compétence dont il ne permet pas au second de profiter, sans que pourtant ce second soit crédité du droit de juger la compétence du premier.

Il n'est pas inutile de revenir aux commencements de la cure pour constater que, dès la négociation du tarif — et le tarif est l'un des termes de référence du contrat liant les deux parties —, l'analyste s'est bien souvent arrogé le droit de parler au nom du patient. Ce n'est certainement pas ici la légitimité de la rémunération qui est en cause ; mais la manière dont le prix des séances est fixé suscite le soupçon. Si le paiement rémunérait l'exécution d'une tâche, rétribuait un service, serait-il légitime que le tarif exigé dépende des ressources du client, comme c'est le cas en analyse ? Il est clair que le tarif de la cure n'est pas en rapport avec son coût pour l'analyste. Pour faire passer cette spécificité, l'analyste joue le désintéressement. Il prétend que ce que paie le patient, c'est le prix de son indépendance d'esprit, que l'argent versé éponge la dette symbolique liée au service rendu, et qu'il est important que le montant des séances soit subjectivement significatif. Ces affirmations n'ont de sens que si l'on prête aveuglément à tout patient une conscience morale. Il semble en fait qu'en prétendant que le paiement est un enjeu interne à la cure, justiciable d'une interprétation, il initie la prise de contrôle.

Notre soupçon est accusé lorsque l'analyste se sent autorisé à produire des interprétations sur le sujet quand le patient met en question le prix des séances. Certes, la doctrine analytique propose bien des clefs de lecture pour le paiement, généralement à base scatologique, puisque, selon Freud, « au nom de la dignité sociale », l'enfant est « obligé de renoncer au plaisir », et « transporte sur le « cadeau » et l'« argent » la valeur qu'il avait accordée aux excréments »[20]. Mais est-il légitime que le paiement, qui matérialise la contractualité de l'engagement, qui garantit l'existence d'un cadre non symbolique, mais bien réel, soit ainsi interrogé et interprété ? Les impératifs de la psychanalyse entrent ici en conflit avec les normes qui président universellement aux engagements contractuels, mais ils en sortent généralement victorieux. A se donner *a priori* le droit d'être juge et partie, le psychanalyste ne court guère le risque d'être pris en défaut.

> Quand j'ai entrepris de parler de mes finances, Freud m'a fait observer que j'abordais le « côté anal ». J'ai avoué me sentir embarrassé de toucher à ce sujet parce que je craignais de l'inciter ainsi à augmenter ses honoraires. [Réponse de Freud :] « Il ne faut pas que vous laissiez votre sens critique interférer avec ce qui vous vient à l'esprit »[21].

Comme rien ne limite en droit le champ de ce qui est exposé à l'interprétation, l'analyste peut acquérir sur l'esprit du patient une emprise subjective complète et profonde. Quand c'est le rapport du patient au paiement — comme ici —, au cadre, ou à l'analyste lui-même qui fait l'objet d'une évaluation en termes de conformité au désir, le contrôle de l'analyste sur la subjectivité de son patient devient menaçant. Fort heureusement, l'analyste moyen s'interdit de donner le moindre ordre qui concerne autre chose que la cure. Le sentiment de liberté du patient est préservé, alors que c'est l'analyste qui lui suggère, de façon sous-jacente, le contenu de cette liberté... le « syndrome de Stockholm » ne guette-t-il pas le patient-otage ?

D'autant qu'il ne faut pas perdre de vue que la pratique de l'association libre peut aussi jouer son rôle dans l'assujettissement intellectuel des patients à leur analyste. A mesure que le patient expose sa subjectivité, avoue ce qu'il cherchait à taire, il limite ses possibilités de repli, de retour réflexif sur soi. Quand tout ce qu'il sait de lui est en possession du psychanalyste, que lui reste-t-il qui lui soit propre ? Qu'il sache de lui que nul autre que lui-même ne sache ? L'autonomie s'éprouve dans le silence, le mensonge ou le retrait. Or, l'analyste fait systématiquement valoir au patient que si celui-ci réservait une partie de sa subjectivité pour lui-même, tous les efforts seraient vains. L'acharnement quasi-superstitieux de Freud à faire tout dire à son patient pourrait s'expliquer ainsi :

> On peut permettre à l'analysé de taire certains noms jusqu'au moment où il s'est familiarisé avec son médecin et avec le procédé analytique. Notons une chose : lorsqu'on fait une seule concession, tout le travail est voué à l'échec. Imaginons ce qui arriverait si un certain endroit de notre ville venait à être considéré comme un asile inviolable. Toute la pègre de la cité ne tarderait pas à s'y trouver rassemblée[22].

Du point de vue du patient, l'analyste peut s'être intégré à sa vie et à l'élaboration de son identité à un tel degré qu'il en vient à prendre le contrôle sa volonté même. Et cette dernière proposition n'a rien d'outré : il n'est pas si rare que les patients ne fassent plus très bien la différence entre ce qu'ils veulent et ce que l'analyste leur affirme qu'ils veulent :

> Je me rends, je ne noie plus ma douleur, je ne veux plus fanfaronner. Je veux faire la synthèse de mon analyse. C'est vous, Éole, qui me l'avez appris lundi. Moi je cherchais j'étais en quête sans savoir de quoi... Je vivrai... J'apprendrai à aimer, j'apprendrai à m'aimer telle que je suis[23]...

La patiente dit ici, littéralement, à une différence de construction syntaxique près : « Vous m'avez appris que je *veux* faire la synthèse de mon analyse ». Et le plus extraordinaire, dans ce témoignage, c'est que la patiente tient des propos manifestement incohérents. Mais parce qu'elle a reçu de l'analyste une instruction formelle, elle l'investit avec emportement. Faire la synthèse de son analyse consiste-t-il à ne plus dissimuler sa douleur, à se rendre ? A se décider à vivre ? A aimer ? A s'accepter ?

Le caractère hermétique des interprétations, évoqué plus haut, contribue à en faire des interventions de grande portée pour les patients. Il les contraint à un travail de déchiffrement souvent long et incertain. Et c'est ce travail qui rend le recul critique si difficile : avant de juger, il faut pouvoir comprendre. Or, la compréhension de telles interprétations impose au patient un tel effort que les comprendre, c'est déjà et nécessairement les intégrer. L'hégélianisme de ceux qui ont le sentiment d'être venus à bout de la pensée de Hegel est connu. Et comme les hégéliens, les freudiens recourent souvent à des notions auxquelles leur doctrine donne un sens particulier, parfois si solidaire du système, que l'une ne peut être comprise sans l'autre, si bien que les portes de leur signification ne semblent pouvoir s'ouvrir que de l'intérieur.

« Vous vous trompez sur votre belle-mère... elle a excité votre sexualité et contribué ainsi à alourdir votre culpabilité à l'égard de votre père. Vous avez fui ce dilemme par le biais de votre homosexualité inconsciente en vous identifiant à la mère qui vous a mis au monde. » J'essayais de lier ensemble tout ce que Freud me disait[24]...

Dans cet exemple tiré du récit par A. Kardiner de son analyse, le patient se voit offrir une interprétation qui paraît très assurée de sa valeur. Or, cette interprétation ne contient rien qu'il soit prêt à accepter. Le patient en question n'ayant jamais ressenti ni désir pour sa belle-mère, ni culpabilité à l'égard de son père, ni désir homosexuel, ni identification à la mère : il doit lui-même établir des liaisons entre, d'une part, ces faits, et, d'autre part, ceux de sa vie consciente ou réelle qu'ils pourraient mettre en lumière. Il s'agit donc ici pour le patient de comprendre qu'une homosexualité dont il ne s'est jamais aperçu est la réponse à des maux dont il n'a jamais souffert. Si Freud cherchait à faire profiter son patient des fruits de sa compétence d'analyste, il s'y prendrait tout autrement. Mais le souci de Freud n'est pas de faire comprendre quelque chose à Kardiner : il tient simplement à ce que Kardiner adopte ses idées, sans que les principes de l'argumentation, du raisonnement ou de la persuasion jouent le moindre rôle dans cette inculcation.

Certes, la pratique de l'interprétation a changé depuis Freud, mais c'est dans le sens d'une plus grande passivité de l'analyste, et non dans celui d'une amélioration de la communication avec le patient. Les interprétations sont plus timides, plus discrètes ou plus énigmatiques. Et les analystes, plus attentifs à la dimension contre-transférentielle de la relation, maîtrisent mieux les réactions que leur inspire la compagnie du patient. Lorsque l'une de leurs interprétations est contestée, ils évitent de se mettre en colère comme cela arrivait à Freud. Moins impatients, ils laissent le temps faire son œuvre. L'extension qu'a connu l'usage de la notion de perlaboration, en particulier, est révélatrice de ce retrait accru, mais non moins efficace de l'analyste. Le temps de la perlaboration est celui qui sépare l'émission par l'analyste d'une interprétation de son appropriation entière par le patient, grâce au «travail élaboratif» (...) «au cours duquel [se] sont réduites certaines résistances» [suscitées par l'interprétation]»[25]. Mais de quelles résistances s'agit-il ? Des résistances au désir refoulé, ou des résistances à l'interprétation de l'analyste ? Quoi qu'il en soit, l'analyste ne peut être neutre et simultanément actif. Il lui faut choisir. Le seul fait d'interpréter lui fait perdre sa neutralité. Toute interprétation opère un tri et une hiérarchisation. L'analyste n'interprète en effet que les associations qu'il tient pour «significatives». Certains éléments du discours du patient sont négligés, d'autres sont relégués au rang de prétexte (les souvenirs-écrans sont une conceptualisation de la mauvaise foi du sujet inconscient), d'autres enfin sont mis en avant, entendus, et pris au sérieux. En un mot, toute interprétation rigoureuse (selon les critères analytiques) conserve le bon grain et lui sacrifie l'ivraie, elle enseigne avec précision pour le patient assoiffé de repères le partage de l'accessoire et de l'essentiel.

On constate aussi que les analystes mettent aujourd'hui davantage l'accent sur la dimension auto-analytique de la cure que nous évoquions plus haut. A cet égard, la fortune du participe présent substantivé «analysant» est significative. Comme l'est le fait que l'on entende plus souvent dire «Je fais une analyse chez X» que «Je fais une analyse avec X». Mais ces nuances n'affectent que l'image de la psychanalyse, et non sa réalité. Tant que l'analyste ne donnera pas à son patient les moyens de comprendre comment il en vient à proférer une interprétation, tant qu'il se drapera dans une opacité complète, l'inculcation des idées restera la règle. Ainsi, c'est paradoxalement la prétention de l'analyste à ne pas mobiliser de théorie qui assure avec le plus d'efficacité l'adoption de ses idées par le patient.

L'inévitable recours à la théorie

Cette absence de théorie n'est pourtant guère tenable. Si la qualification d'un l'analyste ne consiste qu'en une pureté de regard acquise au cours de son analyse didactique, en une capacité à échapper à son déterminisme inconscient, elle est insuffisante à fonder une compétence. Il ne suffit pas d'avoir le cœur pur pour savoir définir le Bien, moins encore pour l'enseigner; de même qu'il ne suffit pas de voir nettement pour savoir rééduquer un strabisme. Le nombre et le coût des hypothèses qu'il faudrait accepter pour déduire de la pureté de regard l'aptitude à venir en aide à autrui, ou ne serait-ce qu'à purifier son regard, sont rédhibitoires. Régulièrement, les analystes mettent en avant leurs efforts pour ne pas se laisser entraîner par leurs convictions préalables. Ainsi, Freud affirme-t-il :

> Nous ne devons attacher d'importance particulière à rien de ce que nous entendons et il convient que nous prêtions à tout la même attention «flottante», suivant l'expression que j'ai adoptée. (...) On échappe [ainsi] au danger inséparable de toute attention voulue, celui de choisir parmi les matériaux fournis. C'est en effet ce qui arrive quand on fixe à dessein son attention ; l'analyste grave en sa mémoire tel point qui le frappe, en élimine tel autre et ce choix est dicté par des expectatives ou des tendances. C'est justement ce qu'il faut éviter ; en conformant son choix à son expectative, l'on court le risque de ne trouver que ce que l'on savait d'avance[26].

Mais de tels propos supposent une extraordinaire confiance dans les capacités de compréhension intuitive de l'analyste. Et ce que Freud défend ici, c'est finalement la naïveté à l'égard de l'origine de ses intuitions. Une telle confiance n'est légitime que si l'on fait le pari d'un mode de connaissance nouveau, direct et indépendant de toute théorie, qui donnerait une pertinence à tous les faits sans y faire de tri, opérerait une forme de synthèse totale, rendant ainsi vaine la confrontation des hypothèses avec les faits. Pour décrire les processus intellectuels qui président à la formation de leurs interprétations, certains psychanalystes n'hésitent pas à évoquer une intuition non catégorielle, ou une communication d'inconscient à inconscient, mais la passivité intellectuelle, la faible vigilance de l'analyste disqualifient le principe le plus élémentaire de l'épistémologie moderne : l'idée qu'une hypothèse doit être éprouvée, testée, avant d'être créditée. Or, l'attention flottante préconisée par Freud rend impossible une telle épreuve. Elle ne permet pas de faire la différence entre un analyste naïf à l'égard de son fonctionnement intellectuel, dont les interprétations sont biaisées par son adhésion métaconsciente à des modèles non-explicités et, si cela a un sens, un analyste inconscient à l'écoute de l'inconscient de son patient.

> Si je vous dis : «Regardez le ciel, vous y verrez un aérostat», vous trouverez celui-ci plus facilement que si je vous dis tout simplement de lever les yeux vers le ciel, sans vous préciser ce que vous y trouverez[27].

Ce dont Freud ne tient pas suffisamment compte ici, c'est que les sens sont beaucoup moins suggestibles que ne l'est l'esprit. On ne convaincra jamais quiconque qu'un aérostat est en vérité un bateau. Il n'en va pas de même lorsque des sentiments sont en jeu. Faire passer un dégoût pour le refoulement d'un désir, un mouvement d'indignation pour le signe d'une résistance, est bien plus aisé. D'autant que la psychanalyse entretient une ambiguïté qui l'immunise contre toute critique. Elle confond presque systématiquement explication, signification et vérité des sentiments. Ceci explique que les termes de principe, d'origine ou de source soient utilisés si fréquemment alors que leur nature épistémologique est des plus troubles. Ces termes suggèrent-ils une idée de causalité? De signification? De nature profonde? Si un patient se voit suggérer par son analyste l'idée que sa crainte des briquets traduit une homosexualité latente, il pourra très bien accréditer cette thèse même si elle n'a aucune pertinence subjective à ses yeux : il est bien possible que la cause de son aversion pour les briquets lui échappe complètement. Il suffit donc de privilégier la dimension causale dans l'interprétation pour que le sentiment se dissipe que cette interprétation est absurde et gratuite.

Lorsqu'en outre un homme doit repérer en lui-même des sentiments qui sont pour lui nouveaux (le désir de meurtre, l'angoisse de castration...), sa perméabilité au savoir de l'analyste, qui affirme connaître ces sentiments, est sans limite. Cette perméabilité extrême du patient aux idées de l'analyste redonne toute son actualité à l'antique débat sur les liens entre la nomination d'une chose et sa création. L'essentiel est ici que Freud se montre étonnamment naïf quant à l'influence de ses idées sur l'image que le patient a de lui-même.

Il paraît au contraire plus lucide lorsqu'il affirme que la tâche thérapeutique de l'analyste consiste «à faire *connaître* au névrosé les émois refoulés et inconscients qui existent en lui»[28] puisque l'inconscient — qui est à l'origine des troubles — est par définition quelque chose qui n'est pas connu. Il pose le problème de la névrose comme un problème d'ordre cognitif. Or, un savoir n'est-il pas, par excellence, ce qui doit être enseigné? Avec une grande honnêteté, Freud avoue, dans la technique psychanalytique, qu'«en [se] servant du transfert que fait l'analysé sur la personne du médecin», il espère «atteindre ce but [faire connaître au névrosé ses émois refoulés] et faire partager au patient [sa] propre conviction»[29]. Après Freud, des raffinements ont été apportés dans la présentation des savoirs sur soi à engranger, de manière à ce que la dimension pédagogique de la psychanalyse n'apparaisse pas de façon aussi abrupte. Il ne s'agit plus seulement pour le patient d'accepter l'interprétation de l'analyste, c'est-à-dire un savoir nouveau sur soi, il lui faut encore retrouver les affects sous-jacents à ce savoir. Il faut veiller à ce que le patient n'accepte pas l'interprétation «d'une façon qui soit purement intellectuelle, mais avec la conviction qu'elle le concerne de façon vécue». Et les analystes, aujourd'hui, ne se contentent plus d'un agrément verbal de la part de leur patient. Gustav Mahler, que Freud dit avoir psychanalysé en une journée, ne serait pas pris au sérieux par un analyste contemporain. Mais pour être masquée, la dimension pédagogique de la cure n'en reste pas moins présente. Si l'on s'en tient aux faits, la cure psychanalytique consiste en un long travail de déchiffrement du mal et de recherche de ses causes, une forme de diagnostic, mais un diagnostic auquel une vertu thérapeutique serait prêtée. Et ce travail de déchiffrement obéit inévitablement à des règles.

Les routines psychanalytiques

L'usage, parmi les analystes, est de passer sous silence leurs efforts — légitimes car inévitables — pour faire entrer ce qui leur est donné dans les schémas qui leur sont familiers. En l'absence de théorie, on peut dire n'importe quoi de tout, et en toute rigueur, on ne peut rien dire. Il est donc heureux que les analystes ne soient pas, sur le plan théorique, aussi vierges qu'ils le prétendent.

Les analystes ont d'abord à leur disposition tout un ensemble de thèses relatives au développement et au fonctionnement de l'« appareil psychique », à partir desquelles on peut reconstituer les grandes thèses freudiennes sur l'étiologie des névroses, la sexualité infantile, le complexe d'Œdipe... Ces thèses fournissent à tout analyste des patrons, des modèles, des schémas à la lumière desquels il peut interpréter et comprendre l'histoire du sujet en cure. Ainsi, la proposition freudienne : « Tout être humain se voit imposer la tâche de maîtriser le complexe d'Œdipe ; s'il faillit à cette tâche, il sera un névrosé »[30] offre-t-elle des clefs de lecture irremplaçables à l'analyste orthodoxe. Elle enseigne que l'Œdipe est universel, suggère que sa mauvaise gestion est une grande cause de névrose, et, qu'en outre, il a une telle puissance qu'il est fortement recommandé à l'analyste de le repérer et d'en faire l'investigation. Cette autre proposition : « La théorie exige que ce qui est l'objet d'une phobie aujourd'hui ait été auparavant l'objet d'un vif plaisir »[31] suggère de même qu'il faut *a priori* chercher le désir derrière toute phobie. De même, pour l'idée que « toute accumulation, et notamment d'argent, se modèle sur la rétention anale, toute avarice sur la constipation »[32].

Ainsi, confronté au récit d'un rêve, on peut imaginer que tout analyste raisonne de cette façon : « Soit un rêve. Il est l'expression d'un désir. Quel est ce désir ? », confronté à un propos insultant : « Soit un propos insultant pour moi. C'est le signe qu'un transfert négatif est installé. Quelle est, à travers moi, la cible réelle de cette manifestation de l'inconscient ? ». Ces règles et ces thèses exercent une contrainte d'autant plus forte sur l'activité des analystes, et médiatement, sur les « découvertes » des patients, qu'elles ne sont pas explicitées : elles acquièrent quasiment, de ce fait, le statut d'évidence.

De ce que le dispositif analytique — qui n'est pas neutre — soit adopté, on peut aussi déduire les principes qui guident l'activité des analystes, et rendent encore moins probable l'idée qu'en analyse, seules

les idées du patient auraient droit de cité. Il est ainsi évident que les analystes supposent valides les hypothèses générales qui donnent à la cure sa légitimité. Mais ces hypothèses ne sont généralement pas explicitées ; il semble qu'elles se transmettent d'analyste à analyste, par imitation[33], sans jamais avoir été éprouvées. Leur explicitation ne rendrait-elle pas trop évidente leur fragilité ? En voici quelques exemples de notre invention : « Un discours qui n'est maîtrisé, ni du point de vue de sa forme, ni du point de vue de ses buts, permet mieux qu'un autre de manifester les conflits inconscients », « La relation que le patient fait de ses rêves est suffisamment fidèle et complète pour qu'il soit possible de les interpréter », « La parole du patient n'a de pertinence et d'intérêt que lorsqu'il associe librement ou raconte ses rêves », « La faveur que le patient accorde à certaines interprétations plutôt qu'à d'autres peut être prise au sérieux, mais comme symptôme, non comme preuve »... La suspension de toute idée préconçue proclamée par les psychanalystes est donc sujette à caution.

Plus empiriquement, on peut constater qu'après quelques semaines de cure, tout analyste isole ou définit deux, trois, éventuellement quatre problématiques, qu'il spécifie comme étant propres au seul patient (attachement névrotique à la mère, construction de soi autour de la souffrance, pulsion homosexuelle, désir incestueux à l'endroit du petit frère...). Une fois ce recensement effectué, chaque rêve, chaque comportement, chaque attitude rapportés au cours des séances peuvent faire l'objet d'une appréciation de la part de l'analyste en termes de santé et de maladie, ou du moins de désir et de refoulement. Pour le patient engagé en analyse et en recherche perpétuelle du savoir sur son identité et son état de santé, rêves et actes manqués constituent une indication quasi-quotidienne et, de ce fait, idéale, qui leur ouvre la connaissance des mouvements de leur être profond. Aucun psychanalyste, si brillant soit-il, ne peut éviter que ses interprétations, après quelques semaines, suggèrent au patient l'existence, plus assurée à mesure que la cure se prolonge, de ces enjeux récurrents, de problèmes secrètement obsédants, et en nombre limité. D'ailleurs, un psychanalyste qui n'évoquerait jamais deux fois le même thème inspirerait le doute. L'inconscient est-il si mobile qu'il se renouvelle en totalité d'une séance sur l'autre ? L'analyste inspire donc bien ici des idées à l'analysé. C'est lui qui sélectionnera dans le discours du patient les thèmes et les objets qu'il tient pour essentiels, ou lorsque le patient n'y accède pas spontanément, c'est lui qui l'orientera vers ces thèmes et ces objets.

L'analyste doit pourtant se garder de manifester trop tôt et trop bruyamment la faveur dont jouissent à ses yeux certains thèmes. L'analyste impatient s'expose à perdre de sa crédibilité auprès du patient attaché à sa singularité autant qu'à son originalité. Le problème du délai de dévoilement se pose avec une acuité particulière dans le cas des patients initiés à la doctrine. Il faut peut-être expliquer la désaffection relative des praticiens pour les interprétations à fort contenu théorique par l'érudition toujours plus menaçante de leurs clients. Bien des patients informés ont ainsi éprouvé une gêne lorsque leur interlocuteur mettait en œuvre de façon manifeste son savoir métapsychologique. C'est notamment le cas d'Anaïs Nin, bien que ses deux thérapeutes, Rank et Allendy, soient de grands noms de la psychanalyse :

> L'analyste freudien moyen n'est rien d'autre qu'un homme qui s'ennuie à suivre les variations sur des thèmes éternels[34]...

Les moyens de pression

> Lorsqu'on veut faire disparaître un comportement défini chez un rat, soit on recourt à la technique punitive (décharge électrique), soit on recourt à la procédure d'extinction (suppression de tous les renforcements positifs)[35].

Le patient n'est pas un rat. Pourtant, l'analyste lui applique un traitement similaire, et semble-t-il, avec succès. Lorsque le psychanalyste entend le patient aborder des thèmes qu'il juge secondaires, lorsqu'il doit venir à bout d'une résistance tenace, lorsqu'il pressent chez son patient une inimitié, il a à sa disposition une grande panoplie d'incitations négatives, favorables à l'inhibition, à la prévention ou à la réduction des comportements verbaux (et statutaires) indésirables. Naturellement, il peut aussi user de récompenses, pour marquer son assentiment ou encourager le patient qui s'engage timidement sur une voie nouvelle. A lire les témoignages de patients, on se rend compte que ces incitations peuvent faire la pluie comme le beau temps. Près d'un quart des remarques concerne l'attitude de l'analyste. Nous livrons ces procédés sans porter d'appréciation négative sur leur utilisation. Le recours à ces moyens de pression nous paraîtrait parfaitement légitime s'il était plus explicite. La plupart des incitations font sentir, sans dire. Ce ne doit pas être la meilleure façon d'encourager un patient à être « honnête avec lui-même » et à associer librement.

Les sanctions et les blâmes sont aussi nombreux que divers. Au cours des séances, l'analyste peut en premier lieu traduire son désintérêt par un silence persistant, si la signification de cet acte n'a pas été érodée par un usage trop fréquent. Chez les analystes lacaniens en particulier, le mutisme, si opiniâtre soit-il, n'est pas pertinent. Une subite agitation, un mouvement suffisamment vif ou sonore de l'avant-bras peuvent, eux, toujours laisser soupçonner au patient que l'analyste consulte sa montre et s'impatiente. Les interventions négatives, plus ou moins spirituelles, sont souvent ambivalentes : « Si vous cessiez de vous écouter, vous sauriez peut-être vous entendre », ou hermétiques : « Vous parlez, certes, mais est-ce que vous dites ? ».

Prétendre que le patient résiste demeure le plus sûr moyen de le dissuader de revenir sur un thème défini ou de parler sur un mode intellectuel, abstrait ou ironique. Pour affaiblir l'adhésion du patient à ses idées sur lui-même, les autres ou le monde en général, il suffit bien souvent à l'analyste d'affirmer que ces idées constituent des résistances. Et l'étude des témoignages d'analysés nous donne régulièrement le sentiment que les résistances, ce ne sont que les savoirs que le patient tient pour vrais, et qui l'empêchent d'accéder à une connaissance véritable et profonde de lui-même, celle que l'analyste lui fournit. Dans cette mesure, lever les résistances du patient, c'est brouiller ses repères, afin qu'à terme, il n'ait plus pour seule référence que son interlocuteur.

D'autres procédés, pratiqués à l'issue de la séance, lorsque analyste et patient sont en situation de face à face, peuvent faire leur petit effet. Un regard absent, glacé ou hostile, l'ébauche d'un haussement d'épaules, peuvent porter autant qu'une remontrance gratuite et indue : « Tâchez de venir à l'heure », ou un avertissement insécurisant : « Appelez-moi avant de venir à la séance, on ne sait jamais ».

Du côté des gratifications et des récompenses, le choix est moins important. Au cours de la séance, l'analyste peut multiplier les interventions, les marques sonores d'attention ou de bienveillance, mais surtout les interprétations favorables ou encourageantes : « Mais la réponse aux questions que vous me posez, vous l'avez en vous ! ». En fin de séance, un sourire, une parole aimable sur le travail accompli, l'accompagnement jusqu'à la porte, la poignée de main chaleureuse ou l'évocation de la fin de l'analyse ponctuent un travail jugé satisfaisant, et invitent à poursuivre sur la voie empruntée.

Notons incidemment l'existence d'affirmations à double sens, à la fois gratifiantes et blessantes, que seuls les maîtres de la psychanalyse savent produire. Ces affirmations, souvent gratuites, ne reflètent sans doute rien d'autre que le goût des analystes pour les « bons mots ». Elles plongent cependant les patients dans des abîmes de perplexité, qui les conduisent à s'interroger interminablement sur leur nature de carotte ou de bâton. Ainsi de Lacan, qui conclut une séance avec Pierre Rey, dont le traitement, au coût extraordinairement élevé, a commencé trois mois plus tôt par un « A présent, votre analyse commence », ou de Freud, qui conclut la cure de Kardiner par ces mots énigmatiques : « Vous serez riche ».

LA VALEUR DE VÉRITÉ DE LA PAROLE EN ANALYSE

> [Le patient] doit respecter la règle fondamentale, souvent formulée comme telle dès le début de la cure, règle qui lui enjoint de dire tout ce qui se présente à son esprit, au moment où cela se présente, même si ça lui paraît sans importance, sans rapport avec ce dont il parle, ou gênant à dire pour quelque raison que ce soit. Or, cette règle suppose essentiellement que la vérité puisse affleurer dans le discours même de l'analysant, dès lors que celui-ci tente d'éviter de le soumettre à la critique[36].

Ces lignes, tirées d'une anthologie de la psychanalyse, traduisent bien la représentation que se font les analystes du fonctionnement de la parole : la parole serait, au même titre que le symptôme, un canal par lequel la «vérité du patient» pourrait se dire, pour peu que les censures morales, logiques, esthétiques... soient levées. Si l'on en croit les observations que nous avons faites, les censures que les patients s'imposent dans d'autres contextes sont effectivement, dans la mesure du possible, levées en analyse. Mais de nouvelles censures ne manquent jamais de se substituer aux précédentes, et elles affectent le discours des patients de façon d'autant plus marquée que ni les patients ni les analystes ne semblent avoir pris conscience de leur réalité. Ces censures n'ont que rarement la netteté de celles qui prévalent hors du cabinet de psychanalyse : c'est la situation d'énonciation qui suggère au patient de se les imposer, et comme leur transgression n'est généralement sanctionnée que par l'indifférence de l'analyste, elles n'ont effectivement pas la visibilité des censures dites morales ou de bienséance. Elles n'en régissent pas moins le fonctionnement de la parole en analyse.

Notons en premier lieu que la règle de l'association libre, loin d'autoriser et de favoriser également tout type d'énoncés, oblige le patient a faire un sort à part aux paroles qu'il serait dans son intérêt de taire. Que se passe-t-il, par exemple, lorsque ce qui vient à l'esprit du patient a la forme et l'insistance d'une question à poser à l'interlocuteur — ce qui ne manque pas d'arriver quand, après les premières séances, l'ivresse de la parole libérée décline? L'imprudent qui tente sa chance ne récidive généralement pas : un silence, parfois un refus de réponse déclaré laissent suffisamment pantois ou humilié pour que la conduite à tenir lorsque surviendra la prochaine question soit bien claire : ravaler sa question et se taire, ou maquiller la question en lui donnant arbitrairement la forme d'une affirmation. Ce faisant, le patient trahit la forme initiale de son énoncé. Parce qu'il ne suffit pas de savoir qu'il ne faut pas poser de question pour que les idées qui émergent n'aient pas la forme de questions : seul un contrôle *a posteriori* de la formulation, contraire à la règle même de l'association libre mais pourtant nécessaire, autorise le patient à dire, en trahissant un peu son propos, ce qu'il veut dire. Il en est de même pour les énoncés dont le patient peut prévoir que l'analyste les interprétera en un sens qui ne lui convient pas, ou pour ceux qu'il préfère taire pour ne pas s'exposer à une moindre estime de l'analyste, quitte à transgresser explicitement la règle de l'association libre : tous les patients auraient-ils le sang-froid d'avouer, si tel était le cas, qu'ils ont pris l'habitude de s'adonner au plaisir solitaire immédiatement après la séance ? Cette inévitable mise en forme que doivent subir les pensées avant d'être verbalisées fait dire à une patiente :

> Je me demande comment vous pouvez croire sérieusement à un langage spontané, non censuré, quand je dois constamment me surveiller[37].

L'autre constat que nous devons faire, c'est que le coût financier de la séance n'incite pas à se donner le temps de la réflexion et du recul : à six francs la minute, en moyenne, le patient peut parfois ressentir le sentiment d'urgence d'un locuteur dont le correspondant téléphonique serait au Japon. Pressé par le temps, il ne prend plus guère la peine de soigner la forme de son discours : les connexions logiques se raréfient, les thèmes et les enjeux se multiplient, les coq-à-l'âne deviennent la règle. Le patient évite de chercher à énoncer sa pensée de la façon la plus claire, la plus cohérente ou la plus rigoureuse possible, le seul enjeu étant désormais de se faire comprendre au moindre coût. Et parce qu'il vaut encore mieux, à ce tarif, dire des choses qui n'ont pas grand sens ni grande nécessité, voire parler pour ne rien dire, que de se taire, le patient, qu'il ait ou non une pensée à exprimer, persévérera généralement dans la parole.

Exiger du patient qu'il dise tout, c'est en outre supposer que, dans sa vie courante, il tait certaines pensées. De fait, lorsque l'on se parle à soi-même, lorsque l'on maudit quelqu'un en secret, lorsqu'on ment..., il se crée un écart significatif entre ce que l'on dit ou peut dire, et ce que l'on pense. Et cela vaut pour tout un chacun. Mais lorsque l'on se trouve en compagnie d'un ami proche auquel on fait jouer le rôle de confident, il est fréquent que l'on ne taise rien. Ainsi, comme le dit Harold Searles, un psychanalyste américain hétérodoxe, le discours libre — c'est-à-dire celui qui transcrit le mieux le flux des pensées —, c'est « celui que l'on est le plus susceptible de tenir devant quelqu'un qui est à l'avance en accord avec les idées et les opinions qu'on va exprimer »[38]. On ne parle spontanément de tout ce qui nous traverse l'esprit que si l'on est certain que la personne qui reçoit ces paroles pourrait les assumer inconditionnellement, au même titre que si elle les avait elle-même émises. Or, l'analyste ne peut en rien être supposé tel par le patient : d'une part, parce qu'il sait que l'analyste n'écoute pas ses propos au premier degré, mais tâche d'y repérer les incohérences, les répétitions, les non dits et tout ce qui, en somme, le trahit ; d'autre part, parce que l'analyste ne prend jamais position en faveur ou en défaveur des thèses que le patient défend. Les seules suggestions qu'il émette portent sur l'orientation thématique du discours, le choix des objets de réflexion, et, éventuellement, le degré d'élaboration du discours. Les conditions d'une parole qui consisterait en une transcription fidèle de la pensée du patient ne sont donc pas réunies : l'association libre ne favorise pas l'expression libre des pensées, puisque le patient ne peut s'empêcher de se demander, avant de dire quoi que ce soit, ce que l'analyste pourra en penser. La situation d'énonciation mise en place par la règle de l'association libre ne garantit donc, contre toute attente, aucune immunité au patient quant à la réception de son discours.

Et pourtant, l'analyste l'engage à ne rien cacher. Inévitablement, le patient en vient à rechercher les pensées qu'il s'interdirait d'exprimer en tout autre occasion. Notons bien que de telles pensées ne l'auraient pas traversé s'il avait été en confiance, et si son interlocuteur ne l'avait pas convaincu qu'il avait, justement, des pensées à dissimuler. Car ce sont alors les idées ou les propos qui feraient l'objet d'une censure sociale qu'il privilégie spontanément, comme preuve de ce qu'il ne cache rien. Il en vient ainsi, insensiblement, sous couvert de tout dire, à énoncer toutes les idées obscènes, les visions funestes ou les représentations inconvenantes qu'il peut concevoir. Loin d'autoriser un jaillissement spontané de la parole, l'association libre incite le patient à fournir des preuves — il est bien en train de «tout dire» — plutôt que des contenus qui soient véritablement significatifs, c'est-à-dire à se concentrer sur les *effets* de sa parole.

Indépendamment même du fait que le patient cherche à montrer à son analyste qu'il respecte scrupuleusement la règle, le caractère exceptionnel de cette licence incite à en user avec largesse. Il suffit de se soumettre à un petit test pour connaître les effets du droit au délire : se munir d'une feuille de papier vierge, d'une plume et d'une boîte d'allumettes, s'engager fermement à brûler la feuille sans la faire lire à personne, aussitôt après y avoir inscrit tout ce que l'on peut souhaiter écrire à ce moment-là. Racontera-t-on une histoire plaisante, y dessinera-t-on une fleur ? A quoi bon alors la brûler ? Si l'on jouit de ce droit, il faut en user. «Tout dire» en vient ainsi insensiblement à signifier «ne rien dire de ce qui pourrait être dit ailleurs, ne rien dire de tout ce qui pourrait faire l'objet d'une conversation typique». L'association libre possède donc un vice de forme : elle incite au renversement des tabous, et tend insidieusement à faire passer ce qui est tabou pour ce qu'il importe de dire. Un vice de forme qui, appréhendé depuis un autre point de vue, peut tout aussi bien être tenu pour une vertu : la psychanalyse promeut une expérience inédite et sans aucun doute bouleversante de la parole, en l'orientant fermement vers l'horizon de l'indicible, en l'animant du désir — proche d'un désir d'écrivain, par exemple — de dire «ce que l'on ne peut pas dire». Mais il n'est pas question de parler de libre expression de soi, de mise à nu de soi-même, dans des conditions si astreignantes, qui relèvent de l'exercice et non de l'abandon, de la création et non de la découverte. La pratique de l'association libre peut avoir sa force, sa beauté, voire faire du bien : ce que nous lui refusons ici, c'est la valeur de vérité, la puissance de *révélation* que la psychanalyse lui prête.

Au-delà de ces biais propres à la pratique de l'association libre, un autre biais, relatif quant à lui à la relation très particulière entretenue avec l'analyste, limite sérieusement le crédit qu'il faut accorder à la valeur de vérité de la parole en analyse. Après quelques semaines de pratique, le «transfert» aidant, le jugement de l'analyste acquiert inévitablement le statut de critère du vrai. C'est de lui qu'il faut obtenir les instructions, c'est grâce à lui que l'on sait si l'on est ou non sur le bon chemin, etc.

L'obéissance est la stratégie la plus simple et la moins faillible pour obtenir ce que l'on souhaite obtenir de l'analyste. C'est une forme de troc élémentaire où, en échange d'une loyauté parfaite envers celui qui a l'autorité et le pouvoir — l'analyste —, le demandeur — le patient — reçoit le bien escompté. Il importe peu que cette obéissance soit nuancée de respect ou d'amour, l'effet en est le même. Il peut paraître choquant de parler d'obéissance en analyse : il ne s'y donne pas d'ordre. Cependant, il suffit d'observer le comportement des patients pour s'apercevoir qu'ils donnent aux attentes de l'analyste le statut d'ordres, de devoirs à accomplir. Et ils sont si assoiffés d'instructions et de commandements qu'ils vont jusqu'à reprocher à l'analyste ne pas leur avoir présenté d'emblée l'ensemble de leurs devoirs :

> Si j'ai bien compris la vie que j'ai actuellement dépend de ma vie enfantine. Que ne me l'avez vous dit plus tôt ? Tous mes efforts auraient tendu vers les impressions de ma vie enfantine et les séances n'auraient pas été encombrées de bavardages[39].

Cette servilité intellectuelle est en fait bien compréhensible. Il est naturel de vouloir intéresser son interlocuteur, et pour capter son attention, il n'est pas de meilleur procédé que celui qui consiste à lui parler de ce qui l'intéresse. D'autant que, pour le patient, l'analyste en est très vite venu à passer pour un homme qui ne dit pas tout ce qu'il sait, et qui pourrait l'aider dans sa recherche. Face au silence de celui qui sait, le patient en est réduit à demeurer perpétuellement à l'affût des attentes sourdes qui pourraient filtrer, et à tout faire pour que l'analyste en dise plus long. Et les analystes le savent bien. Quand Freud annonce à la fin de la cinquième séance à son patient A. Kardiner :

> C'est très intéressant. Il faut que vous ayez de la patience. Quand nous atteindrons des niveaux plus profonds, je ne resterai pas aussi souvent silencieux, je vous donnerai davantage de moi-même[40],

il lui enseigne que sa loquacité dépend de l'intérêt des propos qui lui sont soumis, et que son silence, conformément aux apparences, traduit un faible intérêt de sa part. Il informe ainsi Kardiner que s'il réagit, ce sera le signe que le « bon chemin » a été emprunté. Est-ce cela la parole libérée? Une succession de tentatives destinées à réveiller l'analyste?

> Ce que R... cherche, lui, je le sais, c'est ce traumatisme de mon enfance dont le souvenir, une fois remonté des profondeurs de ma mémoire inconsciente, devrait permettre à *mon esprit d'habiter mon corps*. J'ai fait un effort; j'aurais bien voulu lui téléphoner avant qu'il ne parte en vacances et lui dire : « Ça y est ! J'ai trouvé... ». Un viol incestueux?... Les stigmates d'un viol incestueux? Bon d'accord! Je vois l'église de saint Michel à Castelnaudary avec une très grande précision. Un homme y marche dans la nef en direction du chœur. Je ne vois que le bas des pantalons. Et puis je vois Jésus Christ dans l'attitude qu'il prend sur les genoux de la piéta. J'aperçois aussi, mais dans un autre plan, le visage mal rasé de l'oncle Albert. Cette dernière vision a quelque chose de flou[41].

Il faut bien comprendre ici que c'est la distribution des droits que Freud a instaurée qui invite le patient à la servilité intellectuelle. Prenons par exemple le cas des résistances. Étant donné que seul l'analyste est habilité à distinguer la parole traduisant l'existence d'une résistance de celle qui témoigne de ce qu'est le sujet au plus profond de lui-même, la seule manière, pour le patient, d'éviter les résistances, est de déceler les intuitions sous-jacentes aux interprétations de l'analyste, et d'en tirer des indications sur la voie à suivre. Il servira dès lors à l'analyste les idées qu'il a repérées dans ses interprétations. L'analyste, de ce fait, aura confirmation de ses premières intuitions, et croira qu'il avait vu juste. Il pourra alors laisser entendre au patient que celui-ci a progressé dans la connaissance de lui-même.

La servilité intellectuelle peut cependant avoir une autre origine. Nous l'avons vu, bien des patients s'attachent à l'analyste à un tel point que les bénéfices qu'ils escomptent retirer du traitement passent au second plan. Obtenir la reconnaissance de l'analyste devient le principal enjeu de la cure, et la parole apparaît désormais comme un moyen d'obtenir les faveurs de l'analyste, et non comme un moyen de se connaître. Ce qui est troublant, c'est que les analystes reconnaissent volontiers le fait, et Freud le premier.

> Une fois toutes les difficultés surmontées, elle avoue souvent le fantasme d'espoir qu'elle avait caressé au début de son traitement : au cas où elle se comporterait bien, elle en serait récompensée, à la fin, par la tendresse du médecin[42].

Freud n'aurait-il pas dû cependant s'inquiéter des conséquences que peut avoir ce «fantasme d'espoir» sur le plan intellectuel? Si c'est pour lui plaire que la patiente s'est «bien comportée», qu'elle a accepté toutes ses interprétations, qu'elle a bien pris conscience de tous les désirs inconscients dont elle devait prendre conscience, qu'elle a énoncé des idées à la seule fin de l'intéresser, quelle sera la valeur de ses associations libres? Et l'adhésion affichée de la patiente à ses interprétations n'est-elle pas simulée? La servilité intellectuelle elle-même n'est-elle pas simulée?

> Pour lui *plaire*, j'ai trouvé, il suffit de parler de W.C, d'excréments. Lui se met à parler de période anale. Il se trouve en pays connu[43].

Ce phénomène va très loin puisqu'une séance intéressante est une séance jugée intéressante par l'analyste. Un patient de Freud note ainsi, au sortir d'une séance :

> Très intéressante séance avec Freud aujourd'hui (...). Je crois qu'il a de la sympathie pour moi et me trouve intéressant. Il a d'ailleurs expressément dit à la fin de la séance : «Très intéressant»[44].

Si, en somme, c'est en vue de plaire à l'analyste que le patient associe librement, ne faut-il pas douter de la valeur de cette modalité du discours? De sa pertinence? De ses vertus thérapeutiques? A moins que la parole énoncée en vue de combler toutes les attentes de son interlocuteur ne soit tenue pour une parole de vérité. Après quelques mois d'entraînement, le patient a appris à identifier le type de remarques qui font réagir le psychanalyste. Et il aura désormais tendance, parce qu'il aime les interventions, quelles qu'elles soient, de son analyste, à préférer parler de ce qui est susceptible de rencontrer un écho, à savoir, de son rapport à la sexualité, à ses parents, à sa femme..., et ce en des termes tels qu'ils offrent à l'analyste une matière sur laquelle réagir. Il évitera les remarques abstraites et les raisonnements bien construits pour des propos riches de métaphores et de références à des moments vécus; il n'hésitera jamais à parler sans bien savoir ce qu'il dit, ni ce à quoi il veut en venir. Il semble bien que les psychanalystes ne soient donc jamais confrontés qu'à ce que les patients jugent digne de leur présenter. Et, suivant la formule de Van Rillaer, le patient en vient inéluctablement à devenir «le miroir de l'analyste».

Découverte de soi ou apprentissage de la doctrine?

Un dernier fait nous incite à douter de la valeur des découvertes que le patient pourrait faire sur lui-même en analyse : l'investigation de la personnalité se double systématiquement de l'apprentissage de la doctrine analytique. A la limite, apprentissage de la doctrine et connaissance de soi-même finissent par se confondre. Et, de fait, bien des patients, lorsqu'ils énoncent ce qu'ils ont tiré de la cure psychanalytique, se contentent à leur insu de reprendre les thèses de la doctrine. Mais pourquoi le patient en vient-il si impérieusement à devenir un adepte ?

La maîtrise d'une langue n'implique pas la connaissance de sa grammaire. Nous croyons de même que l'apprentissage des thèmes prioritaires, des modes de pensée et des types d'inférence prônés par le psychanalyste se fait en grande partie à l'insu du patient. Les observations cliniques que l'analyste délivre à son patient en prétendant qu'il ne fait que le réfléchir à lui-même à la manière d'un miroir sont en fait, nous l'avons vu, des interprétations élaborées à la lumière de la théorie analytique. Celle-ci passe inaperçue ; or, absorbée de façon méta-consciente, elle est beaucoup plus digeste. Si bien qu'au terme de l'analyse, le patient peut se retrouver en complet accord avec la doctrine analytique, sans pourtant la connaître, ou y avoir été confronté directement.

En outre, le patient fait tout au long de son traitement des expériences subjectives très particulières qui exigent d'être expliquées. Or, la psychanalyse met à la disposition des patients des explications qui rendent compte de leurs expériences. Les concepts de résistances, du transfert, de l'inconscient (rêves, lapsus, conduites névrotiques, etc.), des projections... s'imposent ainsi avec l'évidence de faits. Peu importe alors que ces explications soient souvent fondées sur des hypothèses qui remettent tout le savoir antérieur du patient en question. De toute façon, les explications proposées par la psychanalyse sont souvent les seules qui soient connues. Pour les patients en analyse, l'alternative consiste le plus souvent en un choix entre les explications proposées par la théorie psychanalytique, et l'absence d'explication. S'il arrive que l'on rencontre chez les patients certaines idées sur les autres formes de psychologie, ce seront souvent des analystes qui les leur auront dispensées. Ils auront immanquablement « appris » que la psychologie dite scientifique, par exemple, est un gadget américain destiné à améliorer la productivité des salariés, ou qu'elle se réduit au modèle « stimulus-réponse ». Dans une confusion et une ignorance confondantes de mauvaise foi, voire de malveillance, les analystes n'auront généralement pas manqué non plus d'émettre de discrets sous-entendus sur le caractère fascisant des théories concurrentes : Jung est un nazi, Skinner ne faisait pas de différence entre les souris et les hommes, la mesure du quotient intellectuel est une invention de la Nouvelle Droite... Prévenus, les patients tâcheront rarement d'aller plus avant dans la connaissance de disciplines scientifiques pourtant riches et diverses, et se contenteront de juger que leur expérience subjective confirme de toute façon la doctrine qui sert de référence à leur analyste.

Bien des énoncés analytiques demeurent cependant en eux-mêmes choquants. Comment expliquer que tant de patients acceptent d'accréditer l'idée freudienne que «le coït interrompu entraîne inévitablement chez la femme de l'angoisse névrotique»[45] sans se poser davantage de questions? Comment comprendre que tant de patients accueillent sans sourciller l'audace intellectuelle des psychanalystes? E. Glover[46], spécialiste reconnu de la méthode psychanalytique, propose, par exemple, une explication de l'hyperacousie des patients pour le moins originale. On pourrait s'attendre à ce que Glover nous dise qu'en situation de privation sensorielle, il est normal que l'acuité auditive soit accrue, et que le patient, privé de la vue de son interlocuteur, soit particulièrement attentif à tout ce qui peut le renseigner sur l'écho que suscitent ses propos. Or, rien de tout cela n'est évoqué : l'hypersensibilité du patient aux bruits provenant du fauteuil de l'analyste ne serait en fait qu'une indication de l'intérêt infantile du patient pour les bruits provenant, la nuit, de la chambre de ses parents.

Il semble que les patients dont la cure «réussit» vivent en analyse une révolution cognitive sans précédent. Et, pour ainsi dire, la doctrine psychanalytique se substitue à leur bon sens. La cure psychanalytique altère profondément les cadres de référence qui donnent sa valeur à un argument, sa force à une raison. Cette révolution paraît tenir essentiellement au fait que les analystes communiquent très peu à leurs patients les raisons qui les déterminent à défendre une affirmation, et s'interrogent eux-mêmes très peu sur ces raisons. Comme Freud leur a suggéré de le faire, ils font confiance à leur «inconscient», et évitent de chercher des justifications logiques ou rationnelles à leurs idées. C'est pourquoi le processus d'accréditation des énoncés repose nettement plus, en psychanalyse, sur le sentiment ou l'intuition que sur le raisonnement. Déjà peu développé chez les analystes, le souci d'administrer la preuve est plus rare encore chez les patients. Peu à peu, ceux-ci en viennent donc à ériger en critères de validité des énoncés des critères extraordinairement affectifs. D'après nos observations, on peut prédire qu'un psychanalyste ou qu'un adepte tiendra un énoncé pour vrai s'il bat en brèche les idées reçues, s'il ne bafoue pas l'autorité de l'enseignement freudien et s'il a le parfum des thèses psychanalytiques — un parfum déterminé par l'usage de mots particuliers («oblatif», «réplétion», «urétral», etc.) et de formules particulières («qui s'origine dans...», «qui est intriqué...», etc.), par la référence aux thèmes que l'on évite d'aborder dans les dîners de famille (le sexe, la mort, l'inceste, etc.) et par un refus opiniâtre de tout réductionnisme où seuls le flou, le vague ou l'indéfini ont droit de cité. Seuls de tels critères peuvent, nous semble-t-il, rendre compte du fait que Glover et les autres puissent en venir à accréditer des thèses aussi évidemment fausses. Et cette emprise de la psychanalyse sur l'intellect des patients ne nous rassure guère sur la valeur des investigations à laquelle ils soumettent leur identité, et la qualité des révélations qu'ils y vivent. Il faudrait, pour que l'idée qu'ils se font désormais d'eux-mêmes soit juste, que la théorie psychanalytique elle-même soit vraie. On objectera bien sûr que la théorie et la pratique psychanalytiques n'ont aucune prétention à la vérité et qu'il est parfaitement inepte de les juger à l'aune d'un critère de scientificité suranné : mais cette conception de la psychanalyse, assumée de bonne foi par les analystes, nous paraît objectivement fausse. Les témoignages des patients révèlent qu'il y a bien, à terme, un savoir inculqué, énonçant des thèses sur l'homme et sur son interaction avec le monde : un système d'adhésion ne se met en place que si le statut de vérité est acquis à certains objets. On n'adhère qu'à ce que l'on tient pour vrai.

Assurément, le patient en analyse fait une expérience originale de sa parole. Il pense et dit des choses qu'il n'a jamais pensées ou dites ailleurs. Mais, quantitativement, la plus grande part des séances est consacrée à des réflexions et à des remarques sans portée, énoncées lors d'une séance et oubliées dès la séance suivante. Et les interprétations de l'analyste n'échappent pas à ce sort. Afin de ne pas nous voir reprocher un choix de citations partial, nous avons évité de puiser dans notre échantillon de quoi illustrer ce fait. Les interprétations sans pertinence ni intérêt y abondent pourtant. Nous nous sommes donc rabattu sur un texte qui fait référence, aujourd'hui encore, auprès de beaucoup d'analystes. Ce texte est d'ailleurs cité dans une récente anthologie de la psychanalyse. Il s'agit de *Langage et satisfaction*, de Mustapha Safouan. La citation qui suit illustre bien le caractère souvent dérisoire et gratuit des interprétations analytiques.

> Un patient tient un discours volubile pendant dix minutes, puis s'exclame : «Cette fois, j'ai bien parlé tout le temps sans hésiter une seule fois». Autrement dit, il s'agissait d'un flot urinaire. (...) Un autre se livre à un discours tortueux, sophistiqué, «intellectuel», puis s'arrête, et, saisi par je ne sais quel ennui, ajoute : «Mais, tout cela, c'est du vent». Autrement dit, un flatus[47].

Quel bénéfice le patient peut-il bien tirer de la connaissance du caractère scatologique des manifestations de son inconscient ? Lui faut-il investir dans l'achat de sanitaires modernes ? Mieux s'assumer et laisser la porte ouverte ?

Dans l'ensemble, la majorité des patients concède qu'une grande part des efforts déployés en analyse ne donnent lieu à rien de saisissant intellectuellement. Beaucoup de conjectures, d'hypothèses sont tentées, mais aussitôt abandonnées, bien souvent sans avoir été seulement discutées. Comme les rêves, les séances se succèdent dans un grand désordre — quelques semaines au cours desquelles le thème dominant sera celui de la mère, puis celui de la sexualité, deux mois de levée des résistances, le thème de la mère s'affirmera, puis le vécu qu'a le patient de la fidélité en amour, la découverte que la mort de la grand-mère a joué un rôle sous-estimé dans son développement psychique, l'éprouvante montée du ressentiment à l'encontre de l'analyste, son interprétation rendue enfin possible par la difficile mise à mort symbolique du père défunt, l'évocation de l'emprise de ce père trop absent sur la sexualité du patient, et ainsi de suite. Le contenu de connaissance que le patient tire de ses investigations est des plus maigres, et des moins fermes. Les trente analysés que D. Frischer a interrogés en conviennent aussi, unanimement :

> Tous les analysants font état de l'absence de découvertes spectaculaires. (...) Aucune cure comme celle de Marie Cardinal avec des suspenses, des redécouvertes, des secrets... Tous oublient la quasi-totalité des séances et du contenu de celles-ci[48].

Faute de découvrir le précieux refoulé, les patients reviennent sur l'interprétation qu'ils donnaient avant la cure de «moments anodins» de leur histoire, et reconsidèrent la portée que ces moments ont pu avoir sur leur développement psychique. Une fois encore, et même si ces relectures se sont généralement faites «avec beaucoup de violence»[49], il ne s'agira pas ici d'une découverte au sens strict.

Comment expliquer que, malgré un bilan si décevant, la majorité des patients estiment en avoir beaucoup appris sur eux-mêmes? Qu'ont-ils donc appris sur eux-mêmes? Et comment se fait-il qu'ils continuent de louer la psychanalyse, alors même que la psychanalyse promet une meilleure connaissance de soi-même et qu'ils s'accordent pour dire que, sur le plan de la connaissance d'eux-mêmes, les résultats ne sont pas à la hauteur des efforts consentis? Il nous semble ici que c'est sur le plan des valeurs, et du rapport à soi-même que la psychanalyse aura instauré en eux qu'il faut trouver la réponse à ces questions.

NOTES

[1] *Journal*, Anaïs Nin, op. cit., p. 117.
[2] *Mon analyse avec Freud*, Abram Kardiner, op. cit., p. 113.
[3] *Les analysés parlent*, Dominique Frischer, op. cit., p. 166.
[4] *Cinq psychanalyses*, S. Freud, op. cit., p. 124.
[5] *Les concepts fondamentaux de la psychanalyse*, Jean-Pierre Chartier, op. cit., p. 92.
[6] *Clefs pour la psychanalyse*, Georges-Philippe Brabant, op. cit., p. 119.
[7] *Les Ruses de la Déraison*, Ernest Gellner, op. cit.
[8] *Introduction à la psychanalyse*, S. Freud, op. cit., p. 420.
[9] *Critique des fondements de la psychologie*, G. Politzer, Editions sociales, 1969.
[10] *Mon analyse avec Freud*, Abram Kardiner, op. cit., p. 85.
[11] *Les analysés parlent*, Dominique Frischer, op. cit., p. 267. La suite du passage cité est : «Et s'il finit par grandir, par quand même s'en sortir, c'est qu'il aura accepté de se conduire comme ses éducateurs l'ont voulu.»
[12] *Cinq psychanalyses*, S. Freud, op. cit., p. 50.
[13] *Ibid.*, p. 42.
[14] *Transfert*, Erika Kaufmann, op. cit., p. 195.
[15] *Journal de mon analyse avec Freud*, Smiley Blanton, op. cit., p. 31.
[16] *Les analysés parlent*, Dominique Frischer, op. cit., p. 195.
[17] *Les concepts fondamentaux de la psychanalyse*, Jean-Pierre Chartier, op. cit., p. 30.
[18] *Comment faire rire un paronaïaque?*, François Roustang, op. cit., p. 63.
[19] *La technique psychanalytique*, S. Freud, op. cit., p. 63.
[20] *Introduction à la psychanalyse*, S. Freud, op. cit., p. 295.
[21] *Journal de mon analyse avec Freud*, Smiley Blanton, op. cit., p. 24.
[22] *La technique psychanalytique*, S. Freud, op. cit., p. 95.
[23] *Ma psychanalyse*, Nannina Zunino, op. cit., p. 237.
[24] *Mon analyse avec Freud*, Abram Kardiner, op. cit., p. 91.
[25] *Clefs pour la psychanalyse*, Georges-Philippe Brabant, op. cit., p. 216.
[26] *La technique psychanalytique*, S. Freud, op. cit., p. 62.
[27] *Introduction à la psychanalyse*, S. Freud, op. cit., p. 414.
[28] *La technique psychanalytique*, S. Freud, op. cit., p. 131.
[29] *Ibid.*, p. 131.
[30] Tiré des *Trois essais sur la théorie de la sexualité*, S. Freud, Payot, 1982.
[31] *Cinq psychanalyses*, S. Freud, op. cit., p. 133.
[32] *Clefs pour la psychanalyse*, Georges-Philippe Brabant, op. cit., p. 46.
[33] L'imitation semble jouer un rôle essentiel dans la transmission de la psychanalyse : «Je présume que le comportement de Freud à l'égard de ces étudiants britanniques [auxquels il parlait extrêmement peu] a donné naissance à l'école anglaise de psychanalyse conformément à laquelle l'analyste n'ouvre pas la bouche, sinon pour dire bonjour et au revoir. Et cela peut durer quatre, cinq et six ans. Je le sais, j'ai eu plusieurs personnnes qui avaient été analysées par des Anglais... et aucun ne leur avait jamais parlé.» — *Mon analyse avec Freud*, Abram Kardiner, op. cit., p. 115.
[34] *Journal*, Anaïs Nin, op. cit., p. 422.
[35] *Les illusions de la psychanalyse*, Jacques Van Rillaer, Pierre Mardaga éditeur, Bruxelles, 1980, p. 202.
[36] *La psychanalyse*, par Roland Chemama, op. cit., p. 204.
[37] *Transfert*, Erika Kaufmann, op. cit., p. 351.
[38] *Le contre-transfert*, Harold Searles, op. cit., p. 187.
[39] *Ma psychanalyse*, Nannina Zunino, op. cit., p. 129.
[40] *Journal de mon analyse avec Freud*, Smiley Blanton, op. cit.

[41] *Échec et mat ou un an de psychanalyse*, Marie Vaubourg, *op. cit.*, p. 39.
[42] *La technique psychanalytique*, S. Freud, *op. cit.*, p. 128.
[43] *Echec et mat ou un an de psychanalyse*, Marie Vaubourg, 1978, p. 39.
[44] *Journal de mon analyse avec Freud*, Dr Smiley Blanton, *op. cit.*, p. 22.
[45] *La psychanalyse, une anthologie*, tome II, Pocket, 1996, p. 190.
[46] E. Glover, *La technique psychanalytique*, Payot, 1955.
[47] Tiré de *Langage et satisfaction, ou de l'interprétation* (1974), cité par *La psychanalyse*, par Roland Chemama, *op. cit.*, p. 216.
[48] *Les analysés parlent*, Dominique Frischer, *op. cit.*, p. 231.
[49] *Ibid.*, p. 231.

L'investissement et la persévération en analyse

Qu'avons-nous observé depuis le début de notre étude? Des analystes froids et incorruptibles, fiers de ne jamais céder, arrimés à leur règle comme à leur dignité, et des patients attentifs et en demande, parfois serviles et parfois révoltés, mais toujours fidèles au poste. Qu'est-ce qui détermine les patients à tolérer une telle asymétrie dans la distribution du pouvoir et des droits? A assumer les coûts à tous égards élevés que la cure leur impose? Des tarifs fixés « à la tête du client », des visites programmées à des heures qui ne leur conviennent pas toujours et qui exigent d'eux d'incessants déplacements, un interlocuteur qui ne répond pas, une obligation de paiement des séances manquées, sans considération des cas de force majeure... Même si l'on fait l'hypothèse de patients satisfaits de chacune de leurs séances, leur extraordinaire persévérance continue d'être peu banale. L'Église catholique, malgré le fait que ses menaces et ses promesses soient autrement plus engageantes que celles de la psychanalyse, assiste impuissante à l'inexorable diminution du nombre de ceux qui se rendent chaque semaine à la messe. Pourquoi la psychanalyse réussit-elle là où échoue l'Église, ou encore nombre d'entreprises commerciales ou culturelles partiellement impuissantes à retenir sur d'aussi longues périodes et à de tels tarifs leurs clients? En s'autorisant une formulation cynique de la question, on est en droit de se demander quels procédés les analystes mettent en œuvre pour fidéliser leur clientèle avec une telle efficacité. C'est donc ici l'incroyable persévérance des patients que nous chercherons à expliquer. Et, naturellement, il faudra juger de la valeur de l'explication que nous proposerons à l'aune de sa capacité à rendre compte des cas de fidélité les plus opiniâtres. Dans l'enquête de D. Frischer portant sur 30 patients, il semble que certains aient passé jusqu'à sept ans en analyse tout en jugeant s'être « profondément ennuyés durant tout le temps de la cure avec l'impression quasi-permanente et frustrante de perdre leur temps, leur argent, leur énergie, sans en retirer le moindre profit, la moindre satisfaction »[1]. D'autres patients se disent et se montrent incapables d'interrompre la cure alors même qu'ils le souhaitent univoquement. Enfin, et c'est le cas le plus fréquent, bien des patients paraissent accepter avec pessimisme que leur cure dure nettement plus longtemps qu'ils ne le souhaitaient initialement. Freud lui-même le dit :

> A franchement parler, la psychanalyse exige toujours beaucoup de temps — plus que ne le souhaiterait le malade[2].

Au-delà du caractère énigmatique de ces conduites, un autre enjeu rend nécessaire l'explication de la fidélité des patients. Si le patient ne séjournait pas longuement en analyse, aucune des conditions évoquées dans les chapitres précédents ne l'affecterait. Or, la rigueur de ces conditions tendrait à faire fuir le patient plutôt qu'à le fidéliser. Pour que les autres conditions — qui n'œuvrent pas en une séance — aient quelque effet, il est impératif que la fidélisation soit assurée. Tous les aspects de la cure reposent donc sur la fidélité du patient. Expliquer la fidélité, ce sera naturellement aussi expliquer que l'arrêt définitif de la cure soit si difficile.

LES EXPLICATIONS CONCURRENTES

Avant d'avancer une explication, il est prudent nous demander si le choix des témoignages d'analysés, à l'exclusion de tout autre témoignage, ne constitue pas un biais méthodologique. Tous les analysés, en effet, ont en commun d'avoir un jour franchi le seuil du cabinet de l'analyste. Et il y a de fortes chances pour que cette initiative ait été justifiée par une foi, sinon en l'efficacité de la cure psychanalytique, du moins en la valeur de la théorie psychanalytique. Le poids de la confiance en la psychanalyse ou de l'espoir de guérir n'est-il pas si important qu'à lui seul il suffirait à expliquer la persévération en analyse ? Non. Car si vive que soit la confiance d'un candidat à l'analyse en la méthode analytique, cette confiance n'expliquera jamais qu'un homme accepte de dépenser l'équivalent d'une petite maison de campagne pour s'entendre dire des choses souvent pénibles (qui sont peut-être vraies, mais la vérité ne semble pas captiver plus que l'erreur) en prévision d'une amélioration hypothétique. On constate, partout ailleurs, qu'il n'a jamais suffi à quiconque de désirer intensément et authentiquement un bien (ici, une amélioration de sa santé) pour se donner les moyens de l'obtenir. Combien d'enjeux vitaux, dont la réalisation aurait un coût bien inférieur à celui de la psychanalyse, sont-ils ainsi laissés de côté ? Combien d'activités gratuites et salutaires délaissées au profit d'addictions nuisibles et coûteuses ? Si l'espoir de la santé avait une telle puissance, bien des fumeurs, des buveurs et des joueurs sauraient se libérer de leur dépendance, et bien des sédentaires, des hypercholesterolémiés ou des cardiaques prendraient les mesures qui s'imposent.

On peut se demander cependant si un tel raisonnement vaut pour ceux des patients qui, de leur analyste, n'attendent rien sinon qu'il leur fasse faire « l'expérience analytique » — sans objectif thérapeutique particulier. Expliquer la fidélité de ce type de patient ne serait-il pas aussi vain que d'expliquer par les conditions un choix inconditionnel ? Si le prix de l'abonnement à une revue baisse, cela est sans incidence sur le comportement de quelqu'un qui se serait abonné de toute façon. N'en va-t-il pas de même pour l'analyse ? S'il s'avère, par exemple, que les sujets qui s'engagent en analyse pour l'analyse n'ont pas d'exigence, nos explications risquent de devenir caduques. Mais les patients, pour leur plus grande part, s'indignent à l'idée que « la psychanalyse n'est pas destinée à guérir »[3]. Il nous faut certes reconnaître que le rapport à l'analyse comme à une fin en soi existe dans certaines sphères socio-culturelles, et cet usage mineur qui est fait de la psychanalyse ne doit pas être ignoré ; et pourtant, tout ne doit-il pas avoir un début ? Pour que des hommes en soient venus à répandre l'idée que l'analyse ne servait d'autre fin qu'elle-même, il a bien fallu qu'ils accomplissent préalablement une analyse, et qu'ils reconnaissent à celle-ci une valeur. Notre interrogation n'est donc pas vaine, et la fidélité des patients à leur analyste ne tombe pas sous le sens : les dispositions des patients au moment de l'entrée en cure ne peuvent expliquer, à elles seules, leur durée.

Tournons-nous à présent vers les psychanalystes. Quelle réponse apportent-ils à cette question de la persévération ? A proprement parler, il semble qu'ils ne se la soient guère posée. Bien sûr, l'incapacité patente de certains patients à se séparer d'eux leur paraît énigmatique. Mais ils trouvent généralement la solution à cette énigme dans le type de structure psychique qui détermine chez un patient une telle attitude. Ils négligent de ce fait les conditions, propres à la cure, qui favorisent ou du moins rendent possible l'attitude en question. Une fois encore, les analystes s'intéressent davantage à la signification des conduites qu'à leurs conditions d'émergence dans le cadre de la cure.

Il est certes un thème voisin du thème de la persévération qui a dès l'origine retenu leur attention, celui de la fin des cures. Mais une fois encore, l'examen des modalités pratiques de la fin des cures a été négligé au profit de réflexions théoriques sur les critères envisageables d'arrêt de la cure. Ces critères relèvent du droit, et non du fait ; ils se prononcent sur ce qui doit être, et non sur ce qui est. Or, seuls nous intéressent ici les critères qui jouent un rôle effectif dans la cure.

Il semble en fait que si les psychanalystes envisagent avec un tel détachement à l'égard des faits la durée des cures, c'est parce qu'ils ne soucient guère d'y porter une limite. Suivre une cure de longue durée n'est pas une mauvaise chose, et c'est sans commentaire particulier qu'Harold Searles évoquera par exemple les 22 ans de traitement qu'il a appliqués à l'un de ses patients psychotiques. On retrouve, quoique indirectement, la même indifférence à la question de la durée des cures dans le titre d'un ouvrage paru récemment : *Que veulent les psychanalystes ? Le problème des buts de la thérapie psychanalytique*[4]. Dans la mesure où le traitement psychanalytique est conçu par les auteurs comme thérapeutique — ce qui n'est plus si fréquent en France —, on pouvait s'attendre à ce que l'obtention des buts que poursuivent les patients soit érigée en critère d'arrêt de la cure. Or, à la lecture de l'œuvre, il apparaît qu'il n'en est rien. C'est à l'analyste de déterminer les buts que peut poursuivre le patient en cure. L'idée du « service au client » n'est sans doute pas encore entrée dans les mœurs psychanalytiques : « Que veulent les dentistes ? Le problème des buts de l'art dentaire ». Appliquée à une autre profession, la formule révèle une extraordinaire désinvolture à l'égard des attentes des patients (en l'occurrence, de leur désir prévisible de limiter le coût en temps et en argent du traitement). Il semble pourtant qu'il n'y ait dans le choix de ce titre ni sous-entendu provocateur, ni nuance d'ironie. C'est d'ailleurs tout naturellement que les deux auteurs de ce livre concluent leur réflexion par l'idée que la définition des buts d'une analyse doit faire l'objet d'une négociation entre patient et analyste en cours de traitement. Le patient rémunérerait ainsi son analyste sans savoir à l'avance ce qu'il peut attendre de lui.

Si ces remarques ne nous font pas directement avancer dans la compréhension de la fidélité parfois inconditionnelle des patients, elles nous suggèrent du moins que les analystes paraissent relativement sûrs de leur autorité. Cette autorité de l'analyste serait-elle la clé de la fidélité du patient ?

Lorsqu'un sujet adresse, dans un état de faiblesse, une demande d'aide ou de soin à un spécialiste patenté de la psyché, il lui confère assurément une certaine autorité sur lui. Mais cette autorité est fragile : née de l'infortune, elle peut fondre dès les premiers rayons de soleil. Certes, cette autorité se renforce au cours du traitement. Mais elle ne se renforce que parce que le patient se plie à la rigueur de la règle analytique, une rigueur que Freud reconnaissait déjà. En somme, l'autorité de l'analyste ne s'accroît que grâce aux concessions, aux démissions auxquelles le patient consent. Et ces concessions, ces démissions sont éprouvantes. L'analyste dispose bien d'une autorité croissante à mesure que le traitement dure, mais, plus qu'à sa compétence propre, c'est au fait que le patient persévère dans le traitement qu'il la doit. Ce n'est pas l'autorité de l'analyste qui expliquera la fidélité du patient, mais bien plutôt l'inverse. Et cette affirmation est tout à fait conforme aux observations que nous avons pu faire. Si la fidélité du patient reposait sur le crédit qu'il porte à l'analyste, les sentiments de haine ou de frustration qu'il ressent périodiquement à l'endroit de l'analyste lui feraient simplement remettre en cause ce crédit même, et finalement mettre un terme à la relation.

Il semble ainsi qu'il faille chercher les facteurs déterminants de la persévération du côté des règles appliquées dès les premières séances. Hélas, explorer ces règles est délicat, du fait que les témoignages d'analysés en font rarement mention. Assimilées dès la première séance, elles structurent la relation de façon stable et permanente, sans que jamais le patient ne prenne conscience de leur pouvoir de contrainte. Pour progresser dans la connaissance de ces règles et de leurs effets, il faudra ainsi se détourner provisoirement des témoignages d'analysés pour rechercher des situations régies par des règles comparables. Significativement, c'est Freud lui-même qui nous a fourni l'indication la plus précieuse sur ces règles. On trouve en différents endroits de sa correspondance avec Fliess, et de façon explicite dans un des articles de *La technique psychanalytique*, des références au fait que l'application d'un régime de paiement rigoureux ait significativement accru le nombre des patients qui n'abandonnaient pas l'analyse après les premières séances, et grandement intensifié leur investissement dans la cure :

«Quand le régime de paiement est moins strict, les contrordres "occasionnels" se font si nombreux qu'ils en arrivent même à menacer l'existence matérielle du médecin» (...) «Au cours des premières années de ma pratique analytique, j'ai eu la plus grande difficulté à persuader les malades de poursuivre leur analyse. Cette difficulté a depuis longtemps cessé d'exister et, maintenant, je m'efforce anxieusement de les obliger à cesser le traitement»[5].

L'efficacité, en termes de persévération, de la règle stipulant que «toute séance manquée est due, quels que soient les motifs de l'absence» doit naturellement être contrôlée empiriquement. Mais cette règle présente d'emblée un intérêt particulier. Elle n'a été contestée par aucune des formes, orthodoxes et hétérodoxes, de la pratique psychanalytique, si bien que la mise en évidence de ses effets piégeants peut valoir *a priori* pour toutes. Seule une telle approche peut ainsi donner de la persévération une explication dont la validité est indépendante des particularités individuelles et des spécificités du contexte. Si l'on a confirmation de ses effets, cette approche pourrait expliquer que ceux des lacaniens qui observent, en toute occasion, un silence de glace aient une clientèle aussi abondante que celle de freudiens plus maternants.

Bien que le dispositif psychanalytique lui-même n'ait jamais fait l'objet d'une investigation en termes d'effets piégeants, d'autres dispositifs, qui partagent avec la psychanalyse leurs règles de fonctionnement, ont été décortiqués. Les effets de ces règles sont maintenant connus grâce au développement d'un champ de recherche de la psychologie sociale expérimentale, concernant les procédés de manipulation. Entrer chez un commerçant pour acheter une salière et en ressortir, le sourire aux lèvres, un service de table sous le bras, c'est, dans le sens que la discipline donne à ce terme, le résultat d'une manipulation. Il y a ainsi manipulation lorsqu'un sujet est amené à agir, de son plein gré et au bénéfice d'un tiers, autrement qu'il ne projetait de le faire. Cette définition et des références utiles à l'étude de la cure psychanalytique dans cette perspective se trouvent dans un ouvrage très documenté, le *Petit traité de manipulation à l'usage des honnêtes gens*, de R.V. Joule et J.L. Beauvois[6].

LE PIÈGE ABSCONS

Précisons d'emblée que le fait de parler de manipulation ne traduit aucun irrespect à l'égard de la psychanalyse, pas plus qu'il ne se fonde sur un jugement de valeur sous-jacent. Il ne nous appartient pas de juger si les effets de cette manipulation sont ou non favorables au patient. Et les questions éthiques n'ont de manière générale aucune légitimité ici. En premier lieu, parce qu'une manipulation peut opérer sans qu'une intention manipulatrice en soit à l'origine — nous verrons que c'est le cas en analyse. En second lieu, parce que c'est le patient lui-même qui, indirectement, prend l'initiative de faire l'objet de la manipulation. En troisième lieu, parce que les seuls enjeux de la manipulation à l'œuvre en psychanalyse sont que le patient n'interrompe pas précocement la cure et qu'il n'en ternisse pas l'image *a posteriori*. En dernier lieu, parce qu'à certains égards, les psychanalystes eux-mêmes reconnaissent à leur insu qu'il y a manipulation. C'est particulièrement clair lorsqu'ils affirment, sans se demander si une telle démarche est légitime, que le problème que les patients cherchent à résoudre initialement cache systématiquement le problème réel qui les a motivés à se rendre chez l'analyste. Peu importe que les psychanalystes soient dans le vrai ou non, et que le problème profond mis à jour en cours de traitement soit effectivement le problème réel auquel était confronté le patient. Ce que nous tenons à faire remarquer ici, c'est que les psychanalystes sont les seuls professionnels qui, confrontés à un appel à l'aide, se donnent ouvertement le droit de considérer que cet appel à l'aide ne doit pas être pris au premier degré, mais interprété. C'est le propre des meilleurs commerçants que de savoir déterminer leurs clients à acheter un bien qui ne correspond pas à leurs attentes initiales, tout en leur inspirant le sentiment qu'ils ont fait un bon achat. Et c'est ce dont se montrent capables les analystes. Il y a donc bien lieu de parler de manipulation. Rappelons enfin que ce qui engage le patient, c'est la fréquentation du psychanalyste, et tout ce qui est attaché à cette conduite, et non quelque persuasion rhétorique. Ce n'est jamais qu'à ce comportement qu'est attaché le sujet manipulé, et non aux raisons bonnes ou mauvaises par lesquelles il peut le justifier. Car la manipulation commence spécifiquement là où cesse la conformité du comportement aux raisons, quand font d'abord défaut les raisons d'agir, quand, en un mot, l'acteur est contraint de les produire après coup.

Un analyste intervient peu, se garde d'être jamais directif, suggère plus qu'il n'affirme... Si le silence et la réserve peuvent spécifier un type de relation, ils ne sont pas connus pour être des stratégies efficaces lorsqu'il s'agit de retenir un nouveau client. C'est bien ici qu'une approche de la situation en terme de manipulations et d'automanipulations se révèle éclairante. D'autres dispositifs, exemplaires pour la puissance de leurs effets piégeants et pour leur simplicité de fonctionnement, peuvent servir de modèles. C'est d'ailleurs la reconnaissance d'un air de famille entre différents contextes qui a mis les premiers chercheurs dans ce domaine sur la voie de l'(auto)manipulation.

Pourquoi les machines à sous induisent-elles une fascination propre à rendre vaines toutes les (auto-)incitations à la sagesse chez la majorité de ceux qui s'y exposent? Comment peut-on en venir, lorsqu'il est urgent de rentrer chez soi, à attendre un bus plus de temps qu'il n'en faudrait pour aller chez soi à pied? Qu'est-ce qui fait prospérer les jeux de loteries? Monter les enchères? En pressentant que ces dispositifs fonctionnaient selon les mêmes règles, ces chercheurs ont pu construire un dispositif expérimental. Grâce à ce dispositif, ils ont déterminé avec précision quelles conditions devaient être réunies pour que le sujet y soit piégé, pour qu'il y ait lieu de parler d'*entrapment*. L'idée que nous défendrons ici est que la cure psychanalytique est un cas particulier d'*entrapment*, un terme que Beauvois et Joule ont proposé de traduire par «piège abscons».

Les pères de l'*entrapment*, Brockner et ses collègues[7], ont ainsi constitué un dispositif expérimental élémentaire. Le voici tel qu'il a pu apparaître aux joueurs. Une aiguille parcourt un cadran pourvu de graduations régulièrement espacées, numérotées de 1 à 500. L'aiguille part de 1; le passage d'une graduation à la suivante dure une seconde et coûte un franc[8] au joueur. Les joueurs ne peuvent engager en tout plus de 400 francs pour emporter le jackpot de 200 francs situé sous l'un des 500 numéros, et libéré par le passage de l'aiguille. Ils peuvent jouer autant de fois qu'ils veulent dans la limite des 400 francs de dépense autorisés, faire par exemple 10 tentatives à 40 francs, auquel cas ils limitent chaque fois le parcours de l'aiguille à 40 graduations. Tous les 40 numéros, l'aiguille marque un arrêt provisoire de quelques secondes puis reprend sa course si le joueur n'interrompt pas formellement le processus en disant «Stop». Naturellement, les expérimentateurs ont truqué le jeu : le nombre gagnant excède systématiquement 400, afin que le hasard n'intervienne pas et que les réactions des joueurs puissent être rapportées à un même contexte. L'intensité de l'effet piégeant varie très sensiblement selon les amendements apportés au dispositif.

En l'état, le dispositif fait perdre à 100 % des joueurs les 400 francs qu'ils pouvaient jouer pour en gagner 200.

Dans des conditions identiques, quand, avant de se lancer, les joueurs se sont donnés un investissement maximal qu'ils consentiront, le montant des pertes est très inférieur à 400 francs, et cela, qu'ils tiennent ou non la promesse qu'ils se sont faite.

Quand l'aiguille s'arrête périodiquement, mais ne repart pas tant que le joueur n'en donne pas l'ordre explicitement, qu'il a donc à prendre une nouvelle décision pour que le processus se poursuive, les numéros atteints, et donc les dépenses, demeurent aussi très inférieurs à 400.

A l'issue de ces expérimentations, les chercheurs ont isolé les cinq conditions que doit remplir une situation pour mériter le nom et posséder les vertus du *piège abscons* :

1. L'individu a décidé de s'engager dans un processus de dépense (en argent, en temps ou en énergie) pour atteindre un but donné.

2. Que l'individu en soit conscient ou non, l'atteinte du but n'est pas certaine.

3. La situation est telle que l'individu peut avoir l'impression que chaque dépense le rapproche davantage du but.

4. Le processus se poursuit sauf si l'individu décide activement de l'interrompre.

5. L'individu n'a pas fixé au départ de limite à ses investissements.

Est-il besoin de s'interroger sur les mécanismes psychologiques spécifiques que mettrait en branle le piège abscons? Le comportement d'un sujet pris dans un piège abscons est-il irrationnel? En reconstituant les raisonnements que pourrait tenir le sujet en cours de partie, on peut montrer que tout sujet confronté à de telles règles a de bonnes raisons de persévérer, même si, *a posteriori*, cette persévération apparaît comme dysfonctionnelle. Lorsque le joueur de notre exemple atteint le numéro n, n francs ont été engloutis, et il n'y a plus une chance sur 500 comme lors du commencement, mais une chance sur (500-n) que le numéro suivant soit le numéro gagnant. « Moins j'ai gagné par le passé, plus j'ai de chances de gagner à l'avenir. » Bien entendu, la probabilité que le sujet gagne dépend de la somme d'argent que le sujet est disposé à engager, et non de la position de l'aiguille à un moment donné. Il y a autant de chances pour que le *jack pot* soit sous le chiffre 6 que sous le numéro 380. Bien des adeptes de jeux de loterie postulent semblablement une juste répartition des chances, sur un nombre important de tours. Ils se convainquent ainsi que c'est lorsqu'ils ont souvent et beaucoup perdu qu'ils ont intérêt à ne pas se décourager. Parmi ces joueurs, tous ceux qui inscrivent quotidiennement les mêmes numéros sur leur bulletin de jeu connaissent la hantise de voir sortir leurs numéros un jour qu'ils se seraient abstenus de jouer. Et cette hantise se renforce à mesure que le joueur persévère.

A l'impression compréhensible que chaque nouvel investissement rapproche du bien convoité s'ajoute la hantise de la dépense gâchée. Décider de ne pas aller plus loin alors qu'il n'a rien obtenu contraindrait le joueur à un constat d'échec. Il lui faudrait reconnaître que ses dépenses ont été faites en pure perte. Si, au contraire, il reste dans le jeu pour quelques parties supplémentaires, le gain éventuel sera mis en relation avec les pertes antérieures, qui passeront pour un investissement nécessaire. A l'instar du joueur de loto qui veut s'arrêter de jouer après de grandes pertes, l'analysé qui souhaiterait quitter le cabinet ne peut jamais être assuré qu'il n'aurait pas gagné à persévérer. Tous les patients savent qu'à dix séances vécues comme vaines peut succéder une « séance de déblocage », au cours de laquelle tout paraîtra s'éclairer, tout, et en particulier les séances précédentes. Et cet espoir renforcera d'autant plus la conviction que le but est proche que le nombre de séances « perdues » sera élevé. Mais n'arrive-t-il pas au patient de « décrocher le gros lot », ce qui justifierait un arrêt de la cure? Nous verrons plus loin que la situation du patient est en fait assez comparable à celle du joueur confronté au dispositif truqué. Si l'on en croit les témoignages disponibles, le patient moyen entre en analyse avec une idée assez précise de ce qu'il veut obtenir. Mais, en cours de traitement, cette idée perd de son crédit au profit d'une idée si diffuse qu'il devient impossible de juger de sa réalisation de façon décisive, ou sans le secours de l'analyste. Heureusement, somme toute, car l'idée précise n'est quasiment jamais atteinte. L'espoir d'atteindre le but, si vague soit ce but, n'en est pas moins fort, d'autant qu'il est soutenu par l'obtention périodique de ces buts provisoires que sont les « bonnes séances ».

Tâchons à présent de savoir si le modèle du piège abscons s'applique dans son détail au traitement psychanalytique.

1. L'individu a décidé de s'engager dans un processus de dépense (en argent, en temps ou en énergie) pour atteindre un but donné.

Certes, la finalité assignée officiellement au traitement varie d'une séance à la suivante. Les problèmes qui motivent l'entrée en analyse, par exemple, sont bien souvent relégués, après les premières séances, au rang de prétextes, d'alibis superficiels mais « utiles pour que la vraie souffrance, qui est initialement muette, puisse se dire ». Mais, de fait, quelque convaincantes ou impératives que soient les interprétations savantes des analystes, les patients n'y souscrivent jamais pleinement, et l'espoir d'une amélioration de leur condition peut toujours se déceler sous les termes variés qu'ils utilisent pour décrire leurs buts : une meilleure connaissance de soi, une plus grande joie de vivre, l'amélioration de leurs rapports aux autres ou à la sexualité, la rencontre de l'amour... Jamais la présence du patient en analyse n'apparaît comme gratuite. Même lorsque les attentes du patient sont formulées de façon confuse ou abstraite, ce sont toujours elles qui le déterminent à poursuivre l'analyse. Si l'individu s'engage dans le processus de dépense, c'est bien pour atteindre un but donné.

2. Que l'individu en soit conscient ou non, l'atteinte du but n'est pas certaine.

La condition porte cette fois-ci non plus sur le sujet de l'expérience, mais sur le dispositif. Et elle est pleinement vérifiée. Si toutes les cures connaissaient une issue heureuse, si tous les patients voyaient leurs vœux analytiques exaucés, les psychanalystes ne se priveraient pas de le faire savoir. Il semble par ailleurs qu'en psychanalyse, les sujets se disent relativement conscients que l'atteinte du but n'est pas certaine, que l'amélioration escomptée n'est pas assurée. Mais ils peuvent se fixer des buts prochains dont l'obtention paraît plus accessible : parvenir à se souvenir de leurs rêves, trouver le courage d'avouer leur homosexualité à ses proches, lever une résistance... Et les témoignages disponibles nous laissent penser que, derrière une lucidité de façade, les patients sont aveuglément confiants. Rien ne saurait résister à leur sincérité et à leur bonne volonté. Pour peu qu'ils persévèrent avec courage, la victoire est au bout du chemin. Il n'est pas innocent que la majorité des patients disent avoir « avancé » à l'issue des séances encourageantes. En direction de quoi avoir avancé, sinon d'un but?

3. La situation est telle que l'individu peut avoir l'impression que chaque dépense le rapproche davantage du but.

Les patients ont spontanément l'idée que les découvertes accomplies lors des séances précédentes permettent de nouvelles découvertes, et ainsi de suite, jusqu'à ce que le but soit atteint. Mais l'idée que chaque séance les rapproche du but est encore renforcée lorsque l'analyse est représentée métaphoriquement comme un chemin que l'on parcourt, un fil sur lequel on enfile les perles, ou un forage que l'on approfondit... Les représentations processuelles de la cure font de chaque séance la suite logique de toutes les séances antérieures, et la condition nécessaire de toutes celles qui lui succéderont. Ces représentations processuelles donnent en particulier aux patients le sentiment que leur cure présente une certaine cohérence, une certaine continuité, au-delà des changements incessants de thème, d'objet, d'humeur... qui sont le lot de toute analyse. Ces métaphores processuelles ont un second avantage : elles suggèrent que les séances qui se succèdent sont bonnes en elles-mêmes, et non pas seulement parce qu'elles rapprochent d'un but. A la limite, c'est la démarche elle-même, et non son résultat, qui serait à rechercher. Lorsqu'un patient en vient à considérer que l'analyse n'est pas tant un moyen qu'une fin en soi, il n'a plus guère de raisons de jamais s'arrêter. On notera que ce type d'attitude à l'égard de l'analyse se rencontre surtout chez les « récidivistes ». On dit généralement d'un patient qui entre pour la n-ième fois en analyse qu'il fait une nouvelle « tranche » (c'est le terme en usage). Or, à une tranche succède une tranche. Il n'est certainement pas utile de s'en référer au modèle du piège abscons pour expliquer la persévération des patients qui portent ce regard sur l'analyse. En revanche, ce modèle nous semble indispensable pour comprendre pourquoi des patients en viennent à porter ce regard sur la psychanalyse.

4. Le processus se poursuit sauf si l'individu décide activement de l'interrompre.

Mettre un terme à son analyse est en soi difficile. On peut longtemps tergiverser : se donner une séance supplémentaire, une autre séance pour s'assurer que l'on est réellement prêt, puis se dire qu'un mois d'analyse supplémentaire serait opportun, jusqu'à rencontrer à nouveau des difficultés dans sa vie, des difficultés qui justifient un réinvestissement entier en analyse, et ainsi de suite. Quand on a suivi plus d'une année d'analyse, un mois de séances supplémentaires ne représente pas grand chose. Et après quelques années de pratiques, l'analyste fait partie intégrante de la vie quotidienne. Arrêter l'analyse, c'est ainsi rompre avec des habitudes, des rites devenus familiers et nécessaires. Décider de façon ferme et irrévocable que l'on ne retournera pas en cure représente bien une difficulté importante. Mais cette difficulté est encore accrue si l'analyste juge le départ prématuré. Il pourra marquer son opposition d'un soupir de découragement, ou affirmer que nul ne peut empêcher autrui de se nuire. Si le patient persiste dans sa demande, il pourra proposer une interprétation défavorable de la décision, en convoquant s'il le faut un épisode intime de la vie du patient. Il n'est pas bien difficile de trouver dans la vie d'un homme des conduites d'échec, des sabordages de relation ou les signes d'une nature velléitaire. De manière générale, et bien que les arrêts de cure se négocient en face à face et non depuis le divan, les analystes tendent à refuser de rompre le cadre et à envisager la demande du patient comme externe par rapport au traitement. Le patient dit son désir d'arrêter le traitement, et l'analyste interprète ou reste muet, comme s'il avait affaire à une parole à interpréter, à un rêve. Or, rompre une communication sans le quitus de son interlocuteur est très éprouvant. La poursuite spontanée et automatique de la cure est donc programmée par l'acceptation liminaire des termes du contrat, autant qu'ordonnée en cours d'analyse par l'analyste. Un dernier élément accroît encore le coût psychologique de l'interruption de la cure : l'impossibilité de négocier un arrêt provisoire des séances. Les nombreuses demandes d'interruption provisoire se voient systématiquement rejetées : « Ah ! Non ! Il faut être sérieux »[9]. Les analystes savent sans doute que bien peu de patients retrouveront le chemin du cabinet lorsque la « permission » sera arrivée à son terme. Ce n'est pas par hasard que bien des cures ne reprennent pas au retour des grandes vacances.

5. L'individu n'a pas fixé au départ de limite à ses investissements.

« [Mon psychanalyste] m'aura beaucoup apportée et puisqu'elle m'a dévoilée la voie de la vérité avec moi-même, je ne peux pas m'arrêter en chemin. Il faut que j'aille maintenant jusqu'au bout. Quel que soit ce bout. Je veux percevoir toute la vérité. »[10]

Les déclarations de cette nature abondent dans les témoignages d'analysés. Et, de fait, dès la première séance, le patient est informé qu'il ne doit pas attendre que ses problèmes soient réglés en un temps défini. Quiconque entre en analyse a consenti, au moins implicitement, à ce que la durée du traitement ne soit pas définie. Si, après quelques années, le patient en vient à se plaindre de la durée du traitement, et annonce souhaiter achever la cure dans un délai défini, l'analyste se mettra généralement en devoir de lui enseigner que le temps subjectif est incommensurable, qu'au regard de l'inconscient, six ans de cure, ce n'est ni beaucoup, ni peu... Il pourra aussi mettre l'accent sur le danger qu'encourt celui qui quitte le bloc opératoire en cours d'opération, selon l'image freudienne. L'essentiel, c'est qu'il prive le patient des critères objectifs que celui-ci a initialement à sa disposition pour juger que sa cure est parvenue à son terme. Ainsi est dissoute la possibilité même qu'un critère contrôlé par le patient — l'amélioration « objective », la rémission des symptômes — puisse indiquer que la cure est terminée. En toute rigueur, il n'appartient plus au patient mais à l'analyste de fixer la limite. Notons que les analystes ne s'efforcent nullement de retenir « le plus longtemps possible » et inconditionnellement leurs patients en cure. Mais ils sont moins soucieux qu'eux de limiter la durée du traitement, et les critères qu'ils utilisent pour déterminer l'avancement d'une cure ne sont pas souvent accessibles aux patients. Cela explique que, du point de vue des patients, tout se passe comme si l'analyste cherchait à freiner leur désir d'en finir avec la cure.

Structurellement, la cure psychanalytique fonctionne bien sur le modèle du piège abscons. Il est clair que l'efficacité d'un piège abscons serait grandement diminuée si celui qui s'y est englué prenait connaissance des mécanismes dont il est le jouet. Mais identifier les conditionnements induits par un piège abscons courant constitue déjà une gageure. Dans le cas de la psychanalyse, la difficulté est encore accrue du fait que la persévération est interprétée comme le signe d'un transfert, et, ainsi, rapportée exclusivement à la personne de l'analyste. Et, de fait, la sensation d'addiction éprouvée par le patient désireux d'en finir avec le traitement se concentre souvent sur la personne de l'analyste comme si celle-ci en était la seule source. L'emprise de la situation analytique se voit ainsi réduite à sa seule dimension relationnelle. Comme, en outre, l'explication de cette dépendance en terme de transfert est généralement la seule disponible à l'esprit du patient, la conscience de son incapacité à arrêter la cure achève de le convaincre que le transfert n'est pas liquidé, et qu'il est encore trop tôt.

Assurément, si cette relation entre consultant et consulté n'était pas structurée par la menace du remords de « n'être pas allé jusqu'au bout », par le sentiment de se rapprocher du but, par l'espoir et le désir de la santé, par le poids du temps et de l'argent déjà consentis..., elle n'aurait guère d'autre portée que celle que le charme ou le charisme du thérapeute saurait lui conférer.

LES PARAMÈTRES DU PIÈGE ABSCONS

A présent que les cinq conditions dont la réunion est nécessaire au fonctionnement du piège abscons sont explicitées, on peut tenter d'évaluer l'incidence sur l'efficacité du piège des formes particulières que chacune d'entre elles peut prendre. Dans un souci de clarté, nous focaliserons notre attention sur les enjeux essentiels des conditions du piège abscons. A savoir la décision d'entrer en analyse, la dépense consentie pour l'analyse, le but assigné à l'analyse, et le processus analytique.

La décision elle-même

Une décision peut bien être dite libre et vécue comme telle, les circonstances dans lesquelles elle est prise n'en déterminent pas moins ses effets à venir. Prendre une décision, c'est s'engager envers soi-même à suivre une ligne de conduite particulière, une ligne fondée sur un certain état de choses. Que celui-ci change, et la décision deviendra inadéquate et peu raisonnable. Dans un autre cas de figure, il peut se trouver qu'une fois prise, la décision s'avère plus difficile à mettre en œuvre que prévu. Plus simplement, il peut arriver qu'elle ne soit pas suivie d'effets pour une raison quelconque, et abandonnée aussi librement qu'elle aura été prise... Ces éventualités familières illustrent la grande fragilité des décisions. Et, en particulier, de la décision d'entrer en analyse. Pourtant, de nombreuses expériences de psychologie sociale expérimentale laissent penser que le type de décision que l'entrée en analyse réclame donne beaucoup de poids au fait même de la décision.

Ces expériences révèlent en particulier que, lorsqu'un sujet a pris une décision, non sous la contrainte, mais dans un sentiment de liberté, le fait même d'avoir pris cette décision l'incite fortement à persévérer. Comme nous allons le montrer, la force de la simple *adhérence* à une décision prise sans pression tend à rendre l'agent presque indifférent à l'intérêt qu'elle présente au moment de la réalisation. Le piège abscons qu'est le traitement psychanalytique voit son efficacité accrue du fait que la décision d'entrer en analyse est vécue comme libre. C'est le procédé dit de *l'amorçage* qui est ici le meilleur modèle de ce qui se passe en analyse. Amorcer, c'est favoriser une décision d'achat ou d'engagement en masquant ou en maquillant, dans un premier temps, certains aspects du bien ou du service proposé, et rétablir la vérité dans un second temps pour que la première décision soit maintenue. Si l'amorçage est répertorié comme un procédé de manipulation, c'est naturellement parce que son efficience est indiscutable. Cialdini et ses collègues[11] (1979) ont été les premiers à mettre en évidence la puissance des effets d'amorçage. Depuis, de nombreuses reproductions de leurs expériences en ont univoquement confirmé les conclusions. Cette expérience mérite d'être présentée dans son ensemble. Il s'agissait pour Cialdini et ses collègues de comparer l'adhérence de sujets à une décision initiale selon les circonstances de la prise de décision.

Les étudiants en psychologie d'une faculté américaine (où chaque étudiant doit s'acquitter de l'obligation de participer annuellement à trois expériences d'une heure chacune) se voient proposer de choisir entre deux expériences. L'une est présentée comme une expérience rébarbative; l'autre comme une expérience plaisante. L'une et l'autre durent une heure.

– Aux étudiants d'un premier groupe (le groupe-contrôle), l'expérimentateur donne d'emblée une information complète et exacte : les deux expériences comptent chacune pour une heure. Naturellement, 69 % des étudiants optent pour l'expérience plaisante, et maintiennent leur choix au moment de l'expérience.

– Aux étudiants d'un second groupe, l'expérimentateur demande fermement d'opter pour l'expérience pénible dont il prétend qu'elle compte pour deux heures. 100 % choisissent l'expérience rébarbative mais avantageuse. Peu avant l'expérience, la vérité est rétablie : les deux expériences valent autant (une heure). Cela conduit 58 % des étudiants à abandonner l'expérience pénible pour l'expérience plaisante.

– Aux étudiants d'un troisième groupe, l'expérimentateur annonce aussi que la première expérience, parce qu'elle est rébarbative, comptera pour deux heures, mais sans exercer de pression. Les étudiants délibèrent puis optent majoritairement pour l'expérience déplaisante et avantageuse. Peu avant l'expérience, on leur révèle que celle qui est déplaisante ne compte finalement plus que pour une heure. Une bonne majorité maintient cependant sa décision puisque 61 % persévèrent dans leur choix de l'expérience déplaisante.

Cette expérience révèle un mécanisme pour le moins paradoxal. Les étudiants du troisième groupe, qui sont ceux auxquels ont a le plus laissé de liberté lors de la prise de décision initiale, sont spécifiquement ceux qui sont le plus manipulés par cette décision initiale. L'expérience rébarbative et finalement désavantageuse est en effet subie de façon effective par :

– 31 % des étudiants « libres » et d'emblée bien informés,

– 42 % des étudiants influencés et d'abord mal informés,
– 61 % des étudiants « libres » et d'abord mal informés.

Comme le procédé du piège abscons, le procédé d'amorçage repose sur l'engagement de l'individu dans sa décision initiale. La disparition des avantages escomptés (l'expérience vaut en fait pour une heure, et non pas deux) laisse pratiquement indifférents les étudiants qui ont pris la décision initiale sans qu'aucune contrainte n'ait été exercée.

L'enseignement que notre étude peut retirer de l'exposé qui précède concerne essentiellement le rôle décisif du sentiment de liberté. Ainsi, ce serait en préservant autant que possible le sentiment de liberté chez son patient au moment du choix que l'analyste laisserait se renforcer l'engagement de son patient dans ce choix. Nous avons confirmation de cette idée dans le fait que toutes les recommandations des théoriciens de la cure vont dans ce sens. Lors des séances préliminaires, l'analyste compétent se garde bien d'exercer une pression sur le patient. Or, c'est au cours de ces séances préliminaires que la décision est prise d'entrer en cure ou non. Quand l'analyste « fait silence » pour accueillir la demande du patient, il tient une position ambivalente. Son silence vaut à la fois comme assentiment implicite aux espérances du patient, et comme retrait. L'analyste manifeste ainsi qu'il ne demande rien à son nouveau patient, et qu'il n'attend rien de lui : celui-ci doit se sentir entièrement libre de s'engager ou de ne pas s'engager. Quand, parfois, l'analyste adopte une attitude positive, c'est plutôt celle de la dissuasion, de la prévention tout au moins. Effectué avec toutes les précautions oratoires d'usage, le rappel du coût affectif de la cure, de l'investissement important auquel elle engage, tendent à donner au patient le sentiment de la pleine possession de ses moyens. Mais, dans la mesure où elles émanent d'un individu qui, lui, a franchi le pas, elles constituent une discrète injonction au courage, à l'analyse. On peut cependant aller plus loin, et juger que la réserve des analystes après les séances préliminaires assume, là encore, une fonction : celle d'inciter le patient à se réapproprier une décision (celle de commencer une cure) qu'il a généralement arrêtée dans une grande urgence, sous la contrainte d'un vif sentiment de mal-être. Ce moment de mal-être et de cécité, qui l'a peut-être entraîné à s'en remettre naïvement à l'analyste, doit impérativement faire l'objet d'une réinterprétation. L'urgence du besoin de soin et le fait de s'en remettre à un tiers constituent des facteurs de déresponsabilisation, et donc de désengagement. Il est ainsi très net que l'analyste parvient à accroître l'engagement du sujet dans sa décision de suivre une analyse, en limitant le sentiment de contrainte que son patient pourrait ressentir, en faisant en sorte qu'il puisse s'y reconnaître, ou mieux, s'y identifier.

Un facteur supplémentaire renforce encore les effets de persévération et d'engagement liés à la préservation du sentiment de liberté. C'est le droit que l'analyste donne à son patient d'interrompre le traitement, et ce, de la première à la dernière séance. De nombreuses expériences[12] montrent en effet que «lorsque l'agent qui nous contraint est celui-là même qui nous déclare libre, l'induction de liberté qui accompagne notre soumission est la plus engageante et produit conséquemment les effets de persévération les plus massifs»[13]. Naturellement, cette liberté déclarée est ambiguë. Quand, par exemple, les patients ont à choisir, une fois connues les conditions rigoureuse de la cure, entre effectuer ou ne pas effectuer une analyse, ils peuvent aisément deviner les attentes du psychanalyste. S'ils choisissent, à l'issue des entretiens préliminaires, de s'engager dans l'analyse, leur choix aura pu être accompagné d'un sentiment de liberté. Néanmoins, que ce sentiment de liberté soit justifié ou illusoire, la décision d'entrer en analyse ne pourra pas moins en avoir objectivement valeur de soumission au souhait de l'analyste dont c'est la vocation d'analyser. La soumission objective préserve ainsi le sentiment de liberté.

Accessibles à l'intuition, les circonstances qui accroissent l'engagement ont, elles aussi, été mises à jour et confirmées grâce à diverses expérimentations. Les circonstances propres à inciter un individu à s'en tenir à la décision qu'il a arrêtée sont nombreuses. Les expériences menées à ce sujet révèlent que le simple engagement nominal entraîne un effet de persévération plus durable que celui qu'entraîne un engagement anonyme. Ainsi, selon que les représentants d'une association caritative (fictive) demandent un paraphe ou des coordonnées complètes au passant disposé à donner quelque chose, la somme versée spontanément, dans l'instant suivant, variera du simple au double. De même, lorsque la décision est prise ou confirmée plusieurs fois, elle sera plus fortement investie que si elle n'avait été prise qu'une seule fois. Enfin, l'identification à une décision n'est jamais plus forte que lorsque celle-ci est prise devant témoin. La présence d'un tiers donne à la décision la valeur d'une promesse, d'une parole donnée.

En psychanalyse, toutes les circonstances évoquées sont présentes. L'analyse est une initiative hautement personnelle, plus personnalisée d'ailleurs à mesure que le temps avance, puisque le patient agrège à sa décision le dévoilement de sa personnalité, de son histoire, et des épisodes les plus intimes de sa vie. Bien plus engageant qu'une signature, le régime de la confidence est maintenu tout au long du traitement. Tant que le patient ne reçoit pas de contrordre, il continue d'associer librement, c'est-à-dire de se présenter, de dire qui il est et qui il a été... Non seulement l'entrée en analyse éradique tout désir de maintien de quelque anonymat que ce soit, mais qui plus est le témoin de la décision est bien loin de n'être qu'un simple témoin. La réitération de la décision est, elle aussi, très forte en analyse. Chaque visite et chaque paiement entretiennent l'actualité de la décision initiale. Et, paradoxalement, c'est la décision de se rendre chez l'analyste lorsque l'envie de s'y rendre est la moins forte qui doit avoir l'effet de persévération le plus sensible. Une décision prise et reprise seulement par goût ou par plaisir est plus fragile qu'une décision insensible aux humeurs ou aux envies du moment. Faire le choix de se rendre chez l'analyste indépendamment des conditions subjectives confère une nécessité intrinsèque à la séance d'analyse. D'initiative motivée par une envie ou une ambition, l'analyse se mue en une action quasi-rituelle, indifférente aux légitimations ou aux justifications. A terme, l'engagement dans la décision prise et reprise de rendre visite à l'analyste est si intense que le patient perd jusqu'à l'idée qu'il pourrait en être autrement.

La dépense occasionnée

Bien des patients se plaignent du coût important de l'analyse. Dans l'enquête de Dominique Frischer[14] effectuée en 1977 auprès de 30 patients, il apparaît qu'à l'époque, les petits revenus versaient en moyenne un tiers de leur salaire mensuel à l'analyste. Étudiants ou jeunes travailleurs versaient quant à eux jusqu'à la moitié de leurs revenus. Freud lui-même affirmait que « le fait de pratiquer un traitement à bas prix ne contribue guère à faire apprécier ce dernier ». En 1921, Freud demandait à ses patients américains, pour chaque séance, l'équivalent d'un mois de logement étudiant à Vienne (notons cependant que les tarifs des logements étaient maintenus bas par l'État)[15].

On pourrait croire que le coût significatif du traitement décourage les patients de persévérer, et favorise les défections prématurées. Il n'en rien. Le coût élevé du traitement accroît significativement l'investissement subjectif du patient en cure. Que la dépense soit de taille suffit en soi à garantir un investissement subjectif important. On sait aujourd'hui que la cherté d'un bien n'est pas seulement une indication de sa valeur, mais constitue aussi la source de sa valeur. C'est ainsi que ce qui est cher devient précieux, et acquiert un surcroît de valeur.

En outre, suivre une analyse, c'est d'une certaine manière faire l'achat à crédit d'un bien qui ne sera — peut-être — obtenu qu'au terme des versements[16]. Aussi, tant que le patient n'a pas obtenu la santé, la connaissance de soi ou le but quelconque qu'il convoite, faire défection, ce serait perdre les sommes engagées. Une fois encore, c'est Freud qui a reconnu ce fait le premier :

> L'absence de l'influence corrective du paiement présente de graves désavantages (...); privé d'un bon motif, le patient n'a plus la même volonté de terminer le traitement[17].

Le but poursuivi

Bien des patients entament leur analyse avec la conviction que les variations d'intensité de leurs symptômes constituent un indicateur très fiable des évolutions de leur mal. Phobies, boulimie, insomnie, angoisse et anxiété, malassurance, frigidité ou impuissance... se voient ainsi élevées au rang de marqueurs du mal. Mais, dès l'entrée en analyse, ces marqueurs perdent de leur intérêt. Le mal se fait névrose, et les symptômes épinglés perdent en clarté. Le fait de vivre encore chez ses parents devient symptôme, de même que celui de s'être marié, comme son père, avec une femme divorcée. Les patients peuvent «commencer à comprendre» comme ce patient «à un certain stade de l'analyse», «qu'un peu partout en [lui], les symptômes pullulaient»[18]. Il arrive que le règlement du symptôme qui motivait l'initiative demeure aux yeux du patient le critère de l'arrêt de l'analyse, mais bien d'autres enjeux ont pu lui apparaître comme de nouveaux problèmes, et lui laisser penser que le problème le plus aigu était inapparent. D'une certaine manière, la psychanalyse se doit d'élargir le champ de ce qui est perçu par le patient comme problématique, car elle se sait des moins efficaces lorsqu'on attend d'elle une intervention ponctuelle et limitée. Comme le dit joliment Freud,

> l'analyste se trouve à l'égard du patient dans la situation d'un homme qui peut bien faire à une femme un enfant tout entier mais certainement pas un bras ou une jambe d'enfant[19].

Ainsi, à mesure que la finalité de la cure paraît moins définie et plus difficile à atteindre, à mesure aussi que le patient se dépossède de ses moyens de juger de son état de santé sans le concours de l'analyste, la probabilité que le patient juge décisive l'éventuelle disparition d'un symptôme se réduit. Les buts assignés à la cure se multiplient à mesure que le patient avance... A tel point que Freud lui-même a cherché à cantonner les ambitions des analystes envers leurs patients dans des limites raisonnables. A Ferenczi, par exemple, qui affirme que l'analyse des patientes «devrait, pour être couronnée de succès, avoir maîtrisé le désir de pénis», il répond :

> A aucun moment du travail analytique, on ne souffre davantage de sentir de manière oppressante la vanité d'efforts répétés, de soupçonner que l'on «prêche aux poissons»,

que lorsqu'on veut inciter les femmes à abandonner leur désir de pénis comme irréalisable[20].

L'analyste doit revoir ses ambitions à la baisse, alors même qu'il a conscience «que l'espoir d'acquérir malgré tout l'organe masculin, dont le manque est douloureusement ressenti, [est] le motif le plus fort qui ait poussé [la femme] à la cure»... Si c'est effectivement, dans l'esprit d'un psychanalyste, «l'espoir d'acquérir l'organe masculin» qui pousse une femme à entreprendre une analyse, il est à craindre que la cure soit aussi vaine que l'espoir en question : comment fait-on pour satisfaire un désir que l'on n'éprouve pas? Et comment y renonce-t-on?

CONCLUSION

Avant de clore ces remarques inspirées des études portant sur les procédés de manipulation, on peut s'interroger sur l'opportunité méthodologique des rapprochements que nous nous sommes autorisés. Utiliser, comme nous l'avons fait, les résultats des expériences de psychologie sociale expérimentale, plutôt que les théories qui les sous-tendent[21], cela ne fait-il pas de notre démarche une démarche analogique? La valeur heuristique de l'analogie est certaine; sa valeur épistémologique est plus discutable. Si notre raisonnement est effectivement de nature analogique, il s'appuie néanmoins sur une congruence méthodologique forte. Les expériences décrites visent, comme notre étude, à évaluer l'incidence de certaines conditions sur le comportement et l'attitude des sujets qui y sont exposés. Si nous faisons abstraction de la valeur seulement statistique des relations de causalité évoquées, le raisonnement qui légitime la mise en relation à laquelle nous avons procédé peut être schématisé ainsi : dans divers contextes, expérimentaux et non-expérimentaux, la réunion de certaines conditions (observables) apparaît comme suffisante pour provoquer l'adoption par le sujet d'un comportement (observable) de persévération dysfonctionnelle dans une décision. Dans le contexte analytique, de semblables conditions sont réunies et l'on peut observer un comportement semblable de persévération dysfonctionnelle dans la décision de suivre une cure. Il est donc légitime de tenir, dans le contexte analytique, la réunion des conditions évoquées pour un facteur essentiel du comportement observé.

Nous n'excluons bien sûr pas que la nouveauté ou le caractère exotique de la situation analytique, le charme personnel du praticien, la pression continue exercée par l'environnement, le goût pour l'introspection... puissent aussi expliquer la longueur du séjour en analyse et la satisfaction paradoxale des analysés. Mais il nous a paru préférable de proposer une explication de la durée des cures qui soit indépendante des particularités individuelles propres à tel ou tel analyste, et qui puisse aussi rendre compte des cas les plus énigmatiques. Nous avons peu fait référence à l'attitude de l'analyste, et, de fait, elle est ici quasiment indifférente pour peu qu'il respecte les codes. De plus, une explication de la persévération qui vaut pour un patient qui s'est ennuyé tout au long de sa cure chez un analyste mutique et indifférent vaut *a fortiori* pour un patient passionné par l'expérience qu'il fait de l'inconscient chez un analyste présent et sensible. L'autre intérêt que nous attribuons à ce type d'explication est qu'il évite toute référence aux traits ou aux prédispositions psychologiques des individus. D'autant qu'on sait aujourd'hui que les traits de la personnalité ne sont guère consistants dans le temps et dans l'espace. On peut être une victime dans son travail et un bourreau dans sa famille. Naturellement, on pourrait alléguer que ceux qui persévèrent en analyse malgré l'ennui trouvent du plaisir au fait de se nuire. Mais puisqu'ils disent explicitement n'y trouver aucun plaisir? Et l'analyse n'a-t-elle pas précisément pour vocation de sortir de son ornière celui qui se fait du mal? Ou pour le moins, de ne pas lui fournir une occasion supplémentaire de se nuire?

En somme, supposer, comme nous l'avons fait, que ce sont les conditions de l'analyse, et non l'analyste, qui piègent le patient, c'est se donner les moyens de rendre intelligible, avec un nombre très limité d'hypothèses, des phénomènes aussi divers qu'énigmatiques : la durée des analyses; l'existence d'un important laps de temps entre le moment de la décision d'arrêt de la cure et l'arrêt effectif; le fait que beaucoup d'analysés aient pu faire une expérience exacerbée de ce que les analystes expliquent par l'« ambivalence » — l'association paradoxale du désir d'en finir avec l'analyse et du sentiment de son impuissance à l'interrompre. Même la tolérance des patients à la disqualification graduelle des fins qu'ils poursuivent devient intelligible, si on la met en relation avec la logique processuelle qu'imposent les conditions de la cure. Peu importe que l'ambition de guérir leur soit interdite par les normes en vigueur dans le cabinet d'analyse, ce qui compte, c'est de ne «pas s'arrêter en chemin», d'«aller jusqu'au bout, quel que soit ce bout»[22]. Mais, indubitablement, ce sont les cures «qui traînent en longueur et suscitent de perpétuels doutes»[23], «qui ennuient et font souffrir sans procurer la moindre satisfaction»[24], qui légitiment le mieux notre démarche analogique. Dans ces cures-ci comme dans les autres, les patients se font à une déontologie étrange qu'ils condamneraient certainement dans d'autres contextes. Quand un patient annule à la dernière minute son rendez-vous avec un professionnel de santé quelconque, celui-ci lui réclame-t-il un dédommagement? Que penserait-on d'un kinésithérapeute qui attendrait de ses patients réguliers qu'ils calquent leurs dates de congés sur les siennes? Ne leur a-t-il pas, lui aussi, sacrifié une heure qui sera sans doute perdue? Et les soins du dos n'exigent-ils pas une assiduité maximale?

NOTES

[1] *Les analysés parlent*, Dominique Frischer, *op. cit.*, p. 212.
[2] *La technique psychanalytique*, S. Freud, *op. cit.*, p. 88.
[3] *Les analysés parlent*, Dominique Frischer, *op. cit.*, p. 116.
[4] De Joseph Sandler et Anna Ursula Dreher, PUF, collection «Le fil rouge», 1998.
[5] «Le début du traitement» (1913) in *La technique psychanalytique, op. cit.*
[6] *Petit traité de manipulation à l'usage des honnêtes gens*, R.V. Joule & J.L. Beauvois, Presses Universitaires de Grenoble, 1987.
[7] «Factors affecting withdrawal form an escalating conflict : quitting before it's too late», Brockner J., Shaw M.E., Rubin J.Z., *Journal of experimental social psychology*, n° 15, 1979, p. 492-503.
[8] Pour simplifier, les dollars d'origine ont été convertis en francs.
[9] *Mon analyste et moi - Journal*, Joëlle Augeolles, Lieu commun, 1989, p. 40.
[10] *Ma psychanalyse*, Naninna Zunino, *op. cit.*, p. 17.
[11] «Low Ball procedure for producing compliance : commitment then cost», Cialdini, Cacippo, Basset, Miller, *Journal of personnality and social psychology*, n° 36, 1978, p. 463-476.
[12] La plupart de ces expériences consistent en des mises à l'épreuve de la théorie de la dissonance cognitive.
[13] «Low-ball procedure for producing compliance : commitment then cost», Cialdini, Cacioppo, Basset et Miller, art. cit. p. 463-476 et p. 130.
[14] *Les analysés parlent*, Dominique Frischer, *op. cit.*, p. 247.
[15] *Mon analyse avec Freud*, Abram Kardiner, *op. cit.*, p. 107. Le cours de l'époque était certes favorable...
[16] E. Gellner rencontre aussi cette idée, mais par une autre voie.
[17] *La technique psychanalytique*, S. Freud, *op. cit.*, p. 92.
[18] *Les analysés parlent*, Dominique Frischer, *op. cit.*, p. 54.
[19] *La technique psychanalytique*, S. Freud, *op. cit.*, p. 89.
[20] «L'analyse avec fin et l'analyse sans fin» (1937), § 8, in *Résultats, idées, problèmes*, II, S. Freud, PUF, 1985.
[21] Essentiellement, la théorie de l'*auto-perception* de Bem et la théorie de la *dissonance cognitive* de Festinger.
[22] *Ma psychanalyse*, Nannina Zunino, *op. cit.*, p. 17.
[23] *Les analysés parlent*, Dominique Frischer, *op. cit.*, p. 15.
[24] *Ibid.*, p. 212.

La cure interminable

Au-delà des mécanismes de persévération que nous avons examinés, il existe toute une classe de facteurs, distincts de ceux dont la psychologie sociale expérimentale étudie l'incidence, qui ont aussi pour effet de prévenir les départs, ou du moins de les retarder, en les rendant plus difficiles.

LA RITUALITÉ

Une première conséquence notable du régime de fréquentation, c'est qu'il conduit très rapidement le patient à sortir d'une logique de l'envie. Tout au long de sa cure, l'analysé n'est confronté qu'à une seule alternative : l'arrêt irrévocable de la cure ou une assiduité sans faille. Comme les séances sont programmées à l'avance, la probabilité est très faible pour qu'elles aient systématiquement lieu à un moment où le patient a envie de s'y rendre. L'assiduité est imposée par la règle (c'est-à-dire par l'argent) plutôt que par le désir, ce qui donne à la succession des séances un caractère rituel, inscrit dans la durée. C'est cette ritualité de la séance analytique qui fait perdre toute pertinence, pour le patient, à la question de savoir s'il faut ou non se rendre à la séance suivante. Or, suivre une cure, ce n'est rien d'autre qu'aller à une séance, puis à une autre, et ainsi de suite. On peut bien sûr se demander pourquoi Monsieur X a suivi, pendant sept ans, une cure qu'il jugeait et juge encore inutile. Mais on se priverait des moyens de comprendre ce que cet homme a vécu si l'on négligeait que de son point de vue, la seule décision qu'il ait prise au cours de ces sept années, c'est d'aller à la séance suivante.

Si l'on s'efforce de ne pas céder à l'illusion rétrospective qui tendrait à faire d'une cure une entreprise planifiée et cohérente, on peut découvrir un autre facteur qui rend l'arrêt de la cure plus difficile. Ce n'est qu'au terme d'une entreprise qu'on peut avoir une idée juste de sa valeur. Or, le patient qui arrêterait avant terme peut toujours se dire qu'il se priverait de l'essentiel : le bien dispensé par la psychanalyse n'est pas distillé morceau par morceau. Pour le dire autrement, la finalité de l'analyse n'est pas la même que celle d'une séance prise isolément. Comme le dit C. Clément, en psychanalyse, « vouloir guérir n'est pas nécessaire ; bien plus, ce serait une redoutable entrave »[1]. Et pourtant, c'est bien l'espoir de la guérison, ou du moins d'une amélioration de leur santé, qui motive les patients à persévérer. Or, un patient n'est jamais confronté, au cours des séances, à quoi que ce soit de décisif qui puisse l'aider à considérer le tout. A se dire qu'il arrêtera tel jour, il perçoit qu'il n'aura rien obtenu de concret, de tangible, pas même une vérité ferme sur son histoire ou son identité. Il pourrait certes réclamer à son analyste un diagnostic provisoire, mais celui-ci ne le lui donnerait pas. Un diagnostic imposerait une récapitulation nécessairement réductrice et simplificatrice, ce que tout analyste rejette. Comme le dit D. Frischer, « interpeller directement l'analyste sur le déroulement de la cure, son utilité, son mode de fonctionnement (...) équivaut à poser la question de la fin de l'analyse, ce qui, lorsqu'on n'a pas un bon nombre d'années d'analyse derrière soi, peut apparaître comme prématuré ou incongru »[2].

D'UNE SÉANCE À L'AUTRE

Un autre aspect de la cure psychanalytique incite les patients à repousser indéfiniment le terme de l'analyse. En cours d'analyse, le patient ne cesse de rencontrer des obstacles de toutes natures qu'il doit surmonter pour continuer d'« avancer ». Il arrive que le patient perde la capacité de parler, qu'il bute opiniâtrement sur une interprétation de l'analyste qui lui paraît inacceptable, qu'il ne parvienne pas à se remémorer un épisode de son histoire qu'il tient pour crucial... Ces obstacles qu'analyste et patient s'accordent communément pour qualifier de « résistances » constituent autant d'injonctions au combat. Et le combat contre les « résistances » représente le quotidien du traitement. Mais, comme nous l'avons vu, ce type de combat ne donne jamais lieu qu'à des défaites ou à des demi-victoires. La levée d'une résistance entraîne immanquablement la découverte d'une nouvelle résistance qui, à son tour, devra être levée. Et cette levée des résistances est un processus qui fonctionne en boucle, sans autre terme que celui que l'analyste consentira à lui assigner. Ce dont on peut alors être certain, c'est qu'il ne sera pas donné au patient de prendre quelque recul que ce soit avec le traitement, tant qu'il ira de résistances en résistances, des larmes à l'effroi, du désarroi au doute, de l'ennui à l'espoir le plus vif. Constamment, de nouveaux problèmes se découvrent, qui imposent dans une grande urgence la recherche d'une solution, et qui font toujours reculer la découverte de la solution ultime : la résolution des problèmes qui avaient motivé l'entrée en analyse. C'est spécifiquement ce type de processus qui limite le risque que le patient envisage la cure elle-même comme problème, ou du moins comme une stratégie de guérison parmi d'autres. Harcelé par les problèmes internes, le patient n'a jamais le loisir de considérer le tout, et de se demander si cette émergence continue de problèmes n'est pas solidaire de la voie thérapeutique empruntée pour en venir à bout. En somme, ce «piège», comme tant d'autres, se fonde sur le fait que le sujet piégé s'est imposé un cadre au sein duquel aucune solution ne peut être trouvée au problème initial. Et le déroulement du traitement psychanalytique est d'autant plus favorable à un tel enfermement que la psychanalyse présente le processus même de délivrance, et non son terme, comme curatif. Encore une fois, c'est une amélioration de son état que le patient est venu chercher auprès de l'analyste, et non la remémoration de tel épisode infantile. La fin se perd ainsi dans la mise en œuvre des moyens.

CONFUSION ANALYSE/ANALYSTE

La cure analytique consiste en la fréquentation codifiée d'une personne habilitée. Pour peu que le patient soit attaché à cette fréquentation (mais pas nécessairement à l'analyste), rien ne l'aidera à connaître les causes opérantes de cet attachement : ni la doctrine, qui noie et confond dans le seul transfert tous les sentiments relatifs à la cure et à son maître d'œuvre, ni le maître d'œuvre lui-même, qui renvoie tout propos le concernant aux conflits pulsionnels de son patient. De là à ce que le patient croie que l'analyste est la cause exclusive de son désir de persévérer en analyse, et agrège à sa personne tous les sentiments qui le poussent à persévérer, il n'y a qu'un pas. Quand, en outre, intervient un sentiment amoureux pour la personne de l'analyste, la confusion entre analyse et analyste est plus forte encore. Interrompre l'analyse, ce serait se priver de l'analyste. Et parce qu'on ne peut rencontrer l'analyste hors du cadre, la seule manière de le revoir, c'est de poursuivre l'analyse.

Cette indissociabilité de l'analyste et de l'analyse a une conséquence : le patient est systématiquement renvoyé d'un plan à l'autre. Il peut trouver la cure profitable, et en vouloir au praticien. Il peut aussi souhaiter arrêter l'analyse, mais ambitionner de continuer à fréquenter l'analyste. Ces désirs incompatibles sont cependant rarement vécus avec netteté. L'analyste jouit toujours du pouvoir d'interpréter les récriminations du patient à son encontre ou à l'encontre de la cure en un sens transférentiel. Les doutes qu'exprime le patient au sujet de la cure ou de l'analyste seront ainsi indistinctement rapportés à son histoire. Qu'il en veuille à l'analyste ou qu'il ne perçoive plus l'utilité de la cure, dans les deux cas, il aura à prendre une décision dans une grande méconnaissance des causes effectives de son attachement à la cure. N'étant jamais plus vulnérable que lorsqu'il est ignorant, le patient, divisé sur la conduite à tenir, cherchera à élucider ses doutes pour délibérer en toute conscience, et sera assisté dans cette tâche par celui auquel il livre tout : quand la conduite de fuite ou d'échec aura été dépistée, et le transfert, dont elle procède, surmonté, l'analyse pourra reprendre son cours, jusqu'à ce que l'analyste souhaite y mettre un terme.

LE POIDS DES JUGEMENTS DE L'ANALYSTE

Examinons à présent les différentes manières qu'ont les analystes de s'imposer comme les seuls détenteurs du droit d'interrompre l'analyse.

Dans un souci de prévention du départ, l'analyste s'est appliqué, dès les premières hésitations du patient, à lui donner le sens de son éventuel départ. Une fois de plus, c'est Freud qui, le premier, a montré l'exemple. Il interprète le départ de sa patiente Dora comme « un indubitable acte de vengeance », un acte survenu « au moment même où les espérances qu'[il avait] d'un heureux résultat étaient les plus grandes », un acte qui permettait à « sa tendance à se nuire à elle-même » de trouver son compte « dans cette manière d'agir »[3].

Freud, à l'époque du cas Dora, manquait sans doute encore d'expérience. Par la suite, moins de patients lui ont échappé. De fait, il a mieux prévenu ses patients des risques qu'ils courraient s'ils s'avisaient d'interrompre leur traitement prématurément — c'est-à-dire sans son accord :

> Je n'oblige pas les malades à continuer leur traitement pendant un temps déterminé et laisse chacun d'eux libre de l'interrompre à leur guise, tout en ne leur cachant pas que l'interruption après une courte période de travail ne peut donner de bons résultats et leur fait parfois courir les mêmes risques qu'une opération qui demeurerait inachevée[4].

Autant dire au patient qu'il est « libre » de prendre le risque de mourir. Mais l'éventail des réponses aux velléités de départ s'est aujourd'hui élargi. A la menace préventive, il semble que les analystes préfèrent le refus de communiquer. Nombre de témoignages décrivent des analystes se faisant de marbre lorsque le patient tente une sortie. Rompre ainsi la communication, de la part de l'analyste, c'est à la fois confondre le patient dans l'attente d'une réponse, de n'importe quelle réponse, et préfigurer l'indisponibilité radicale qui sera bientôt la sienne si le patient persiste. Curieusement, et au vu des mêmes témoignages, il semble que les analystes, pour la plupart, ne maîtrisent guère le « contre-transfert » dans ces moments-là. On ne les voit jamais autant affectés et maladroits que lorsque les patients annoncent leurs intentions de départ. Quoi qu'il en soit, le procédé est efficace : les analystes reprennent l'initiative sur les patients en étant les premiers à rompre effectivement la communication. Mais en demeurant dans le cadre du cabinet, ils les invitent tacitement à se rétracter, et maintiennent ainsi ouverte la possibilité pour leur patient de revenir à la raison.

Le fait que bien des analystes tendent à se figer et à simuler la surdité lorsqu'un patient leur annonce leur désir d'arrêter le traitement peut recevoir une autre explication. En se figeant lors de l'annonce d'un départ, les analystes interdisent au patient d'aller plus loin. Ils ne se contentent pas d'accorder au patient le congé sollicité ; ils refusent d'accuser réception de la demande, ils n'en prennent même pas acte. Seule la colère donne les moyens de rompre une relation sans la reconnaissance par l'autre partie de ce qui se passe. Pour ainsi dire, l'analyste ne propose qu'une alternative au patient : se rétracter, ou lui « raccrocher au nez ».

Plus généralement, il paraît difficile de sortir indemne de l'expérience analytique si la velléité de départ est interprétée par l'analyste comme un symptôme supplémentaire. Pendant des mois, des années, l'analyste a été l'intercesseur du patient auprès de son inconscient. Et, tout au long du traitement, le patient a accepté le principe de l'interprétation ; il a accordé à l'analyste le droit au surplomb. Pour les patients qui ont le sentiment d'avoir vécu sous la tutelle de l'analyste, la bénédiction de celui-ci, au moment de l'envol, est plus que jamais nécessaire. Et dénier toute autorité à l'analyste lors du passage à « l'autre vie », cela équivaudrait pour ces patients-ci à se parjurer à l'heure fatidique. Fort heureusement, les patients sont en majorité exempts du sentiment que la fin de l'analyse marque le commencement de la vraie vie. Il n'empêche que, pour eux, arrêter le traitement sans le consentement de l'analyste réclame tout de même une force comparable a celle qu'il faudrait pour affirmer que l'on fait partie des élus sans la bénédiction du ministre de l'Église. Pour ces patients comme pour les premiers, ce sera une épreuve douloureuse que de sortir sans l'accord de celui qui, à leurs yeux, connaît la signification profonde de leur départ.

On pourrait imaginer que le patient rejette, au moment de son départ, tout ce qui lui a été enseigné au cours du traitement. Mais l'image nouvelle que le patient a de lui-même est fortement ancrée en lui. Il s'attribue désormais une identité qui deviendrait compromettante si celle-ci n'était plus « couverte » par la doctrine analytique. Il lui sera ainsi bien difficile de rejeter la psychanalyse dans son ensemble sans se retrouver dans le plus grand inconfort moral. Il n'est, par exemple, pas évident d'assumer son homosexualité latente si l'on ne voit pas « dans l'homosexualité une excroissance à peu près régulière de la vie amoureuse »[5]. De même, on sera bien gêné de son enfance de pervers sexuel si l'on nie que c'est le lot commun : « Si l'enfant possède une vie sexuelle (et tel est le cas), celle-ci ne peut être que de nature perverse »[6]. Il semble en fait que compromettre l'homme soit le meilleur moyen de le contraindre à adopter le système de croyances qui ne rend pas humiliante la vérité. Freud nous enseigne que « des gens que nous croyons seulement respecter, estimer, peuvent, pour notre inconscient, continuer à être des objets sexuels »[7]. Mais pouvons-nous pour autant avouer à notre grande tante, si telle est notre vérité, qu'elle est pour notre inconscient un objet sexuel ? Tout au long du traitement, le patient s'est autorisé une faiblesse, une passivité, une dépendance, une indifférence aux normes morales et un égocentrisme sans pareils. Or, ce qui est valorisé unanimement, dans le monde, c'est l'action, l'autonomie, l'altruisme, ou le souci des autres tout au moins... En un mot, tout le contraire de ce que propose la séance d'analyse... Il lui sera par conséquent bien difficile de conserver une image favorable de lui-même si l'analyste, auquel il s'est livré sans mesure, ne lui renvoie pas, le premier, une image favorable de ce qu'il est.

Il est par ailleurs délicat de se reconnaître une compétence, un mérite ou une autonomie sans l'agrément de celui qu'on avait chargé de nous les dispenser. Face au ressentiment de celui qui a été à la fois un professeur, un éducateur et un maître, comment prétendre que l'enseignement a été assimilé ? Dans une relation de maître à disciple, c'est toujours la parole du maître qui conserve l'autorité et la légitimité. Et peut-on rejeter un maître sans que la valeur de l'enseignement qu'il a dispensé en soit discréditée ? Si le patient passe outre aux réticences de l'analyste, et rompt la cure sans sa bénédiction, il est d'une certaine manière condamné à y laisser ce qu'il avait y avait appris. L'analyste pourrait-il avoir été lucide et juste tout au long de la cure, et cesser de l'être au moment du départ?

Tout est décidément fait pour que l'arrêt de la cure relève de la seule décision de l'analyste. Lui seul est à même de juger des progrès et de l'utilité de la cure. Le patient ne peut que s'en remettre à lui, et lui faire crédit de sa confiance, puisque l'analyste n'indique jamais à quel point de la cure le patient en est. Lorsqu'après cinq années d'analyse une patiente apprend de la bouche de son analyste (peu loquace) que tous ses problèmes sont en relation avec son enfance, elle se dit bien malheureuse de ne pas l'avoir su plus tôt, et explique qu'elle ait pu rester si longtemps ignorante d'une vérité essentielle en ces termes : «J'étais satisfaite puisque je me soignais et que vous (l'analyste) aviez l'air satisfait»[8].

Assurément, l'arrêt «anticipé» de l'analyse est difficilement envisageable pour le patient comme autre chose que le signe d'un échec de la cure dans sa globalité. Poursuivre l'analyse jusqu'à ce que l'analyste veuille bien y mettre un terme apparaît alors comme le meilleur moyen de sortir de la cure sans devoir renoncer à ce qui y avait été acquis.

En somme, la seule certitude sur laquelle le patient peut se reposer, c'est que, s'il reste dans le cabinet, il n'aura à subir ni ses propres regrets, ni le ressentiment de l'analyste. Et pour peu qu'il ait été confronté aux ruses de l'inconscient, il sait combien celui-ci peut être retors. L'inconscient n'excelle-t-il pas en rationalisations abusives? Et les voix qui le poussent à arrêter l'analyse ne sont-elles pas inspirées par ses résistances? Bien sûr, les 200 francs que coûte chaque séance pourraient être investis dans la location d'un studio qui permettrait de ne plus subir le climat familial délétère, mais ne vaut-il pas mieux attaquer le mal à la racine, et traiter, avec l'analyste, les problèmes de fond, plutôt que de les fuir? Quelques mois en analyse suffisent largement à disqualifier les procédures courantes de délibération et d'interprétation. Même le calcul des préférences, fonctions du coût et des bénéfices, perd tout crédit auprès du patient : le désir authentique est toujours en-deçà du calcul et de la rationalité; il ne fait pas de comptes de boutiquier, mais s'impose avec l'évidence d'une sensation. Naturellement, la reconnaissance de cette sensation implique le concours de l'analyste. Voilà le patient revenu à la case départ.

> Je repense souvent à l'analyste. Je suis persuadée qu'il faudrait mieux interrompre le traitement. Mais en ai-je la force?[9]

Si le patient se sentait suffisamment fort, il pourrait passer outre et quitter le navire. Mais il est fragile. L'analyste compétent, s'il a suivi la prescription de Freud, s'il a veillé «à ce que les souffrances du malade ne s'atténuent pas prématurément de façon marquée», l'a maintenu dans sa faiblesse. Freud est même allé plus loin en affirmant qu'« au cas où les symptômes » auraient été « détruits et dévalués », [le médecin] se verrait « obligé de recréer la souffrance sous les espèces d'une autre frustration pénible, faute de quoi » il courrait « le risque de n'obtenir jamais qu'une faible et passagère amélioration »[10]. Anaïs Nin conte dans son journal un épisode savoureux, au cours duquel son analyste vient à bout d'une velléité de départ :

> [Le psychanalyste :] Malgré cela, vous paraissez manquer d'assurance.
> Il avait touché une corde sensible. Assurance !
> [Il] se leva et dit en souriant : « Eh bien je suis heureux que vous puissiez vous tenir debout toute seule, que vous n'ayez besoin d'aucun secours ».
> Je me mis à pleurer. Je pleurai. Il se rassit...
> J'éprouvai soudain un grand désarroi à l'idée de me retrouver seule pour résoudre mes difficultés personnelles. Je demandai la permission de revenir[11].

Naturellement, le patient pourrait bien se séparer de son analyste en envisageant une autre forme de thérapie. Mais le psychanalyste a généralement pris les devants et disqualifié les autres stratégies thérapeutiques. Là encore, c'est Freud qui est allé le plus loin dans la légitimation de ces entraves à l'arrêt de la cure. « Les patients se désintéressent de la psychanalyse quand on leur indique plus d'une voie menant à la guérison. » Et quand bien même le patient souffrirait physiquement de ses troubles névrotiques, il vaudrait mieux « terminer le traitement psychique avant d'entreprendre le traitement organique, car si l'on commençait par ce dernier, on courrait le grand risque de le voir échouer dans la plupart des cas »[12]. De manière plus générale, on peut constater que les psychanalystes sont passés maîtres dans la démolition de leurs concurrents. Il suffit d'avoir séjourné quelques heures dans un institut de psychanalyse pour en être convaincu. Les membres d'une école ou d'un institut se tiennent toujours pour les seuls héritiers légitimes de Freud, et ils affichent une hostilité virulente tant à l'égard des analystes rattachés à d'autres écoles qu'à l'égard des psychologues qui ne sont pas psychanalystes. Et dans la disqualification des offres concurrentes, tous les moyens sont licites, puisque que la fin est bonne. Quand Lacan, par exemple, épingle avec mépris l'Ego-psychology, en déclarant qu'elle est une école de réadaptation à l'*american way of life*, il se montre soit de mauvaise foi, soit d'une désinvolture coupable quant à ses sources d'information. L'Ego-psychology tend justement et explicitement à armer les analystes contre les dangers de l'hyper-conformisme américain. De même, les psychanalystes phagocytent, en prétendant en révéler la vérité, toutes les pratiques qui pourraient, de près ou de loin, être comparées à la leur. Chaque année, le théâtre, l'écriture, la méditation religieuse ou la traversée du pôle en traîneau font ainsi l'objet de parutions et d'articles, lesquels font systématiquement apparaître le traitement psychanalytique comme la quintessence de ces pratiques. Le patient, exposé à ces jugements sans appel, par le biais de l'analyste ou à travers ses lectures, ne saurait, sans trahir son allégeance à la psychanalyse, créditer suffisamment ces pratiques pour aller à leur rencontre.

Une dernière incitation à ne pas quitter l'analyste pèse sans doute très lourd dans les longues analyses : l'espoir de devenir soi-même analyste. D. Frischer constate ainsi que «l'idée de devenir analyste effleure la majorité de ceux qui ont plus de cinq ans d'analyse»[13]. Un départ décidé sans l'agrément de son analyste signifierait la perte irréversible du crédit acquis auprès de lui au cours des années de traitement. Un tel départ compromettrait les chances d'obtenir une analyse didactique, non seulement auprès de son analyste, mais aussi auprès d'analystes plus prestigieux affiliés à la même école : les analystes, comme les directeurs des ressources humaines, se méfient beaucoup des démissionnaires. Quitter l'analyste reviendrait souvent, professionnellement, à s'imposer de repartir à zéro, si c'est le métier d'analyste que l'on envisage de pratiquer. Le témoignage d'Abram Kardiner illustre bien cette servilité calculée à l'égard des attentes de l'analyste :

> Je craignais que Freud ne découvre mon agressivité cachée. Je passai donc une alliance muette avec Freud : «Je continuerai d'être docile pourvu que vous m'accordiez votre protection». S'il me repoussait, je perdais à jamais toute chance d'entrer dans le cercle magique de la profession[14].

DU CÔTÉ DE L'ANALYSTE

Avant de clore cette explication de la durée des cures, nous voudrions dissiper les malentendus éventuels qui pourraient résulter d'une lecture hâtive des thèses qui précèdent. Si l'on cumule tous les facteurs qui rendent le départ difficile, il semblerait que tous les patients restent indéfiniment en analyse, et que leur départ donne systématiquement lieu aux tourments les plus éprouvants. Naturellement, il n'en est rien. Il est d'abord exceptionnel que tous ces facteurs se cumulent. Ainsi, lorsqu'un patient n'est en analyse que depuis quelques mois, la plupart des facteurs évoqués sont sans grande incidence. Pour peu qu'un patient souhaite interrompre son analyse moins de douze ou dix-huit mois après l'avoir entamée, il ne lui sera *a priori* pas bien difficile de mettre effectivement en application sa décision. Et ce, qu'il ait ou non l'accord de son analyste. De même, toute une classe de patients échappe aux tourments liés au départ. C'est la classe des adeptes qui ne cherchent dans l'analyse rien d'autre qu'elle-même, et qui, à cet égard, sont les mieux protégés contre les difficultés du départ. Ces patients envisagent leur analyste comme un intercesseur permanent, plus ou moins compétent, entre eux et eux-mêmes. Parce qu'ils ont généralement fait plus d'une «tranche» d'analyse, et qu'ils disposent d'une réelle culture psychanalytique, ils s'accordent sans grande hésitation le droit de juger que l'analyste fait erreur lorsqu'il estime leur départ prématuré. Arrêter l'analyse dans de telles dispositions permet de conserver les bénéfices de l'analyse qui a été menée, sans se sentir naïf à l'égard de ses pulsions. Enfin, il arrive que l'analyse connaisse une fin heureuse, et aisée. C'est en particulier le cas lorsque le patient retrouve le souvenir grâce auquel «tout devient cohérent»[15]. Quand Marie Cardinal, par exemple, se souvient qu'un jour, sa mère l'ayant fait mettre sous la douche pour la calmer, elle ravala sa violence et sa haine, elle estime tenir le refoulé qu'elle avait tant cherché. Elle déclare après coup : «Cette révélation soudaine de ma violence [fut] je pense le moment le plus important de ma psychanalyse» (!). Il arrive de même que le patient juge avoir recouvré la santé, ou son autonomie : «Je me sens capable de vivre seule maintenant. Je me sens forte»[16]. Ou, dans un style plus coloré : «Merci de m'avoir éclairée de votre amour qui vaut bien la lumière et qui m'a donné le courage de la supporter sans lunettes de soleil»[17]. Mais que la cure s'arrête sur une «révélation» ou sur le simple sentiment d'une amélioration décisive, c'est toujours sur la suggestion de l'analyste que le traitement est achevé. Marie Cardinal créditerait-elle sa découverte si son analyste avait jugé dérisoire l'épisode qu'elle relate? Les deux autres patientes dont nous avons cité les déclarations reconnaissantes se sentiraient-elles pleinement vivantes si leur analyste avait interprété l'impression d'aller mieux qu'elles leur ont témoignée comme le signe avant-coureur d'une rechute inéluctable?

Si donc les fins de cure ne sont pas toutes, nécessairement, éprouvantes, il n'en demeure pas moins que c'est, dans le cas le plus fréquent, à l'analyste de juger quand il faut mettre un terme au traitement. Et ce sont essentiellement les conséquences de cet aspect-là que nous avons voulu mettre en lumière dans les paragraphes qui précèdent. Quand rien ne se passe de décisif aux yeux du patient, et que celui-ci ne souhaite pas laisser aveuglément à son analyste le soin de déterminer quand il conviendra d'arrêter le traitement, les facteurs que nous avons évoqués joueront à plein. Et ces facteurs ont une incidence d'autant plus grande que le traitement a brouillé les finalités de la cure. La psychanalyse substitue aux enjeux initiaux — objectifs et assez définissables — de nouveaux enjeux, qui sont, eux, irréductibles. Le patient y gagne en profondeur. Il développe sa sensibilité aux apories de la condition humaine, à la contingence relative des choix et des rôles qui sont les siens. Mais sa démarche, qui avait initialement un but, a été transformée en démarche de recherche indéfinie. Tant qu'il reste en analyse — et c'est immergé dans l'analyse que le patient doit prendre la décision de l'interrompre —, il ne pourra guère se forger d'idée précise sur lui-même. Et comment savoir ce que signifierait, pour lui, « aller mieux », s'il n'a pas une idée précise de l'homme qu'il doit devenir?

C'est cette impossibilité pour le patient de savoir si la cure est achevée ou non qui permet de comprendre que l'interruption de l'analyse soit presque toujours vécue comme une grande violence[18]. Cette violence, c'est en bonne partie celle du doute qui tourmente le patient sur l'opportunité d'une sortie. Le départ est inéluctable, mais pourquoi partir aujourd'hui plutôt que demain? C'est ainsi « sans certitude absolue » que le patient arrête, il n'arrête que « parce qu'il faut bien arrêter un jour »[19]. Rassurons-le. A s'arrêter plus tôt, il ne serait jamais venu à bout du sentiment que son analyse est incomplète, inachevée : quel que soit le nombre d'années qu'il aura passées en analyse, il aura le sentiment, comme presque tous les analysés, « de ne pas être allé jusqu'au bout de [son] exploration »[20].

Que des analystes — par ailleurs peu nombreux — cherchent à maintenir leurs patients en analyse le plus longtemps possible ne constitue pas l'enjeu qui donne un sens à tous ces développements sur les facteurs de persévération. Le problème essentiel réside dans le fait que la méthode analytique donne à l'analyste seul la légitimité dans la décision de mettre fin à un traitement, et que le moment que l'analyste jugerait opportun pour interrompre la cure coïncide rarement avec celui que le patient aurait privilégié : il lui est presque systématiquement postérieur. Pourquoi? Qu'un intérêt financier puisse déterminer certains analystes à faire durer les cures, cela est possible; mais ce facteur est difficile à évaluer, et ne concerne, de toute évidence, qu'un minuscule aspect de la question. Nous préférons l'évacuer, car il nous ferait passer à côté de paramètres autrement plus essentiels. Pour le dire simplement, il nous semble que c'est en bonne partie la doctrine, d'une part, et l'attitude du patient, d'autre part, qui incitent les analystes à prolonger les cures au-delà de ce que les patients souhaiteraient. Pour avoir une compréhension adéquate de l'attitude des analystes face aux demandes d'interruption de la cure qui émanent de leur patient, il nous faut adopter leur point de vue. A quel spectacle l'analyste est-il confronté? A celui d'un patient qui lui demande, et dans le cas le plus extrême, le supplie[21] de bien vouloir mettre un terme au traitement. Mais, nous l'avons vu, les analystes méconnaissent en grande partie les mécanismes de persévération à l'œuvre chez leurs patients. Il est donc compréhensible que l'analyste se dise que le patient n'aurait aucune difficulté à se séparer de lui si son désir d'arrêter l'analyse était sincère et entier, si son transfert était liquidé, s'il avait véritablement cessé de s'en remettre à lui. C'est alors tout autant l'attitude du patient que les interprétations que lui suggère la théorie du transfert qui l'inciteront à ne pas interpréter les demandes du patient comme des demandes réelles, mais comme des effets du transfert, des résistances qu'il convient de lever. Il est tout à fait envisageable que, pas une seconde, l'analyste ne songe au fait que le patient est peut-être piégé par le dispositif, et non par ses projections. Et ce n'est pas le patient qui parviendrait à lui faire connaître ce fait : son seul pouvoir, sa seule autorité, c'est d'abolir la relation elle-même. On l'a vu, le patient ne jouit d'aucun espace de manœuvre ; la demi-mesure, le compromis ou la simple discussion lui sont refusées : il ne peut prendre ses distances, ou cesser de payer sans que son geste équivaille à une défection, à une rupture de toute communication. Et c'est parce que l'analyste néglige cette impuissance du patient à lui parler depuis un autre cadre que celui de l'analyse qu'il lui sera difficile de prendre au premier degré la demande du patient. Celui-ci ne continue-t-il pas de payer régulièrement ? Et n'assume-t-il pas la position de demandeur, la position de patient ? Il peut bien demander, menacer, se débattre, jurer tout son saoul : son assiduité, sa présence même dans l'espace du cabinet peuvent passer pour une preuve vivante de ce qu'il est encore dans le traitement, de ce que rien n'est fini. Tant que le patient paie, tant qu'il demande, l'analyste n'a aucune raison de prendre les demandes et les insultes pour lui. Si le patient n'était pas ambivalent, peut songer l'analyste, si c'était réellement moi qu'il détestait ou qu'il implorait sans succès, il prendrait congé de moi sans hésiter.

Mais quels critères les analystes appliquent-ils pour juger qu'une cure est arrivée à son terme ? En théorie, le terme de l'analyse coïncide avec la «perte de l'idéalisme», qui se traduit par la liquidation du transfert. Le patient ne fait alors plus dépendre sa vie de quiconque, et surtout pas de l'analyste : il ne s'en remettra plus désormais à personne pour apprendre qui il est et ce qu'il doit faire. Il sera proprement individué. Mais faire dépendre l'arrêt de la cure d'une telle condition est très problématique. L'analyste, non content d'être seul habilité à juger si cette condition est satisfaite ou non, est aussi celui qui a le pouvoir de faire en sorte qu'elle soit satisfaite. Et le plus souvent, il n'est pas conscient de ce pouvoir. En somme, ériger la liquidation du transfert en signe d'achèvement de l'analyse, c'est négliger le fait qu'il est impossible de faire la part des responsabilités respectives de l'analyste et du patient dans cette liquidation : sans doute n'a-t-elle lieu que lorsque l'analyste donne au patient de quoi briser l'image que celui-ci se fait de lui. Cette faiblesse du critère qui signe la fin de la cure — la liquidation du transfert — s'explique aisément. Les buts que les analystes poursuivent pour leurs patients sont aussi divers qu'ésotériques. Ceux-ci vont de la perlaboration de la position dépressive au développement d'un intérêt croissant pour l'objet, en passant par l'augmentation de l'autonomie du moi ou de son degré de cohésion. Peut-on croire un instant que la réalisation de telles finalités dépende d'autre chose que de leur bon vouloir, et peut-être aussi de leur capacité à s'abuser sur ce qui se passe réellement dans la psyché du patient?

La conception psychanalytique des buts de la cure — c'est-à-dire de sa fin — ne nous paraît pas seulement critiquable parce qu'elle fait interpréter comme une illusion transférentielle toute volonté d'arrêter le traitement qui n'aurait pas été inspirée ou suggérée par l'analyste. On peut aussi lui reprocher de ne pas remettre en cause l'idée freudienne que «la notion de «maladie» n'ait qu'une valeur purement pratique et ne soit «qu'une question de plus ou de moins»[22]. Les buts assignés au traitement sont tels qu'ils ne peuvent jamais être absolument atteints, et qu'il est toujours possible de s'en approcher davantage. Et cela reste vrai même si l'on considère, plutôt que les buts savants, les buts qui connaissent une formulation vulgarisée : approcher de sa vérité, se sentir mieux, être plus vivant... Est-il légitime que la psychanalyse se donne le titre de thérapie si elle dissout l'idée de santé, et recommande implicitement à chacun de suivre une cure sa vie durant? (Nous laissons délibérément de côté la distinction que Freud établit entre le malheur névrotique de l'homme avant l'analyse et le malheur ordinaire de l'analysé. Aucun critère n'étant fourni pour permettre la discrimination des deux types de malheurs, elle fait la part trop belle à l'autosuggestion et àla conviction de l'analyste.)

A ce titre, les mises au point qui suivent, écrites par un analyste, méritent d'être citées. Elles sont une réponse honnête à un propos qui s'entend souvent en France : «Plus longue est une analyse, plus grand sera le profit qu'en retirera le patient». Nous ne jugeons nullement que les analysés en perdition que décrit cet extrait soient représentatifs des analysés en général. Aucune des observations que nous avons pu faire ne nous invite d'ailleurs à le penser. Mais, à certains égards, ces patients représentent des types purs de l'*homo psychanalyticus*, des spécimens du nouvel homme qui résulte d'une application illimitée et aveugle du traitement. La psychanalyse ne crée pas un tel état de choses, mais elle le rend possible, et, dans une certaine mesure, elle le favorise. Elle confie à des analystes — qui ne sont que des hommes, sujets comme tous les hommes à l'aveuglement et à l'intérêt — un pouvoir exorbitant.

Il est certainement arrivé à certains d'entre vous de recevoir des personnes qui, après dix ou quinze ans d'analyse, étaient dans l'état déplorable de ceux qui ont tout perdu : leur argent, leur situation, leur femme. Le pouvoir de l'analyste auquel ils se sont livrés les a littéralement décérébrés et ils avouent être prisonniers d'un piège. Après quelques années d'analyse, à l'époque où ils avaient pu constater une certaine amélioration de leur état, [ils] n'avaient trouvé du côté de l'analyste d'autre écho à leur désir de s'en aller qu'un sempiternel « Vous devez poursuivre ». Comme ils attendaient pour partir l'accord de leur analyste, et que l'analyste ne semblait pouvoir tenir à ce sujet aucun autre discours, ils étaient contraints d'entrer dans une dépendance toujours plus extrême. Leur souffrance se trouvait encouragée à se déployer et, dans le même temps, leur incapacité à considérer comme valable leur propre sentiment d'inutilité de la poursuite de l'analyse, et aussi leur incapacité à tirer la conclusion de leur impuissance à se poser comme individu responsable de leur propre destin[23].

En somme, parmi plusieurs dizaines de témoignages d'analysés, il ne s'en trouve pas un seul qui fasse état d'une satisfaction univoque de la demande initiale. Les analysés, en majorité, peuvent bien juger s'être vu offrir quelque chose de plus précieux qu'un bien objectif, voire quelque chose à quoi on ne peut donner de prix, ils admettent que les phobies, l'angoisse, l'anorgasmie... — qui avaient motivé leur entrée en analyse — demeurent non résolues... Et quand bien même des événements ou des modifications de comportement seraient intervenues au cours du traitement, leur lien causal avec le traitement est pour le moins lâche. Peut-on effectuer des prédictions sur cinq ans ? Il n'est nul besoin d'être en analyse pour rencontrer la femme de sa vie, guérir de son eczéma, être infidèle, faire du sport, et divorcer.

Les analysants commencent ainsi une analyse parce qu'ils se sentent aller mal, et la finissent en déniant aux problèmes qui avaient motivé leur entrée en analyse tout intérêt, voire toute pertinence, alors même que ces problèmes subsistent. Notre recours à l'hypothèse de la manipulation représente à ce titre une tentative pour rendre compte du hiatus qui existe dans la représentation des buts de l'analyse pour le patient entre l'entrée et la sortie de l'analyse.

Tout au long du traitement, le patient est privé de l'information minimale concernant sa situation. Et limiter l'accès du patient à l'information, c'est encore en un sens le manipuler. En complète méconnaissance de cause, en l'absence de tout critère solide et objectif, le patient doit délibérer et décider. Il se dit que sa névrose est légère et que cela ne devrait pas être bien long. Il ne peut même pas savoir s'il était dans son intérêt de faire une analyse parce qu'il n'a d'idée précise ni de ce qu'il peut en attendre, ni de ce que cela peut lui coûter, en temps, et en argent. Il ignore qu'il se peut que le travail analytique proprement dit ne commence qu'après deux ou trois ans de levée des résistances, qu'il ne lui arrivera *a priori* jamais rien de décisif qui puisse constituer un critère pour arrêter l'analyse, qu'on constate qu'il est très difficile de s'arrêter, une fois engagé, sans la bénédiction de l'analyste, que s'il souhaite interrompre un jour provisoirement l'analyse, il ne pourra être assuré que l'analyste le reprendra... Le patient ne sait rien. Sa rationalité mise en défaut, il lui faut s'en remettre aux autres instances pour décider s'il y a lieu de commencer, de continuer, ou de cesser. Le pressentiment que c'est une bonne chose, l'impression que «le courant passe avec l'analyste», l'exotisme solennel du divan, l'intuition qu'il lui faut persévérer, l'inclination à finir ce qu'il a entamé, la certitude erronée qu'un jour «ça se passera différemment», en un mot, les conjectures, deviennent alors les seuls maîtres de la décision.

NOTES

[1] *Les fils de Freud sont fatigués*, Catherine Clément, op. cit., p. 129.
[2] *Les analysés parlent*, Dominique Frischer, op. cit., p. 16.
[3] *Cinq psychanalyses*, S. Freud, op. cit., p. 82.
[4] *La technique psychanalytique*, S. Freud, op. cit., p. 88.
[5] *Introduction à la psychanalyse*, S. Freud, op. cit., p. 288.
[6] *Ibid.*, p. 296.
[7] *La technique psychanalytique*, S. Freud, op. cit., p. 56.
[8] *Ma psychanalyse*, Nannina Zunino, op. cit., p. 131.
[9] *Mon analyste et moi*, Joëlle Augerolles, op. cit., p. 32.
[10] *La technique psychanalytique*, S. Freud, op. cit., p. 136.
[11] *Journal*, Anaïs Nin, op. cit., p. 116.
[12] *La technique psychanalytique*, S. Freud, op. cit., p. 97.
[13] *Les analysés parlent*, Dominique Frischer, op. cit.
[14] *Mon analyse avec Freud*, Abram Kardiner, op. cit., p. 90.
[15] *Les mots pour le dire*, Marie Cardinal, op. cit., p. 231.
[16] *Ibid.*, p. 315.
[17] *Ma psychanalyse*, Nannina Zunino, op. cit., p. 360.
[18] *Les analysés parlent*, Dominique Frischer, op. cit., p. 290.
[19] *Ibid.*, p. 288.
[20] *Ibid.*, p. 195.
[21] *Les fils de Freud sont fatigués*, Catherine Clément, op. cit., p. 129.
[22] *Cinq psychanalyses*, S. Freud, op. cit., p. 196.
[23] *Comment faire rire un paronaïaque?*, François Roustang, op. cit., p. 207.

Une intervention morale

> La personnalité *morale*, c'est le conscient; le *mal* en nous, c'est l'inconscient (Tout ceci n'est vrai que très approximativement, mais suffit pour une introduction préliminaire).
> [Freud][1]

En faisant de toute névrose une maladie auto-immune, en affirmant que l'origine de toute névrose est à chercher en soi-même, dans son histoire propre, Freud enjoint le névrosé à répondre de sa névrose. Car il est évident que si la source des maux est en soi-même, la maladie n'est plus cet événement accidentel et contingent sur lequel on n'a pas de contrôle. L'homme est ainsi libre de choisir de rester névrosé, sujet au mal, marionnette de son inconscient, ou de reprendre le contrôle, de développer sa personnalité morale, de devenir conscient.

Or, tout homme est un névrosé en puissance puisque, selon les mots mêmes de Freud, il n'existe entre les «nerveux» et les «normaux», «aucune frontière nette», et que «de nombreux individus passent sans cesse de la classe des bien portants dans celle des névrosés et qu'un nombre bien plus restreint de malades [font] le même chemin en sens inverse»[2]. Il faut ici noter que la névrose n'est pas un mal comme les autres : elle n'engendre pas nécessairement de souffrance, ce qui signifie que nul ne peut savoir par une simple introspection s'il y a échappé. Elle est insidieuse et se développe dans la plus grande discrétion. Les phobies des enfants, par exemple, qu'on réduit au silence en les grondant, guérissent en apparence; «mais personne [selon Freud] ne saurait dire quelles altérations psychologiques nécessite une semblable "guérison", ni quelles modifications de caractère elle implique»[3]. Dès lors qu'existe une thérapie reconnue, qui est en même temps un procédé de prévention de la névrose, on devra considérer qu'on mérite sa névrose, comme on mérite l'enfer, si l'on n'a pas tout mis en œuvre pour s'en libérer. Chacun doit, pour lui-même et pour les autres, faire le choix de la santé ou de la névrose, être le jouet de son inconscient ou répondre positivement de son identité, c'est-à-dire être libre.

L'homme doit ainsi accepter de reconnaître qu'il s'est menti, qu'il s'est voilé la face, et subir ce qui constitue selon Freud la troisième humiliation, après celles que Copernic et Darwin lui a infligées. Il n'est pas conscient. Il n'est pas maître chez lui. Ainsi, tout homme doit avoir le courage «d'aller au bout de l'affrontement avec [lui]-même»[4], s'il souhaite ne pas mourir idiot, et se rendre digne de son humanité. Dans cette perspective, celui «qui se prétend normal» en vient à passer pour «un menteur» ou pour «un imbécile». Et «reconnaître sa névrose devient un signe de distinction»[5]. Dans une certaine mesure, les vertus thérapeutiques de la cure psychanalytique en viennent à se confondre avec ses vertus morales.

Mais c'est une rumeur, celle qui s'élève des rues et des salons, qui prête avec le plus d'insistance ses vertus morales à la cure analytique. Par le biais de lois qu'un freudisme plus ou moins vulgarisé colporte, et qui ont le statut d'évidences, la cure se voit indirectement attribuer une portée morale sans précédent parmi les pratiques médicales : celui qui ne se soumet pas à la cure psychanalytique ne peut que se nuire et nuire à autrui. Parmi les lois les plus courantes, on trouve : «Quand on a été battu par ses parents, on battra ses enfants». Mais si c'était si vrai, comment expliquer qu'en l'espace de deux générations, de règle, la pratique de la fessée soit devenue une exception? Tous les enfants battus ont-ils fait une psychanalyse pour ainsi échapper à leur destin de parents méchants? On entend de même : «Si tu ne t'aimes pas, tu ne pourras pas aimer», ou : «On ne peut faire vraiment du bien autour de soi que si on commence par se faire du bien à soi-même». Or, la signification de ces dernières «vérités» est si riche et si indéfinie qu'elles s'appliquent à toutes les situations et valent pour tout un chacun : ce qui importe n'est en fait pas leur validité, mais la contrainte morale qu'elles peuvent exercer.

Heureusement, la psychanalyse offre de couper court au cycle infernal de la transmission automatique des vices et des névroses d'une génération à la suivante. En analyse, on peut apprendre à s'aimer, prendre la mesure de la faute commise par les parents, et leur donner le pardon. Et comme il n'est pas bien de battre ses enfants, de ne pas aimer et de ne pas faire de bien à ceux qu'on aime, il sera immoral de ne pas réinterroger en analyse sa condition d'enfant battu, de ne pas tenter de s'aimer, de ne pas se faire du bien, il sera immoral de ne pas avoir l'humilité de travailler sur soi.

Résumons. La santé et la maladie ne diffèrent pas en nature, et, par conséquent, presque rien ne distingue un homme sain d'un névrosé. Ainsi, c'est toute l'humanité qui est concernée : la portée du message freudien est universelle. De plus, la névrose d'un sujet est due à sa méconnaissance de certains aspects de lui-même. Ce qui manque à l'humanité malade, c'est donc un savoir... sinon celui des refoulés pathogènes, du moins, dans un premier temps, celui de l'existence de l'inconscient. En somme, les sujets « sains » le seraient davantage s'ils se connaissaient mieux. Et puisque la santé est affaire de savoir, l'écart entre le soin et l'enseignement se comble, les figures du médecin et du savant (de celui qui *analyse*) fusionnent, pour autant que les malades veuillent bien apprendre leur leçon, et recouvrer ainsi la santé. Chaque leçon sera, dans la mesure du possible, propre au sujet qui devra l'assimiler, et, pour cela, il devra prendre part à son élaboration. Mais les mots, les concepts, les tours de pensée, et, le plus souvent, les idées elles-mêmes, n'en doivent pas moins être acquis auprès de l'analyste. Car il ne suffit pas d'avoir les yeux ouverts pour voir.

GUÉRISON ET CONVERSION

Freud prétendait que la santé consistait à pouvoir aimer et travailler. Mais les patients qui entrent en cure aujourd'hui aiment et travaillent, dans leur grande majorité. Morale, la psychanalyse le sera donc aussi dans la mesure où l'enjeu de la cure pour le patient, c'est le mieux-vivre, et que le mieux-vivre ici n'est pas réductible à la restauration d'un état antérieur. Déterminer la plus haute santé, non pas celle du corps, ou de l'esprit, mais celle d'un sujet, d'un homme, c'est littéralement s'engager dans le champ de la morale, si l'on accepte avec nous de considérer que la spécificité de la morale réside dans le fait qu'elle soit à elle-même sa propre fin, qu'elle ne soit pas asservie à une finalité externe. Si mieux vivre signifie vivre plus adéquatement à sa nature de sujet inconscient, alors le mieux-vivre proposé par la cure a le même statut, d'une certaine manière, que l'aspiration morale au bien. Ce n'est plus devant autrui, ou devant un dieu mais devant lui-même que, dans une thérapie analytique, l'homme doit répondre de soi, puisque l'inconscient (à la fois autre et dieu personnel) l'habite à sa manière, sachant tout de lui, et ayant tout pouvoir sur lui. Une patiente le dit explicitement :

> L'inconscient, c'est quelque chose de magique : mon inconscient je l'aime bien. Avant, il y avait Dieu tout puissant qui voyait tout ce que je faisais et maintenant, il y a l'inconscient qui ne me rate pas au tournant. Parfois il fait aussi preuve d'humour, alors je vis avec lui comme s'il était quelqu'un d'autre, un double, un esprit magique[6]...

Nous retrouvons ici le sentiment de clivage évoqué plus haut :

> A propos des fétus de paille, [mon psychanalyste] m'a demandé s'il s'agissait d'un jeu de mots. J'ai fini par comprendre que lui jouait sur la sonorité du mot fétus. Fœtus. Je n'y avais pas pensé, mais mon inconscient, lui, y avait pensé[7].

Et c'est ce sentiment de clivage, ce sentiment d'être habité par un autre, ou de ne pas coïncider avec soi-même, qui donne à la contrainte morale sa force. Naturellement, l'idée que l'on a des devoirs envers soi-même impose une redéfinition du bien et du mal. Est bon ce qui est adéquat à l'identité profonde ; est mauvais ce qui s'éloigne du soi. Notons que les péchés sont immédiatement punis par l'inconscient puisque le fait de perdre de vue son identité authentique est pathogène.

Si la psychanalyse marche sur les mêmes terres que la morale, il est prévisible que le patient attende de la psychanalyse qu'elle lui enseigne des normes plutôt qu'elle ne lui dispense des soins : la psychanalyse ne doit plus traiter des symptômes, mais donner à chacun les moyens d'être ce qu'il est en tant qu'homme, c'est-à-dire lui indiquer les normes auxquelles il devra se conformer pour être un homme au sens plein.

En associant santé et savoir, la psychanalyse pose en outre bien d'autres problèmes nouveaux. Elle inaugure en particulier le champ de la connaissance de l'identité individuelle. La psychanalyse ne cherche pas à modifier directement le comportement, les opinions, ou la personnalité ; elle propose, de façon bien plus ambitieuse et bien moins évidente, de faire du « soi » l'objet d'un travail. Pour prétendre que le soi peut faire l'objet d'un travail, et en premier lieu d'une investigation, elle doit postuler que le soi est défini. Par là, elle promet qu'en cherchant bien sa vérité, on est assuré de la trouver. La promesse n'est que rarement honorée par les analystes. Mais l'idée d'inconscient, qui est la matérialisation de ce quelque chose, de cette identité vraie et totale qui existe dans le sujet et l'anime à son insu, n'en persiste pas moins à laisser croire au patient que seules l'investigation et la connaissance de cette idée secrète ouvriraient les portes de la plus haute santé.

LA NÉVROSE COMME PROBLÈME IDENTITAIRE

> L'incapacité où sont les malades d'exposer avec ordre l'histoire de leur vie en tant qu'elle correspond à l'histoire de leur maladie n'est pas seulement caractéristique de la névrose, elle revêt aussi une grande importance théorique... Si le but pratique du traitement est de supprimer tous les symptômes possibles et de leur substituer des pensées conscientes, il en est un autre, le but théorique, qui est la tâche de guérir les lésions de mémoire du malade. Les deux buts coïncident ; si l'un est atteint, l'autre l'est aussi ; un même chemin mène aux deux[8].

A la lecture des témoignages de patients analysés par Freud, il apparaît que tous lui paraissaient souffrir approximativement des mêmes maux, et avoir oublié les mêmes faits. Un patient de Freud confirme nos observations :

> Une fois que Freud avait repéré le complexe d'Œdipe et conduit le patient jusqu'à son homosexualité inconsciente, il ne restait plus grand-chose à faire. On débrouillait le cas du patient et on le laissait recoller les choses ensemble du mieux qu'il pouvait. Quand il n'y réussissait pas, Freud lui lançait une pointe par-ci par-là afin de l'encourager et de hâter les choses[9].

Les choses ont un peu changé entre-temps. Jouissant désormais du droit à la perlaboration, les patients ont eu plus souvent l'occasion de négocier quelques accommodations avec l'analyste. La diversité des histoires de vie s'en est sensiblement accrue. Cette singularisation a évidemment un coût. Les cures durent beaucoup plus longtemps, et, par conséquent, recouvrer la santé, ou du moins limiter l'extension de la névrose, coûte beaucoup plus cher.

Avec la singularisation des analyses, distinguer les éléments névrotiques des éléments sains dans la personnalité est devenu plus difficile. Les normes de la santé se sont multipliées et la tolérance aux idiosyncrasies irréductibles par l'analyse s'est accrue. Il est permis à un patient d'assumer son homosexualité dans la mesure où son histoire la rend inévitable. Une nymphomane sera en droit de se percevoir comme une assoiffée d'amour...

« Il faut s'accepter tel que l'on est, il faut accepter qu'on ne soit pas tous les mêmes. » Être névrosé et être « différent » deviennent ainsi peu à peu synonymes. Pour le dire autrement, la névrose a acquis la valeur d'un droit, l'essentiel étant de jouir de ce droit, c'est-à-dire de s'accommoder de son état. La problématique essentielle devient alors le dépassement des contraintes ou la levée des tabous, et la nécessité de s'assumer. Si, de plus, l'anormalité devient un ingrédient attendu de l'identité, la notion de santé, déjà bien ambiguë, perd tout intérêt. De thérapie de la remise en question hyperbolique, il arrive fréquemment que l'analyse devienne ainsi une instance de légitimation du *statu quo* identitaire, du « Je suis tel, donc je dois m'assumer tel ».

La simple formule de Freud «L'histoire de leur vie en tant qu'elle correspond à l'histoire de leur névrose» constituait déjà une préfiguration de cette confusion entre identité et problème. De là à envisager la maladie comme un problème d'identité, il n'y a qu'un pas. Comme un expert psychiatrique qui partirait de l'acte dont le prévenu est accusé pour comprendre sa personnalité, lui imposant par avance une personnalité uniquement vouée à l'explication du délit, l'analyste érige les dysfonctionnements du patient en seuls maîtres et juges de sa personnalité, au mépris de tout ce qui, par ailleurs, «fonctionne» bien en lui : ainsi, deux ou trois pauvres lapsus en diront bien plus long sur le patient que tous les discours raisonnés qu'il peut tenir sur lui-même. Ce qui, aux yeux de ce sujet naïf qu'est le patient, constitue à l'origine un désordre, est appréhendé par l'analyste comme son essence, comme ce qui lui est le plus propre. Si la cure analytique consiste effectivement en un long travail diagnostique, il n'y a pas à s'étonner que la majorité des patients voient en leurs symptômes les indications les plus fiables du fonctionnement réel, non de leur névrose, mais de leur vie psychique même. C'est finalement leur mal qui est à même de leur dire qui ils sont et ce qu'ils veulent. Ce qu'ils se sont tu, ce qu'ils méconnaissent, c'est leur «plus vraie vérité». Les patients se voient enseigner les causes de leur mal, lequel définit, mieux que quoi que ce soit d'autre, leur singularité méconnue. Quelle représentation un patient peut-il en venir à avoir de lui-même, si sa vérité se résume à sa maladie ?

Pour prétendre ainsi que la névrose est un problème d'identité, et inviter tacitement à penser que tout problème d'identité relève de la névrose, la psychanalyse a dû démesurément grossir l'importance quantitative des phénomènes névrotiques par rapport à d'autres formes de troubles, moins aptes sans doute à suggérer l'idée que le patient pâtit de ce qu'il méconnaît, de son inconscient, et que ses symptômes ont un sens codé. La psychanalyse met de côté tout ce dont le sujet a décidé et décide, comme tout ce qu'il sait de lui. Elle exploite systématiquement les aspects d'une vie humaine qui ne se laissent pas comprendre, dont le sujet ne peut rendre compte, ou que le sujet a subi passivement (dans l'enfance généralement). Elle incite ainsi à déduire fallacieusement du déterminisme des symptômes celui de l'ensemble des actes et conduites humaines, ou à tirer du fait que certaines des manifestations de la conscience s'effectuent à son insu une hétéronomie de toute la conscience. Elle rejette enfin arbitrairement hors de la sphère du psychologique les troubles pour lesquels l'analyse n'est pas indiquée, parce qu'ils mettraient en doute l'universalité de ses thèses. Elle se garantit ainsi le monopole du psychologique. Or, les phobiques, les hystériques — au sens clinique — et les obsessionnels se font rares, s'ils ne l'ont pas toujours été. Qui est-ce qui fréquente aujourd'hui l'hôpital psychiatrique par exemple? Essentiellement des toxicomanes, des alcooliques, des suicidés, des dépressifs, des psychotiques. Autrement dit, le lot le plus commun de la maladie mentale échappe à la psychanalyse. En outre, ce que Freud nomme névrose correspond aujourd'hui à l'angoisse ou à la difficulté à vivre, dans la mesure où les symptômes proprement hystériques tels que les décrit Freud ne se rencontrent plus, et où ceux qui consultent en sont réduits bien souvent à voir un symptôme névrotique, faute de trouver mieux, dans le fait qu'à 30 ans, ils ne sont pas mariés, ou qu'ils font de l'asthme, ou qu'ils sont anxieux. Ne peut-on alors toujours rattacher la névrose « au potentiel d'angoisse dont tout homme, de par sa condition, est porteur, et qu'il est sans doute vain de chercher à expliquer » en recourant à des données biographiques? « Affirmer avec les freudiens que cette angoisse est toujours essentiellement "angoisse devant la pulsion" »[10], n'est-ce pas interpréter comme maladie ce qui n'est que le fait de la condition humaine?

La cure analytique est un traitement, et prétendre que toute souffrance est le signe d'une pathologie à laquelle l'analyste peut trouver une solution, ou de laquelle il y a quelque chose à dire, c'est promouvoir un conformisme plus insidieux et plus tenace qu'aucun autre. Lorsque Anaïs Nin se dit qu'« il y a sûrement quelque chose d'anormal dans [sa] si grande envie d'être aimée et comprise »[11], c'est l'analyste que nous entendons parler à travers elle, dénonçant comme pathologique une envie pourtant si naturelle. L'angoisse de « passer à côté de soi-même » ou de ne pas « communiquer authentiquement » en acquiert la concrétude du souci de ne pas faire le mal, ou de gagner sa vie. Les normes et le souci de la santé en viennent à entrer jusque dans les cœurs et le lit de patients autrefois épargnés par les impératifs de réussite dans ces domaines. La possibilité d'une interprétation en termes de pathologie de toutes les dimensions de la vie humaine réduit la part des comportements et des pensées sur lesquels le patient est en droit de ne pas jeter un regard critique. Il lui faut désormais tout choisir, tout assumer. Lorsqu'on parle d'affectivité malade, ou de sexualité malade, ne sous-entend-on pas qu'il est de bonnes et de moins bonnes affectivités et sexualités? Malade ne doit-il pas être entendu comme un synonyme de mauvais?

Il faut en outre noter que le fait de poser un phénomène subjectif comme une affection relevant d'un traitement en altère profondément la nature. Les sentiments, les désirs, les projets, les états d'âme, les caractéristiques psychologiques d'un sujet n'ont pas de matérialité. Ils n'ont d'existence que dans la mesure où ils affectent le sujet. Si celui-ci, pour obéir aux exigences de l'analyse, les définit, les met à distance et en interroge la valeur ou la signification, ils perdent leur naïveté, et apparaissent au sujet comme distincts, comme extrinsèques, bref, comme de possibles objets d'un savoir, ce qu'ils ne sont pas, et ne peuvent pas être. Leur activité, leur pression n'en est pas pour autant réduite. Le patient peut ainsi en venir à être à une grande distance de lui-même, intellectuellement, sans pouvoir cependant se reconnaître dans ses affects ou s'identifier à ses inclinations, puisque ce n'est pas leur vocation que d'être connues, et qu'on ne peut rien faire dire d'autre à une affectivité que ce qu'elle dit lorsqu'elle affecte le patient. Ce sentiment de clivage identitaire a pu être éprouvé maintes fois en analyse, du fait que le procédé d'abréaction n'est pas opératoire. Il ne suffit pas de ressentir et d'avoir le sentiment de connaître une réalité psychique pour que celle-ci soit affaiblie ou perde de son efficience. Connaître le sens de ses actes n'aide guère à les habiter, à les faire réellement siens, bien au contraire. La connaissance du fonctionnement de l'appareil digestif n'a jamais aidé quiconque à digérer. On peut d'ailleurs constater que les seuls individus qui fassent de leur appareil digestif, de leurs membres ou de leurs facultés propres un objet de connaissance sont les schizophrènes — les victimes du clivage identitaire le plus radical.

Le paradoxe de la psychanalyse contemporaine est que, tout en étant parfaitement tolérante, bien souvent athée, et affranchie explicitement de toute morale, elle demande des comptes de tout. La cure moderne a souvent les apparences d'un confessionnal où, de chacune de ses paroles, le patient devrait prendre la mesure, sans que pourtant l'analyste en fasse autre chose qu'un constat : elle accuse sans rien reprocher. Elle érige un ordre moral individuel, sans vraiment se prononcer sur ce qui est bon et sur ce qui est mauvais, sinon de manière formelle : il faut être adéquat à son identité.

Les analystes invitent ainsi leurs patients à se livrer à un harcèlement identitaire permanent. Comme celui qui interroge l'intention qui était à l'origine de son acte pour savoir si celui-ci est conforme à l'idée qu'il se fait du bien, le patient est invité à interroger la nature de ses affects pour savoir si ceux-ci sont bien les siens, lui sont bien propres. Mais à partir du moment où les affects sont mis à distance, « qui » reste-t-il qui puisse juger de ce qui est propre et sien ? A l'aune de quels critères va-t-il juger de la conformité de ses affects à ce qu'il est ? Il est en proie à un scrupule permanent, à un soupçon irréductible et insoluble. Nulle norme positive qui émanerait du psychanalyste ne l'aide à s'approcher de lui-même, ne lui permet de reconnaître avec assurance ce qu'est ce lui-même.

Chacun est pour lui-même un autre, et à cet autre, il faut rendre des comptes. Jusqu'ici, l'éthique ne concernait que les rapports de l'homme avec son prochain. L'évaluation analytique d'un acte ne fait plus porter l'attention sur l'acte lui-même, mais sur ses mobiles, sur les désirs qui ont présidé à son accomplissement. Et autant l'acte et les rapports à autrui avaient une matérialité et une extériorité qui en permettaient une évaluation méthodique et rigoureuse, autant le rapport à soi-même est par définition vulnérable, soumis à la partialité de l'observateur qui s'observe lui-même, et rendu infiniment complexe, du fait des nécessaires mises en abîme. La conformité à une telle éthique est décidément aussi coûteuse qu'éprouvante.

La psychanalyse est ainsi responsable de la création d'une nouvelle tâche, d'un nouveau souci, d'un nouveau devoir. Il faut connaître sa vraie identité, pour ne pas être la dupe de soi-même. C'est une norme, mais elle n'est pas assortie des règles positives qui la rendraient applicables. De même que le commandement «Tu dois faire le bien» ne donne pas de définition forte et positive du bien, de même l'impératif analytique «Tu dois savoir qui tu es» ou «Tu dois être toi-même» définit une forme de devoir sans contenu.

Le psychanalyste fournit cependant une indication précieuse au patient : il lui enseigne les modèles théoriques auxquels il lui faut recourir pour s'appréhender convenablement. L'introspection sur le mode analytique n'est demeure pas moins une forme d'introspection comme une autre. Le patient, sur les conseils de l'analyste, et grâce aux modèles identitaires que celui-ci lui fournit, ne s'y perçoit plus à l'ancienne manière comme divisé entre bien et mal, égoïsme et altruisme, ou lâcheté et courage, mais comme divisé entre principe de plaisir et principe de réalité, désir et censure, Surmoi et ça, exigences parentales et désir propre... Le freudisme distingue différentes instances psychiques, les nomme et distribue des rôles à chaque instance. Les tensions, les doutes, les interrogations du patient se voient ainsi structurés et formulés selon des modèles fournis par les concepts freudiens. En même temps que des représentations de l'homme, les modèles freudiens donnent la priorité à certaines dimensions de l'existence humaine (l'affectivité, la sexualité...) plutôt qu'à d'autres (la volonté, la force...), et suggèrent certaines voies de développement (la connaissance de soi, l'anamnèse plutôt que l'effort de volonté ou l'abnégation...). Ce faisant, elle incite les patients à faire porter leurs efforts et leur ambition sur tels objets plutôt que sur tels autres. Elle brouille certains repères, et en donne d'autres.

UNE MORALE À LA MESURE DE L'INDIVIDU

L'introspection systématique à laquelle la psychanalyse invite n'est en elle-même pas dépourvue d'effets. Elle a en premier lieu le pouvoir d'amplifier la perception que le sujet a de lui-même à un très haut degré.

Le soi devient ainsi un centre d'intérêt quotidien. Et l'on observe que, hors du cabinet, pendant comme après le traitement, le soi continue de faire l'objet de toutes les attentions. La psychanalyse développe l'individualisme du sujet jusqu'à lui donner la possibilité de s'engager envers lui-même avec autant de fermeté que s'il s'engageait envers un tiers. L'analyse responsabilise le sujet jusqu'à en faire le premier juge de lui-même. Les analystes peuvent bien prétendre lutter contre les Surmoi dévorants, les consciences morales écrasantes et inhibantes, les analysés se montrent plus impérieusement tendus vers l'image qu'ils veulent avoir d'eux-mêmes que quiconque. Jamais de paresse quand il s'agit de s'occuper de soi, de pingrerie quand il s'agit de dépenser pour soi, de méfiance quand il s'agit de s'aimer. Les patients en analyse, comme d'ailleurs tous ceux qui sont imprégnés de l'esprit «*psy*», s'imposent plus que quiconque des régimes diététiques draconiens, des pratiques sportives intensives, ou simplement s'offrent sans limitation quantitative voyages, vêtements, week-ends psychothérapiques, produits de beauté... Bien des patients clament qu'un peu d'égoïsme ne nuit pas, ou vivent comme salutaire le droit qu'ils se donnent de ne s'occuper que d'eux-mêmes. Une patiente décrit ainsi tout le profit qu'elle tire de la suppression du remboursement par la Sécurité Sociale de ses séances d'analyse :

> En payant moi-même [mon analyse], je n'étais plus malade, ça devenait comme acheter un quart de beurre chez l'épicier (...) c'est peut-être utopique, mais j'ai eu l'impression de ne plus être malade, mais d'être à la recherche de moi, de mon autonomie[12].

Le rapport à soi-même devient beaucoup plus riche, beaucoup plus intense qu'avant. Aller chez l'esthéticienne, s'offrir un week-end à la campagne, une croisière pour les vacances, prendre un bain... tous ces actes sont chargés d'une nouvelle signification : l'analysé s'offre des cadeaux à lui-même, et il s'occupe de lui-même comme il s'occuperait de quelqu'un qu'il aime. Il est significatif à cet égard que les analysés donnent si souvent un sens réflexif à des verbes initialement non-pronominaux : s'aimer, se retrouver, s'assumer, se mentir, se dire, se consoler...

Comme cependant le discours intérieur sur ce qui est vécu est omniprésent, une certaine innocence est perdue dans l'appréhension de ce qui se passe. La sensibilité des patients à la contingence, au hasard de ce qui advient, est perdue. La vie de certains analysés ressemble ainsi à une histoire qu'ils se raconteraient à eux-mêmes : en se demandant à propos de chaque événement, de chaque moment vécu, s'il est adéquat à leur identité, s'il leur ressemble, ils font perdre à la réalité sa force ; elle finit par se confondre à leurs yeux avec ce qu'ils s'en disent. Le mot étouffe la chose qu'il devait initialement faire exister. C'est ainsi que les actes perdent leur objectivité : ils ne sont plus que l'interprétation que l'on s'en donne subjectivement. Les faits eux-mêmes sont dissous au profit de leur signification. Revenons un instant à l'analyse proprement dite pour comprendre par quels mécanismes la réalité se voit « déréalisée ».

Nous avons vu plus haut que l'analyste refuse systématiquement d'entrer dans le jeu de son patient. Si le patient lui fait savoir, par exemple, qu'à tel âge, il a subi un viol, l'analyste rigoureux et compétent se fera un devoir de ne pas réagir, de ne pas sortir de sa réserve et de son impassibilité. Il sera sans doute ému de l'apprendre, mais il ne perd pas de vue l'essentiel : seule importe la traduction psychique de l'événement, la manière dont le patient l'a compris, et l'a intégré dans son histoire. Le patient, ainsi dessaisi d'un élément biographique qu'il tenait pour absolu, et qui était constitutif de sa singularité objective, doit renoncer alors à y voir autre chose qu'un élément de sa subjectivité à lui. Le viol n'est pas minimisé ou tu, mais il perd sa vérité comme le poids de sa factualité. De fait objectivement advenu, il se mue en expérience subjective intense. Que les analystes prennent si rarement la mesure du poids d'un événement réel permet peut-être d'expliquer qu'ils envisagent majoritairement les violences subies en termes de conflits pulsionnels. Si, effectivement, le viol représente pour le sujet un moment douloureux, cela ne peut s'expliquer, selon un analyste rigoureux, que par le fait qu'il a été l'occasion pour un affect refoulé de resurgir avec violence. De même, si Freud, après avoir abandonné sa théorie de la séduction, qui envisageait les névroses comme la conséquence d'abus sexuels perpétrés sur l'enfant, a prétendu que l'incapacité des femmes (qu'il croyait systématique) à se défendre contre leur violeur résultait d'un conflit psychique insoluble entre sensualité et culpabilité, il faut sans doute y voir une conséquence de la réduction de tout problème à un problème pulsionnel : il n'y a décidément plus de faits, mais seulement des « vécus », et un discours sur les « vécus ».

L'appréhension que les analysés font de leur « vie spirituelle » fournit aussi une bonne illustration des effets pervers que peut avoir cet incessant discours sur soi-même. Nous voyons régulièrement des adeptes de la psychanalyse se tourner vers les « nouvelles spiritualités » qui reposent essentiellement sur le détachement à l'égard de soi-même. Or, presque systématiquement, cet intérêt pour le « spirituel » est l'occasion d'un curieux paradoxe : c'est lorsqu'ils s'efforcent de s'affranchir de leur « enveloppe corporelle », d'être une « pure présence au monde », de se nier en tant que singularité... que les adeptes sont le plus enfermés en eux-mêmes. Les discours qu'ils tiennent sur leurs « expériences spirituelles » trahissent systématiquement que c'est toujours dans l'espoir d'en retirer un profit affectif, de s'enrichir humainement, de s'offrir une nouvelle expérience d'eux-mêmes qu'ils entreprennent ces « recherches ». En somme, les analysés se préoccupent perpétuellement de leur identité, jusque dans leurs tentatives pour se détacher d'eux-mêmes. En analyse, les patients auront désappris à s'abandonner, à «lâcher prise», à ne plus détacher leur conscience d'eux-mêmes.

LE DÉSIR, SEUL MAÎTRE

Dans cet enrichissement quantitatif et qualitatif de la perception de soi, une dimension particulière de l'identité fait l'objet d'une attention particulière : le «désir». Et, là encore, l'intérêt que les analysés portent à leur «désir» dans la «vie réelle» paraît être une conséquence directe de ce qui se passe en analyse. Tout au long du traitement, le patient est prié de raconter ses rêves parce que, selon Freud, tout rêve est l'expression d'un désir interdit. Freud était si convaincu de cette thèse qu'il en vit jusque dans les cauchemars la confirmation. Il y a cauchemar, prétendit-il, lorsque le désir ne parvient pas à se déguiser suffisamment pour que le sommeil n'en soit pas troublé. Associer librement, faire la relation de souvenirs et de faits, décrire ses symptômes, ses peurs, ses phobies... toutes ces pratiques sont elles aussi régies par la recherche du désir, soit que celui-ci les sous-tende, soit que celui-ci les traduise. La pathologie même doit être envisagée comme la compromission d'un désir. En ce sens, soigner, c'est donner une représentation consciente au désir qui jusque-là s'exprimait à travers les symptômes morbides (ce qui a fait dire à Freud que la névrose est l'activité sexuelle des malades).

C'est sans doute parce que l'expérience a révélé qu'on ne venait pas à bout d'une souffrance en en dévoilant l'origine et que Freud, en somme, s'était trompé sur ce point, qu'un autre aspect de la pensée freudienne a été sollicité. Le vrai coupable désormais n'est plus tant la névrose que les normes contraignantes, coercitives, qui ont barré la route à la spontanéité et à la vérité du sujet. Pour limiter les souffrances de leurs patients, les analystes en sont peu à peu venus à les inciter à mettre en cause leur environnement moral et humain.

C'est aussi pour expliquer que ce désir ait été dévoyé et perdu que la psychanalyse contemporaine s'en réfère aux programmations dont le patient a été le jouet. Ce faisant, elle l'encourage à l'affranchissement, au dépassement des contraintes étroites que lui ont assignées ses parents, et, secondairement, l'école, les grand-parents... Mais comment reconnaître une contrainte ? Comment distinguer une limite arbitraire d'une limite juste ? A partir de quand la «répression civilisatrice» ne doit-elle plus être supportable ? supportée ? En lui indiquant qu'il a été empêché de se connaître, l'analyste invite son patient à voir dans les limites naturelles qu'il s'était données, des limites interdictrices, des censures émanant d'autorités qu'il a intériorisées à ses dépens.

Une nouvelle fois, la psychanalyse interfère avec la sphère morale. En prétendant qu'il y a conflit entre les exigences parentales ou sociales que le sujet a intégrées, et la spontanéité de son désir, un analyste ne peut que l'inciter à enfreindre toutes ses programmations. Un aménagement personnel de la morale doit nécessairement s'ensuivre. Une patiente peut ainsi être incitée à trancher en faveur d'une homosexualité jusqu'alors hésitante. Ses doutes et ses scrupules étant interprétés comme le signe de censures résiduelles, elle tendra en effet à se méprendre sur la force de son inclination. A l'horizon de cette appréhension de la souffrance comme opposition à une norme, une morale sans lois fermes voit le jour. Un comportement qui ne nuit ni à autrui, ni à soi pourra y être tenu pour moral. Lorsqu'une patiente[13], alors âgée de 43 ans, connaît ainsi pour la première fois de sa vie une autre femme, après avoir un peu bu, elle ne fait rien d'autre que penser que «l'expérience homosexuelle (...) était sans doute la réalisation d'un désir inconscient de [sa] mère». Elle songe ainsi qu'à travers cet acte, elle demandait à sa mère de lui «permettre d'aimer un homme : le désir inconscient de [sa] mère a répondu qu'il fallait d'abord passer par une femme»[14]. Le raisonnement que cette patiente a pu tenir pour éluder aussi rapidement tout scrupule pourrait être le suivant : «Ma partenaire et moi étions satisfaites. Nous ne nous sommes pas fait de mal. Donc, notre comportement était moral». A terme, on pourra tenir pour moral tout comportement qui ne lèse ni son auteur, ni ceux qui sont concernés par ce comportement.

Naturellement, une telle morale, si elle peut en libérer certains, n'aide guère la majorité des patients à résoudre leurs incertitudes, leurs doutes. Peut-elle même supporter une identité ? Le sentiment d'une identité ? Le désir est censé fournir sa «loi» au sujet affranchi de toutes ses inhibitions morales, de tous ses corsets comportementaux. Mais qu'est-ce qu'une loi dont l'application doit toujours être choisie ? Une loi qui n'exerce pas de contraintes ? La «liberté sexuelle», la liberté de s'émanciper de sa famille, de faire ce que les normes assimilées par le patient pendant l'enfance proscrivent... toutes ces libertés ne donnent au sujet qui les accomplit le *sentiment de la liberté* qu'aussi longtemps que dure le sentiment de la transgression, la sortie hors des cadres institués par le milieu, la religion ou l'ancienne morale. De fait, le désir tel que le conçoit la psychanalyse n'est jamais évoqué que dans le dépassement de ce qui l'arrête ou le contraint. Sa positivité et son caractère défini paraissent d'autant plus concrets qu'il bute contre des interdits, mais sitôt les interdits dépassés subjectivement, le désir se révèle indécision. Les patients entendent certainement un plus grand nombre d'affects et de désirs, qu'ils passaient sous silence en eux-mêmes avant l'analyse, ou sur lesquels ils ne s'étaient pas arrêtés. Mais cette focalisation de l'attention sur tout désir, quel qu'il soit, tend à détruire l'ordre ancien, où entre désirs incompatibles, le sujet avait opéré un choix. La hiérarchisation des désirs, la décision de donner à tel ou à tel désir la priorité devait se comprendre par rapport à l'économie globale des désirs du patient. La perspective d'une illimitation des possibles, ouverte par l'analyse, rend dérisoire et en tout cas précaire l'élection de tel objet plutôt que de tel autre objet. Le choix systématique du désir promeut une logique à court terme. Son infinité virtuelle déconstruit et fragilise plutôt qu'elle ne définit. Faute de disposer d'un critère qui permette de distinguer une conduite adéquate au désir d'une conduite inadéquate, l'intensité de l'expérience subjective sera érigée en critère. Le fait qu'il se passe en soi quelque chose de fort est le signe que le patient est bien en train de vivre. C'est désormais une logique du «pourquoi pas?», une logique de la gratuité qui présidera à ses choix. Naturellement, l'ennui n'est pas loin : l'analysé est tout près de n'être plus nulle part chez soi.

La valorisation du désir propre entraîne aussi une affirmation de soi sans précédent. Il n'est plus de second rôle, de fille de l'ombre, de cadet... L'analysé perçoit avec moins d'acuité ses devoirs : l'idée que chacun doit rester à sa place et assumer sa condition lui devient plus étrangère à mesure que la cure imprègne davantage l'atmosphère morale de la vie qu'il mène. «J'ai des droits, j'ai droit à tout ce à quoi les autres ont droit!» devient la maxime de référence. La psychanalyse fabrique ainsi — on ne saurait le lui reprocher — des maîtres, indépendants et autonomes, ou du moins des sujets qui se veulent tels. Cette révélation des droits inaliénables qui sont les siens incite en tout cas l'analysé à demander des comptes à ses proches : c'est là sans doute l'origine réelle de la croyance hypothétique mais répandue selon laquelle la psychanalyse conduit au divorce.

L'AUTHENTICITÉ DEVANT SOI-MÊME

De fait, la recherche de l'authenticité — une recherche qui peut le conduire aux décisions les plus brutales — occupe une place de choix dans les préoccupations de l'analysé. Et cela se comprend aisément : au patient en analyse, l'inconscient fait l'immense promesse que chaque moment vécu le sera en conformité avec le désir, que chaque acte, et que chaque décision seront habités par l'être tout entier, du fait qu'ils auront été inspirés à la subjectivité par l'inconscient, et que celui-ci ne peut pas le tromper puisqu'il est détenteur de sa vérité ultime. Toutes les souffrances, toutes les attentes, toutes les joies seront inscrites dans un ordre supérieur, sans contingence. Être à soi-même sa seule référence, et peut-être sa justification ultime, s'enfanter soi-même, trouver, en un mot, l'absolu en soi-même face à la contingence du monde, telle est la promesse de l'inconscient.

Pour voir réaliser cette promesse, le patient doit naturellement y mettre du sien. Mais sa tâche est essentiellement négative. La vérité du patient, c'est qu'il n'est pas le professionnel avec lequel il se confond huit heures par jour, ni celui que ses parents ont voulu qu'il soit, ni celui que sa femme voit en lui. Être soi-même, c'est être affranchi de toutes les déterminations extrinsèques.

A force de vouloir échapper aux définitions que les autres avaient donné de soi, l'inscription dans un collectif, que celui-ci soit familial, ethnique, religieux, social ou professionnel, n'est plus jugée déterminante ni prise au sérieux.

> Dès le jour où il a commencé à travailler sur lui, d'abord par des séances de psychodrame, puis par une analyse, toute la constellation familiale s'est écroulée. Pour la première fois, il a *osé* coucher avec une autre femme que la sienne. Il a eu d'autres maîtresses, s'est séparé de son épouse, puis a quitté la ville où celles-ci et ses enfants vivaient. Aujourd'hui, ses enfants lui manquent, il envisage de revivre avec sa femme[15].

Certes, cette citation est un sommet d'inférence peu rigoureuse : les faits et les hypothèses n'y sont pas distinguées, la voix de D. Frischer, l'intervieweuse, et celle de l'analysé sont indissociables, et les événements familiaux survenus pendant l'analyse sont étroitement mis en relation avec l'analyse. En réalité, l'opinion de ce patient concernant l'incidence de la cure sur sa vie a peu de chances d'être fiable : il a sans doute entamé les «séances de psychodrame» parce qu'il jugeait que quelque chose ne lui convenait pas dans sa situation. En outre, il a été amené, comme tous les patients, à évoquer en analyse tout ce qui compte pour lui, à parler de toutes les décisions qu'il devait prendre ou souhaitait prendre. Il est donc naturel qu'il prête spontanément un rôle propre à l'analyse alors que celle-ci n'a peut-être fait qu'accélérer le cours des choses. Pourtant, cet extrait, dans son caractère excessif, caricatural, rend bien compte d'une situation trop récurrente pour qu'il soit permis de ne pas le prendre au sérieux : il dévoile le caractère solipsiste que la psychanalyse tend à conférer à la personnalité de ceux qui l'ont approchée. Un autre extrait rend bien compte aussi, quoique de façon plus ténue, de l'inclination des analysés à ne plus s'en référer qu'à eux-mêmes, dans la quête indéfinie de «leur» authenticité — une authenticité dont on peut se demander si le caractère réflexif que la psychanalyse lui prête a seulement un sens : n'y a-t-il pas d'authenticité que dans la relation à autrui?

> J'ai découvert [en analyse] que j'étais malade du choix que j'avais fait, à savoir le mariage, la fidélité, l'enfant... Je n'étais pas faite pour ça, mais je m'étais voulue faite pour ça. J'avais épousé quelqu'un de très raisonnable, tranquille, sûr de tout, et moi, je n'étais sûre de rien[16].

Ces lignes, qui émanent d'une analysée interrogée par D. Frischer, condensent avec beaucoup de force les dimensions de l'expérience analytique dont la portée morale est la plus significative. On y décèle d'abord une mise en question de la vie d'avant l'analyse, de sa valeur et de son degré d'adéquation à l'identité. Aux critères courants de la pathologie se sont substitués ceux que la psychanalyse crédite : c'est pourquoi la patiente — qui n'a somme toute été que malheureuse — se dise malade, et malade d'un choix. On y retrouve aussi le désordre et l'incohérence propres aux « découvertes » faites en analyse : en quoi le fait qu'elle ne soit sûre de rien serait contradictoire avec le fait d'avoir un mari confiant ? On y repère, enfin, un renouvellement profond de l'identité, essentiellement négatif, puisqu'il consiste surtout en un affranchissement à l'égard de modèles jusque-là tenus pour favorables à l'épanouissement individuel. Ainsi, la patiente n'était pas faite pour le mariage (défend-elle le célibat?), ni pour la fidélité (se souhaite-t-elle un compagnon infidèle ?), ni pour la maternité (regrette-t-elle d'avoir mis au monde son enfant ?). Mais la dimension de ce témoignage qui retient le plus notre attention, c'est une fois encore la posture solipsiste que la patiente a adoptée : elle est seule détentrice de sa vérité. Et c'est seulement l'apprentissage de cette posture solipsiste — un apprentissage qui constitue une révolution identitaire extraordinaire — qui permet de comprendre la distance presque tragique que cette patiente peut prendre à l'égard de ce qu'elle a vécu, de celui auquel elle a donné naissance, de celui qui a partagé sa vie et dont on peut penser, même sans la connaître, qu'il a longtemps donné un sens à sa vie. Le plus intéressant, dans ce témoignage, est que l'analysée n'y fait pas mention de ses sentiments. Le choix qu'elle a fait de changer de vie n'a pas été dicté par de nouveaux désirs, mais par la simple révélation de sa vocation véritable. Pour ainsi dire, c'est seulement un changement radical dans la manière qu'elle avait de s'appréhender qui a entraîné toutes ces conséquences. Cela explique qu'elle justifie son divorce en mettant en avant le fait qu'elle n'était pas « faite pour ça », et non le fait qu'elle ne l'aimait plus. Elle ne parle pas davantage d'ennui ou de souffrance : seule l'occupe la vérité ultime de son identité.

Assurément, cette mystique de l'authenticité conduit à une réindividuation perpétuelle. Elle tend à rendre ceux qui la poursuivent étrangers à ce qui leur était initialement le plus familier, en leur faisant sentir avec acuité que leurs choix passés sont contingents et hasardeux. Bien des analysés, qui ne sont pas allés aussi loin que les patients dont nous avons cité le témoignage, évoquent ainsi, au retour de la séance, la cruelle distance qu'ils ont pu prendre à l'égard des leurs : ni les enfants, ni le conjoint, ni la décoration du domicile ne les définissent plus; ils jugent que leur bonheur ou leur vie ne doit pas se confondre avec celle de leurs proches, car c'est pour eux-mêmes qu'ils doivent désormais apprendre à vivre.

Quand l'inscription familiale continue d'être prise au sérieux, c'est seulement parce qu'elle est une occasion d'y lire un message adressé à soi. Ainsi, on est né dans telle famille parce qu'on a quelque chose à y apprendre. Ce faisant, le patient nie toute contingence. Les occasions, les chances et les péripéties réelles perdent leur pertinence dans la mise en perspective analytique, et ne retrouvent de signification que lors de leur intégration à la vie psychique. Ainsi, on ne fait de rencontres importantes que parce que l'on est «mûr pour cela» : la rencontre réelle se voit dénier toute dynamique propre. La place qu'occupe le patient dans le monde n'a alors plus assez de réalité pour qu'elle puisse lui donner le sentiment de son existence, il lui faut trouver en lui-même, grâce à l'analyse, ou lorsque l'analyse s'est terminée, par une démarche prolongeant celle adoptée en psychanalyse, la raison d'être et les ressources de son existence.

Les patients tendent insensiblement à se vouloir également polyvalents, et vierges de toute détermination externe. Toute leur identité doit se concentrer en eux. Faute de pouvoir se reposer sur des valeurs externes qui soient susceptibles de donner un sens à leur vie, indépendamment du contenu de celle-ci, les patients attendent de leur être qu'il confère, lui, du sens à leur vie. Et leur mission personnelle est désormais de donner à leur être la vie qu'il mérite, la vie qu'il préfère. Leur être profond est en quelque sorte celui dont ils doivent accomplir les fins.

Le sentiment qu'en soi existe un autre donne une nécessité, un poids à son existence. C'est donc au seul désir qu'incombe désormais l'immense tâche de spécification et de justification de son identité. La désir acquiert ainsi, dans la sphère profane, la même fonction que la vocation dans la sphère du religieux. L'analysé attend d'être appelé par son désir à vivre ainsi plutôt qu'autrement. Notons cependant que, sur ce point précis, la psychanalyse rencontre sans doute un mouvement d'opinion qui la dépasse, et de laquelle elle ne fait que participer.

L'analyste détermine ainsi bien des attentes chez son patient. Mais, en attendant la grande rencontre avec le soi, le patient, qui est-il? Nous l'avons vu, l'analysant dont la cure «réussit» a rendu les armes, il s'est dépossédé de ce qu'il avait de plus précieux, la confiance en la fiabilité de son moi : il n'y a pas de doute que l'obsession de la confiance en soi, et de l'amour de soi (dont le manque explique toutes les fautes, de calcul comme de conduite) soit un corollaire de cette blessure. Ainsi, l'analysé se révèle-t-il plus désœuvré qu'aucun autre, plus seul et moins autonome qu'aucun autre, manquant toujours et indéfiniment d'assurance en soi, mais courageux, combatif, en guerre.

La faible intégration de la personnalité que la psychanalyse met en évidence (ou induit?), la fragilisation des valeurs, l'hédonisme militant, l'amplification sans limites du moi, la présence obsédante de soi dans le champ de vision de l'analysé, les incertitudes du désir, le sentiment de précarité... tout cela contraint le patient à une valorisation de l'*expérience*, qui représente le seul modèle de rapport à l'existence que la psychanalyse ait épargné. Des expressions nouvelles voient le jour : « J'ai à vivre quelque chose avec lui », « Je dois vivre ma jeunesse », « Je n'ai pas fini de vivre ce que je devais vivre avec lui », « Ça a été une expérience enrichissante ». La valorisation de l'expérience, en attendant mieux, en attendant le savoir de soi, est, elle aussi, une modalité de la recherche du désir. Elle trahit une prééminence de la réflexivité, une carence de critères de choix, une myopie existentielle.

LA SOLITUDE

Presque tous les témoignages parlent d'un sentiment irréductible de solitude que la frénésie sociale ne parvient pas à limiter. Une patiente qui n'a pourtant que trois ans d'analyse affirme ainsi :

> Souvent, j'ai peur que la psychanalyse, ça vous oblige à vivre seule... J'ai quitté mon mari et maintenant je me suis en partie séparée de mon ami mais je le supporte très mal... Apprendre à vivre toute seule, c'est pas gai; c'est bien d'en être capable, mais faut pas que ça dure[17].

Une autre patiente fait le même constat, mais sans s'en plaindre :

> Vous m'aviez appris à me passer de certaines choses qui, avant vous, m'étaient indispensables. Par exemple de sortir et de voir des gens, de danser, de rire, de me saouler, d'être aimée, etc. Maintenant je vis dans la plus grande solitude[18].

Il nous semble que cette solitude est avant tout solidaire de la « découverte » que fait le patient d'être « en vérité » seul au monde, puisque personne ne peut le comprendre ni l'aider. Seuls ceux qui ont suivi une analyse font exception, car seuls ils « osent dire les choses »[19]. Cette même patiente qui dit vivre dans la plus grande solitude éprouve aussi le sentiment d'être la « seule à faire tous les efforts » et reproche sans cesse à son concubin de n'être pas encore allé « chez le psy pour voir clair en lui »[20]. Elle en vient tout naturellement à se demander : « L'amitié existe-t-elle ? »[21]. Presque tous les patients qui ont eu la « révélation » de l'inconscient prennent à l'égard de leurs proches une distance critique. Ils se montrent toujours disposés à leur prêter des désirs ou des sentiments louches ou ambivalents. L'accès à leur inconscient leur a donné le sentiment d'être déniaisés, et tous ceux qui n'ont pas fait cette expérience leur paraissent vaniteux et arrogants. Assurément, cette expérience de l'inconscient est une leçon d'humilité, mais elle confère une dignité : les analysés s'accordent ainsi de nouveaux droits, et en particulier celui de procéder à des diagnostics psychopathologiques improvisés, plus ou moins aimants, mais d'autant plus crédités qu'ils sont éloignés de l'image officielle de la personne qui fait l'objet de la psychanalyse sauvage. Les propos d'une patiente traduisent bien la distance prise à l'égard des «inconscients» et le supplément de dignité qu'apporte le fait de «savoir» : comme toute morale, la morale analytique distingue, et fait émerger une nouvelle famille humaine, plus digne de son humanité, celle de tous les hommes qui ne sont plus dupes, ou tentent du moins de ne pas l'être.

> J'ai compris que les gens autour de moi vivaient dans leurs châteaux de cartes et que la plupart en étaient inconscients. (...) C'est donc avec le sentiment d'appartenir à une élite, une sorte de société secrète, que je suis allée désormais [chez l'analyste][22].

Cette sensation d'être entouré de marionnettes et de pantins fait perdre toute nécessité aux autres. Cela explique que les analysés témoignent si souvent d'un *sentiment* spécifique de solitude intense jusque dans leurs relations les plus intimes — une préfiguration de la solitude effective que ce sentiment ne tardera pas à induire. Ils font simultanément l'apprentissage d'une capacité de dissidence, renforcée à mesure que les oppositions à leurs idées de parias se font plus vives. Ils en viennent ainsi parfois à rechercher l'hostilité de leurs proches : ils n'ont jamais autant le sentiment d'exister que dans ces moments-là, et ils tendent à voir dans les contradictions qui leur sont faites des confirmations de second degré de la justesse de leurs vues :

> C'est dans la nature de l'homme de mettre un certain temps à assimiler ce qui est profond. C'est presque la preuve de la valeur de ce que j'écris : qu'on commence par me nier[23].

LA FOI EN L'INCONSCIENT

Les analystes ne pensent pas différemment : les objections qu'on leur adresse les renforcent dans leur conviction. Ils esquivent ainsi la critique — de façon presque systématique — en renvoyant le contestataire au défaut, chez lui, de la qualité épistémologique requise pour une réelle compréhension de la psychanalyse. Si l'on admet qu'elle est émise en toute bonne foi (ce qui ne signifie pas qu'elle ait un sens), l'affirmation récurrente selon laquelle ce défaut ne peut être comblé que par le biais de l'analyse peut révéler la nature spécifique de l'adhésion à la doctrine analytique. L'adepte ne saurait se contenter d'une connaissance livresque du Freudisme. La condition de son intégration à la communauté psychanalytique, ou, simplement, de son accès au sens décisif du Freudisme, est une expérience, l'expérience de l'analyse. C'est la valorisation de cette expérience même qui nous fait y voir une initiation.

> J'aime la psychanalyse qui fait partie de la philosophie plus que tout au monde. Comment pourrais-je m'en passer ?[24]

Le caractère initiatique de la cure psychanalytique nous permet d'abord de comprendre que tous les analystes passent sous silence le fait, pourtant peu libérateur, que tant d'analysés s'abandonnent aveuglément à la cause analytique. Nous constatons, et tous ceux qui sont ou connaissent des analysés peuvent faire de même, que cet abandon est la règle. L'infatigable prosélytisme des analysés néophytes en est la manifestation la plus apparente. La valorisation de la cure analytique en tant qu'expérience est bien souvent repérable dans la manière dont les analystes interprètent l'entrée en cure de leurs patients : ils laissent penser que c'est l'analyse elle-même qu'ils recherchent, comme une fin en soi :

> Durant de longs mois la demande de la [patiente] a été écoutée et ressentie comme une « demande analytique », c'est-à-dire une demande qu'il faut entendre en silence jusqu'à ce que le sens en émerge — peut-être sans jamais être épuisé — assez tout au moins pour cesser d'être aliénant pour celui qui le formule[25].

Ainsi présentée, la cure analytique semble répondre à un besoin si spécifique que les idées de santé ou de mieux-vivre en sont disqualifiées. En prêtant une « demande analytique »[26] à sa patiente, autrement dit, un désir d'être entendue par un interlocuteur muet, l'analyste laisse croire que l'attitude qu'elle avait adoptée lui avait été dictée par sa patiente. On peut pourtant imaginer que la patiente souhaitait simplement aller mieux, et non être confrontée au mutisme de l'analyste, à la disqualification de sa conscience, et à l'attente indéfinie de sa reconnaissance. Mais l'histoire a jugé : la patiente sort de son analyse en étant heureuse d'y être entrée, et accréditerait certainement, *a posteriori*, les paroles de son analyste. Cela nous indique que ce que donne l'analyste à son patient, c'est peut-être d'intégrer à sa personnalité un regard *freudien* ou *analytique* sur soi. La cure s'achèverait lorsque le patient porte en lui un analyste, ou plus simplement, lorsqu'il est à lui-même son propre analyste. Les dernières paroles d'une autre patiente à son analyste paraissent confirmer cette thèse : « Vous m'avez transmis l'analyse »[27].

Il semble en fait que ce soit la formation même de l'analyste qui le conduise à envisager la cure comme une initiation. Et la formation de l'analyste ne diffère guère en droit de l'initiation du patient — si l'on en croit Freud :

> La tâche [de l'analyste qui enseigne la psychanalyse à son patient] est accomplie si elle apporte à l'apprenti la ferme conviction de l'existence de l'inconscient, si elle lui procure lors de l'émergence du refoulé les perceptions de soi habituellement non dignes de foi, et si, grâce à un premier échantillon, elle lui indique la technique qui est la seule à avoir fait ses preuves dans l'activité analytique. Cela seul ne suffirait pas à instruire, mais on escompte que les incitations contenues dans l'analyse personnelle ne prendront pas fin avec l'arrêt de celle-ci, mais que les processus de remaniement du moi se poursuivront spontanément chez l'analysé et qu'ils utiliseront toutes les expériences ultérieures dans le sens nouvellement acquis. C'est en effet ce qui se produit, et dans la mesure où cela se produit, cela rend l'analysé propre à devenir analyste[28].

L'analyste est bien le prêtre qui doit prêcher la bonne parole. L'initiation commence par un acte de foi («la ferme conviction de l'existence de l'inconscient»). Elle se poursuit par le serment qu'un soupçon opiniâtre sur soi-même affectera de façon irréversible la manière dont le patient vit et s'appréhende. Il nous semble qu'il faut interpréter ainsi le refus si souvent réitéré des analystes à tenir la théorie freudienne pour un savoir :

> Nous souhaiterions que les cinq psychanalyses de Freud puissent être encore pour le lecteur une source intacte d'étonnement, de plaisir, voire d'indignation et de scandale. Ce serait la preuve qu'il a su échapper à cette immunisation que suscite la psychanalyse à mesure même qu'elle se répand, et qui se traduit dans la forme de résistance la plus insidieuse et la plus redoutable, celle qui adopte le masque de l'acceptation et du savoir[29].

La psychanalyse devrait ainsi n'être que la subversion du savoir, un pur soupçon porté sur l'identité que l'on s'attribue :

> Je pense qu'une analyse bien conduite doit mener à la mort d'une personne nantie de sa propre liberté, de sa propre vérité. Il y a entre celle que j'étais et celle que je suis devenue une distance inestimable, si grande qu'il n'est même plus possible d'établir une comparaison entre ces deux femmes. Et cette distance ne fait que s'accroître car une analyse ne se termine jamais, elle devient une manière de vivre[30].

NOTES

[1] *Cinq psychanalyses*, S. Freud, *op. cit.*, p. 214 — Le contenu de la morale prescrite de façon sous-jacente par la psychanalyse a beaucoup changé depuis Freud. Nous avons fait le choix de privilégier la morale «moderne» sur la morale freudienne, parce qu'elle imprègne la plupart des cures qui se font de nos jours et qu'elle représente un contresens bien prévisible des textes freudiens. Si Freud paraît en effet aujourd'hui être un libérateur des mœurs, le chantre d'une sexualité libre et épanouie, l'ennemi de la morale petite-bourgeoise qui étouffe l'inconscient, c'est au prix d'un immense malentendu. Freud est en fait tout simplement conservateur en matière de morale — et ce fait est systématiquement négligé. Il ne lui vient jamais à l'idée de Freud, par exemple, lorsque la mère du petit Hans (un des cas des *Cinq psychanalyses*) menace son fils de le castrer s'il continue de s'adonner à ses attouchements sur lui-même, de le lui reprocher, ou de faire un commentaire défavorable. L'angoisse de castration a sa nécessité dans le progrès de la civilisation. De même, quand Freud choisit un mot évidemment péjoratif, celui de perversité, pour désigner tous les comportements sexuels qui ne poursuivent pas une finalité reproductive, c'est aussi peu innocent de sa part que lorsqu'il redonne une jeunesse au mot latin «libido», un mot qui est plutôt synonyme de lascivité, voire de lubricité, que d'appétit sexuel. Les premiers traducteurs français de Freud, qui traduisaient l'actuel et si neutre «libidinal» par «libidineux», ne s'y trompaient pas. La libido non maîtrisée, c'est le mal. Les analystes contemporains parviendraient sans doute à intégrer la phrase de Freud citée en exergue à leur nouvelle «compréhension» du freudisme, au mépris du sens que Freud voulait lui donner. Une paraphrase contemporaine du mot de Freud pourrait donner : «L'inconscient, c'est le mal, pour autant qu'il reste inconscient. Dès lors qu'il est connu, il donne à la personnalité morale du sujet une authentique et ferme assise. Mais sans la connaissance de l'inconscient, la morale n'est que pure apparence, hypocrisie. La vraie morale, ce n'est pas celle qu'on affiche, mais celle qu'on porte en soi.» En réalité, les écrits de Freud laissent penser qu'il récuserait sans doute toute conception ouverte et individualiste de la morale. C'est cependant cette conception qui nous intéresse ici, dans la mesure où elle imprègne la plupart des cures qui se font de nos jours.

[2] *Ibid.*, p. 196.
[3] *Ibid.*, p. 194.
[4] *Les mots pour le dire*, *op. cit.*, p. 268.
[5] *La statue de Freud*, Gérard Zwang, *op. cit.*, p. 846.
[6] *Les analysés parlent*, Dominique Frischer, *op. cit.*, p. 228.
[7] *Echec et mat ou un an de psychanalyse*, Marie Vaubourg, *op. cit.*, p. 46.
[8] *Cinq psychanalyses*, Sigmund Freud, *op. cit.*, p. 9.
[9] *Mon analyse avec Freud*, *op. cit.*, p. 125.
[10] *La statue de Freud*, Gérard Zwang, *op. cit.*
[11] *Journal*, Anaïs Nin, *op. cit.*, p. 118.
[12] *Les analysés parlent*, Dominique Frischer, *op. cit.*, p. 250.
[13] *Ma psychanalyse*, Naninna Zunino, *op. cit.*, p. 316.
[14] *Ibid.*, p. 219.
[15] *Les analysés parlent*, Dominique Frischer, *op. cit.*, p. 222.
[16] *Ibid.*, p. 33.
[17] *Ibid.*, p. 90.
[18] *Ma psychanalyse*, Nannina Zunino, *op. cit.*, p. 131.
[19] *Ibid.*, p. 200.
[20] *Ibid.*, p. 146.
[21] *Ibid.*, p. 146.
[22] *Les mots pour le dire*, Marie Cardinal, *op. cit.*, p. 268.

[23] *Ma psychanalyse*, Naninna Zunino, *op. cit.*, p. 269.
[24] *Ibid.*, p. 234.
[25] *Ibid.*, p. 11 (préface écrite par l'analyste de l'auteur).
[26] Comme c'est la demande qui est analytique, et non la réponse, on doit considérer que cette demande analytique n'a pas été imposée par l'analyste — on n'impose pas une demande —, mais qu'elle émane de la patiente.
[27] *Les mots pour le dire*, Marie Cardinal, *op. cit.*, p. 315.
[28] Citation de Freud extraite de *La psychanalyse*, par Roland Chemama, *op. cit.*, p. 530.
[29] *Clefs pour la psychanalyse*, Georges-Philippe Brabant, *op. cit.*, p. 220.
[30] *Les mots pour le dire*, Marie Cardinal, *op. cit.*, p. 291.

Conclusion

La psychanalyse n'est pas une thérapeutique. Elle n'est pas une technique d'investigation et de connaissance de soi. Elle n'est pas un instrument d'affranchissement. Et pourtant, beaucoup de patients maintiennent, au terme d'analyses souvent douloureuses affectivement, épuisantes intellectuellement et, pour ainsi dire, existentiellement, que l'analyse leur a fait du bien, leur a fait prendre conscience d'eux-mêmes à un degré inespéré, les a libérés. L'étude que nous avons tenté de mener fonde sa légitimité sur une prise en compte univoque et obstinée du vécu des patients en analyse : il ne s'agit donc en aucun cas, pour nous, de refuser à cet aveu ultime des patients sa vérité subjective et sa portée. Il s'agit de lever un apparent paradoxe, et de comprendre l'exacte teneur de la relation analytique.

Le bien retiré par un patient de son analyse ne se laisse définir par aucun critère objectif : on ne peut l'identifier à la santé — quand la distinction entre le malade et le sain est abolie —, à l'apprentissage d'un savoir sur soi-même ou à une libération qui soit lisible dans ses effets matériels sur la vie du patient. A strictement parler, du point de vue du patient — et de son seul point de vue —, la psychanalyse n'aura pas été vécue comme ce qu'elle est formellement, une interaction sociale de nature commerciale où un bien (ou du moins sa promesse) est échangé contre rétribution financière. Ce qu'il aura vécu, c'est une expérience bouleversante, ébranlant sur tous les plans son identité, son rapport aux autres et au monde. Une expérience qui ne trouve de comparaison, dans son pouvoir d'altération profonde, mais aussi dans sa gratuité subjective — celle-là même qui retire toute pertinence à l'appréhension des faits en terme de coûts et d'avantages —, que dans l'amour ou l'amitié les plus purs, les plus désintéressés. Il nous faut bien en conclure que, contre toute attente, la pratique psychanalytique n'est pas une interaction sociale : c'est, au sens le plus strict du terme, une *relation*. L'abondance et la précision extrêmes des règles et des contraintes, qui régissent artificiellement, extérieurement et objectivement cette relation, ne doit pas nous tromper sur la véritable nature que le patient en vient irrésistiblement à lui prêter : c'est le dispositif lui-même, si arbitraire qu'il puisse paraître, qui met en place les conditions de la gratuité la plus complète, conduisant le patient à vivre une relation peu à peu dénuée de tout objet, se reconnaissant toujours plus dépourvue de raison, et, concurremment, toujours plus nécessaire. L'originalité de cette relation, que seule la psychanalyse est à même d'installer à ce degré de pureté, est que seul l'analysé en fait l'expérience : l'analyste demeure le témoin d'une relation qui le prend pour second terme, mais à laquelle il ne se prête pas. Ultimement, l'analysé est seul, vivant pleinement une demi-relation qui a la structure formelle d'une relation véritable, mais reste unilatérale quant à l'engagement réel de ses deux parties. Peut-être est-ce pour cette raison que l'analyse détermine si fréquemment chez le patient un désir de réversibilité des rôles : quand la réciprocité ne peut être acquise au sein de la relation, elle est finalement abandonnée au profit d'un changement de statut. A terme, pour le patient, se donner les moyens de vivre cette relation sans pâtir d'un sentiment d'illusion, de frustration ou de mensonge, c'est peut-être devenir lui-même analyste — qu'il en fasse effectivement sa profession ou qu'il se contente d'adopter définitivement une attitude «analytique» dans sa vie et ses rapports aux autres.

Bibliographie

A.M.P., *Comment finissent les analyses*, Seuil, 1994.
Akeret R., *A quoi sert la psychanalyse?*, Robert Laffont, 1997.
Anonyme, *Journal d'un psychanalysé*, présenté par Paul Diel, Plon, 1964.
Augeolles J., *Mon analyste et moi - Journal*, Lieu commun, 1989.
Bergeron H., *L'état et la toxicomanie, Histoire d'une singularité française*, PUF, 1999.
Blanton S., *Journal de mon analyse avec Freud*, PUF, 1973.
Bly R., *L'homme sauvage et l'enfant*, Seuil, 1992.
Bonnet G., *Le transfert dans la clinique psychanalytique*, PUF, 1991.
Boudon R., *L'art de se persuader*, Fayard, 1990.
Bouveresse R., *Les critiques de la psychanalyse*, PUF, 1992.
Bouveresse-Quilliot R. et al., *Les critiques de la psychanalyse*, PUF, « Que sais-je ? », 1991.
Bouvet M., *La cure-type*, Payot, 1963.
Brabant G.P., *La psychanalyse*, Seghers, 1970.
Brès Y., *Critique des raisons psychanalytiques*, PUF, 1985.
Cardinal M., *Les mots pour le dire*, Grasset, 1975.
Casement P., *A l'écoute du patient*, PUF, 1988.
Chapsal M., *Le retour du bonheur*, Fayard, 1990.
Chartier J.P., *Introduction à la pensée freudienne*, Payot, 1993.
Chasseguet-Smirgel J., « Les psychanalystes et l'argent », *La Nef*, n° 65, 1977.
Chazaud J., *Les contestations actuelles de la psychanalyse*, Privat, 1974.
Chazel F., *La théorie analytique de la société dans l'œuvre de Talcott Parsons*, Mouton, 1974.
Chertok L. & Borch Jacobsen M., *Hypnose et psychanalyse*, Dunod, 1998.

Chesler P., *Les femmes et la folie*, Payot, 1990.
Clément C., *Les fils de Freud sont fatigués*, Grasset, 1978.
Collectif, «Critique de la psychanalyse et de ses détracteurs», *L'unebévue*, n° 10, EPEL, 1998.
Collectif, «L'initiative aux mots - Ecrire sa psychanalyse», *Cahiers Confrontation*, n° 1, printemps 1979.
Collectif, «Thérapies de l'âme - L'inflation du psychologisme», *Mutations*, n° 43, octobre 1982.
Collectif, *Dictionnaire de la psychanalyse*, Encyclopaedia Universalis, 1997.
Collectif, *Le silence en psychanalyse*, Payot, 1998.
Costa-Magna M., *Des analysés heureux*, Rivages, 1995.
Daco P., *Les triomphes de la psychanalyse*, Marabout, 1994.
David P., *La séance de psychanalyse*, A. Colin, 1981.
Diel P., *Le journal d'une psychanalyse*, Resma, 1971.
Donnet J.L., *Le divan bien tempéré*, PUF, 1995.
Doolittle H., *Visage de Freud*, Denoël, 1977.
Doubrovsky S., *Fils*, Galilée, 1977.
Ehrenberg A., *L'individu incertain*, Calmann-Lévy, 1995.
Eschendorffer C., *Warum irrte Freud*, Urban & Schwarzenberg, 1984.
Fages J.B., *Histoire de la psychanalyse après Freud*, Privat, 1991.
Freud S., *Introduction à la psychanalyse*, Payot, 1994.
Freud S., *œuvres complètes*, PUF.
Frischer D., *Les analysés parlent*, Stock, 1977.
Gellner E., *La ruse de la déraison, le mouvement psychanalytique*, PUF, 1990.
Gillieron J., *Aux confins de la psychanalyse*, Payot, 1998.
Grégoire M., *Les cris de la vie*, Tchou, 1971.
Grunbaum A., *Les fondements de la psychanalyse*, PUF, 1996.
Guggenbühl-Craig A., *Pouvoir et relation d'aide*, Mardaga, 1977.
Guntrip H., «Mon expérience de l'analyse avec Fairbairn et Winnicott», *NRP*, n° 15, 1977.
Held R.R., *Problèmes de la cure psychanalytique aujourd'hui*, Payot, 1975.
Herzlich C. et al., *Malades d'hier, malades d'aujourd'hui*, Payot, 1990.
Herzlich C., *Santé et maladie*, EHESS, 1985.
Kardiner A., *Mon analyse avec Freud*, Belfond, 1978.
Kaufmann E., *Transfert*, Desfemmes, 1975.
Laplanche J. & Pontalis J.B., *Vocabulaire de la psychanalyse*, PUF, 1997.
Le Breton D., *La sociologie du corps*, PUF, «Que sais-je?», 1992.
Léger J.A., *Autoportrait au loup*, Flammarion, 1982.
Lévi-Strauss C., «Le sorcier et sa magie» et «L'efficacité symbolique», in *Anthropologie structurale*, Paris, Plon, 1956.
Lobrot M., *L'anti-Freud*, PUF, 1996.
Marie P., *L'expérience psychanalytique*, Aubier, 1989.
Marie P., *Qu'est-ce que la psychanalyse?*, Aubier, 1988.
Martin P., *Argent et psychanalyse*, Navarin, 1984.
McIntyre A.C., *L'inconscient, analyse d'un concept*, PUF, 1984.
Mendel G., *La psychanalyse revisitée*, La découverte, 1998.
Moscovici S., *La psychanalyse, son image et son public*, Paris, PUF, 1976.

Moser T., *Années d'apprentissage sur le divan*, PUF, 1978.
Nin A., *Journal*, Le livre de poche, 1980.
Obholzer K., *Entretiens avec l'homme aux loups*, Gallimard, 1981.
Perec G., *Penser, classer*, Hachette, 1985.
Perrier F., *Voyages extraordinaires en translacanie, Mémoires*, Lieu commun, 1985.
Pierson M.L., *Guide des psychothérapies, de la psychanalyse au développement personnel*, Bayard, 1993.
Pommier G., *La névrose infantile de la psychanalyse*, Eres, 1989.
Popper K., *La logique de la découverte scientifique*, Payot, 1973.
Rey P., *Une saison chez Lacan*, Robert Laffont, 1995.
Richelle M., *Défense des sciences humaines*, Mardaga, 1997.
Rousseau-Dujardin J., *Couché par écrit*, Galilée, 1980.
Roussillon R., *Logique et archéologique du cadre psychanalytique*, PUF, 1995.
Roussillon R., *Logiques et archéologiques du cadre psychanalytique*, PUF, 1995.
Roustang F., *Comment faire rire un paranoïaque?*, Liana Lévy, 1997.
Roustang F., *Un destin si funeste*, Minuit, 1976.
Sachs H., *Freud, mon maître et mon ami*, Denoël, 1977.
Schneiderman S., « Mon analyse avec Lacan », *Psychologie*, n° 102, 1978.
Seron X., *La modification du comportement*, Mardaga, 1979.
Skinner B.F., *Analyse expérimentale du comportement*, Mardaga, 1979.
Stein C., *Effet d'offrande, situation de danger*, Ef, 1987.
Szasz T., *Le mythe de la psychothérapie*, Payot, 1978.
Thompson C., *La psychanalyse, son évolution et ses développements*, Gallimard, 1994.
Torok M. & Rand N., *Questions à Freud*, Les belles lettres, 1995.
Turckle S., *La France freudienne*, Grasset, Paris, 1982.
Van Rillaer J., *La gestion de soi*, Mardaga, Bruxelles, 1980.
Van Rillaer J., *Les illusions de la psychanalyse*, Mardaga, Bruxelles, 1985.
Vaubourg M., *Echec et mat ou un an de psychanalyse*, Desfemmes, 1978.
Vazeilles D., *Les chamanes*, Cerf, 1991.
Verdiglione A., *La psychanalyse, cette aventure qui est la mienne*, 10/18, 1979.
Verhegen P., *Divan le terrible*, C. Bourgeois, 1979.
Viderman S., *De l'argent en psychanalyse et au-delà*, PUF, 1990.
Viderman S., *L'argent en psychanalyse et au-delà*, PUF, 1995.
Viderman S., *La construction de l'espace analytique*, TEL, 1982.
Watzlawick P. et al., *Une logique de la communication*, Le Seuil, 1979.
Watzlawick P., *Le langage du changement, éléments de communication thérapeutique*, Le Seuil, 1980.
Weyergans F., *Le Pitre*, Gallimard, 1973.
Wortis J., *Psychanalyse à Vienne*, Denoël, 1973.
Zunino N., *Ma psychanalyse*, Tchou, 1971.
Zwang G., *La statue de Freud*, Robert Laffont, 1985.

Table des matières

PRÉFACE 7

INTRODUCTION 13

LE DÉROULEMENT DE LA CURE-TYPE 23
Avant la cure 23
Les premières séances 27
La séance-type 32

**LA PERTE DES REPÈRES
ET L'ALTÉRATION DU SENTIMENT D'IDENTITÉ** 37
La réserve de l'analyste 38
Le patient interdit de rôle 41
Les conflits entre les valeurs du patient
et la pratique de l'association libre 42
Les contradictions de l'association libre 44
Les injonctions paradoxales 45
Les contradictions performatives 46
La dimension hypnotique du traitement 48

LE RAPPORT À L'ANALYSTE ... 55

Le désir d'être reconnu ... 57

L'amour ... 60

Les conditions d'émergence des sentiments amoureux ... 66

La dépendance ... 72

LES IDENTIFICATIONS ILLUSOIRES ... 79

Les figures sociales ... 81

Les figures familiales ... 85

L'analyste comme énigme insoluble ... 88

L'utilisation de la thèse du transfert par l'analyste ... 91

LE RENOUVELLEMENT DE L'IMAGE DE SOI ... 97

L'infaillibilité et l'immunité dans l'interprétation ... 98

Le rôle essentiel de l'analyste dans le renouvellement de l'image de soi ... 107
L'« auto-analyse » ... 107
L'ingérence de l'analyste ... 108
L'inévitable recours à la théorie ... 112
Les routines psychanalytiques ... 115
Les moyens de pression ... 117

La valeur de vérité de la parole en analyse ... 119

Découverte de soi ou apprentissage de la doctrine ? ... 124

L'INVESTISSEMENT ET LA PERSÉVÉRATION EN ANALYSE ... 131

Les explications concurrentes ... 132

Le piège abscons ... 136

Les paramètres du piège abscons ... 144
La décision elle-même ... 144
La dépense occasionnée ... 148
Le but poursuivi ... 149

Conclusion ... 150

LA CURE INTERMINABLE	153
La ritualité	153
D'une séance à l'autre	154
Confusion analyse/analyste	155
Le poids des jugements de l'analyste	156
Du côté de l'analyste	161
UNE INTERVENTION MORALE	169
Guérison et conversion	171
La névrose comme problème identitaire	173
Une morale à la mesure de l'individu	177
Le désir, seul maître	180
L'authenticité devant soi-même	182
La solitude	186
La foi en l'inconscient	187
CONCLUSION	193
BIBLIOGRAPHIE	195

CHEZ LE MÊME ÉDITEUR

PSYCHOLOGIE ET SCIENCES HUMAINES
collection publiée sous la direction de MARC RICHELLE

1 Dr Paul Chauchard : LA MAITRISE DE SOI. *9ᵉ éd.*
7 Paul-A. Osterrieth : FAIRE DES ADULTES. *16ᵉ éd.*
9 Daniel Widlöcher : L'INTERPRETATION DES DESSINS D'ENFANTS. *13ᵉ éd.*
11 Berthe Reymond-Rivier : LE DEVELOPPEMENT SOCIAL DE L'ENFANT ET DE L'ADOLESCENT. *13ᵉ éd.*
22 H.T. Klinkhamer-Steketée : PSYCHOTHERAPIE PAR LE JEU. *4ᵉ éd.*
24 Marc Richelle : POURQUOI LES PSYCHOLOGUES? *6ᵉ éd.*
25 Lucien Israel : LE MEDECIN FACE AU MALADE. *5ᵉ éd.*
26 Francine Robaye-Geelen : L'ENFANT AU CERVEAU BLESSE. *2ᵉ éd.*
27 B.F. Skinner : LA REVOLUTION SCIENTIFIQUE DE L'ENSEIGNEMENT. *3ᵉ éd.*
29 J.C. Ruwet : ETHOLOGIE : BIOLOGIE DU COMPORTEMENT. *3ᵉ éd.*
38 B.-F. Skinner : L'ANALYSE EXPERIMENTALE DU COMPORTEMENT. *2ᵉ éd.*
40 R. Droz et M. Rahmy : LIRE PIAGET. *7ᵉ éd.*
42 Denis Szabo, Denis Gagné, Alice Parizeau : L'ADOLESCENT ET LA SOCIETE. *2ᵉ éd.*
43 Pierre Oléron : LANGAGE ET DEVELOPPEMENT MENTAL. *2ᵉ éd.*
45 Gertrud L. Wyatt : LA RELATION MERE-ENFANT ET L'ACQUISITION DU LANGAGE. *2ᵉ éd.*
49 T. Ayllon et N. Azrin : TRAITEMENT COMPORTEMENTAL EN INSTITUTION PSYCHIATRIQUE
52 G. Kellens : BANQUEROUTE ET BANQUEROUTIERS
55 Alain Lieury : LA MEMOIRE
58 Jean-Marie Paisse : L'UNIVERS SYMBOLIQUE DE L'ENFANT ARRIERE MENTAL
59 Jacques Van Rillaer : L'AGRESSIVITE HUMAINE
61 Jérôme Kagan : COMPRENDRE L'ENFANT
62 Michel S. Gazzaniga : LE CERVEAU DEDOUBLE
64 X. Seron, J.L. Lambert, M. Van der Linden : LA MODIFICATION DU COMPORTEMENT
65 W. Huber : INTRODUCTION A LA PSYCHOLOGIE DE LA PERSONNALITE. *7ᵉ éd.*
66 Emile Meurice : PSYCHIATRIE ET VIE SOCIALE
67 J. Château, H. Gratiot-Alphandéry, R. Doron et P. Cazayus : LES GRANDES PSYCHOLOGIES MODERNES
68 P. Sifnéos : PSYCHOTHERAPIE BREVE ET CRISE EMOTIONNELLE
69 Marc Richelle : B.F. SKINNER OU LE PERIL BEHAVIORISTE
70 J.P. Bronckart : THEORIES DU LANGAGE
71 Anika Lemaire : JACQUES LACAN. *8ᵉ éd. revue et augmentée.*
72 J.L. Lambert : INTRODUCTION A L'ARRIERATION MENTALE
73 T.G.R. Bower : DEVELOPPEMENT PSYCHOLOGIQUE DE LA PREMIERE ENFANCE. *4ᵉ éd.*
74 J. Rondal : LANGAGE ET EDUCATION
75 Sheila Kitzinger : PREPARER A L'ACCOUCHEMENT
76 Ovide Fontaine : INTRODUCTION AUX THERAPIES COMPORTEMENTALES
77 Jacques-Philippe Leyens : PSYCHOLOGIE SOCIALE. *nouvelle édition 1997*
78 Jean Rondal : VOTRE ENFANT APPREND A PARLER *3ᵉ éd.*
79 Michel Legrand : LE TEST DE SZONDI
80 H.J. Eysenck : LA NEVROSE ET VOUS
81 Albert Demaret : ETHOLOGIE ET PSYCHIATRIE
82 Jean-Luc Lambert et Jean A. Rondal : LE MONGOLISME. *4ᵉ éd.*
83 Albert Bandura : L'APPRENTISSAGE SOCIAL
84 Xavier Seron : APHASIE ET NEUROPSYCHOLOGIE
85 Roger Rondeau : LES GROUPES EN CRISE?

86 J. Danset-Léger : L'ENFANT ET LES IMAGES DE LA LITTERATURE ENFANTINE
87 Herbert S. Terrace : NIM. UN CHIMPANZE QUI A APPRIS LE LANGAGE GESTUEL
88 Roger Gilbert : BON POUR ENSEIGNER?
89 Wing, Cooper et Sartorius : GUIDE POUR UN EXAMEN PSYCHIATRIQUE
90 Jean Costermans : PSYCHOLOGIE DU LANGAGE
91 Françoise Macar : LE TEMPS, PERSPECTIVES PSYCHOPHYSIOLOGIQUES
92 Jacques Van Rillaer : LES ILLUSIONS DE LA PSYCHANALYSE. *4ᵉ éd.*
93 Alain Lieury : LES PROCEDES MNEMOTECHNIQUES
94 Georges Thinès : PHENOMENOLOGIE ET SCIENCE DU COMPORTEMENT
95 Rudolph Schaffer : COMPORTEMENT MATERNEL
96 Daniel Stern : MERE ET ENFANT, LES PREMIERES RELATIONS. *3ᵉ éd.*
97 R. Kempe & C. Kempe : L'ENFANCE TORTUREE
98 Jean-Luc Lambert : ENSEIGNEMENT SPECIAL ET HANDICAP MENTAL
99 Jean Morval : INTRODUCTION A LA PSYCHOLOGIE DE L'ENVIRONNEMENT
100 Pierre Oleron *et al.* : SAVOIRS ET SAVOIR-FAIRE PSYCHOLOGIQUES CHEZ L'ENFANT
101 Bernard I. Murstein : STYLES DE VIE INTIME
102 Rondal/Lambert/Chipman : PSYCHOLINGUISTIQUE ET HANDICAP MENTAL
103 Brédart/Rondal : L'ANALYSE DU LANGAGE CHEZ L'ENFANT. *2ᵉ éd.*
104 David Malan : PSYCHODYNAMIQUE ET PSYCHOTHERAPIE INDIVIDUELLE
105 Philippe Muller : WAGNER PAR SES REVES
106 John Eccles : LE MYSTERE HUMAIN
107 Xavier Seron : REEDUQUER LE CERVEAU
108 Moreau/Richelle : L'ACQUISITION DU LANGAGE. *5ᵉ éd.*
109 Georges Nizard : ANALYSE TRANSACTIONNELLE ET SOIN INFIRMIER
110 Howard Gardner : GRIBOUILLAGES ET DESSINS D'ENFANTS, LEUR SIGNIFICATION. *3ᵉ éd.*
111 Wilson/Otto : LA FEMME MODERNE ET L'ALCOOL
112 Edwards : DESSINER GRACE AU CERVEAU DROIT. *9ᵉ éd.*
113 Rondal : L'INTERACTION ADULTE-ENFANT
114 Blancheteau : L'APPRENTISSAGE CHEZ L'ANIMAL
115 Boutin : FORMATION ET DEVELOPPEMENTS
116 Húsen : L'ECOLE EN QUESTION
117 Ferrero/Besse : L'ENFANT ET SES COMPLEXES
118 R. Bruyer : LE VISAGE ET L'EXPRESSION FACIALE
119 J.P. Leyens : SOMMES-NOUS TOUS DES PSYCHOLOGUES?
120 J. Château : L'INTELLIGENCE OU LES INTELLIGENCES?
121 M. Claes : L'EXPERIENCE ADOLESCENTE
122 J. Hayes et P. Nutman : COMPRENDRE LES CHOMEURS
123 S. Sturdivant : LES FEMMES ET LA PSYCHOTHERAPIE
124 A. Pomerleau et G. Malcuit : L'ENFANT ET SON ENVIRONNEMENT
125 A. Van Hout et X. Seron : L'APHASIE DE L'ENFANT
126 A. Vergote : RELIGION, FOI, INCROYANCE
127 Sivadon/Fernandez-Zoïla : TEMPS DE TRAVAIL, TEMPS DE VIVRE
128 Born : JEUNES DEVIANTS OU DELINQUANTS JUVENILES?
129 Hamers/Blanc : BILINGUALITE ET BILINGUISME
130 Legrand : PSYCHANALYSE, SCIENCE, SOCIETE
131 Le Camus : PRATIQUES PSYCHOMOTRICES
132 Lars Fredén : ASPECTS PSYCHOSOCIAUX DE LA DEPRESSION
133 Mount : LA FAMILLE SUBVERSIVE
134 Magerotte : MANUEL D'EDUCATION COMPORTEMENTALE CLINIQUE
135 Dailly/Moscato : LATERALISATION ET LATERALITE CHEZ L'ENFANT
136 Bonnet/Tamine-Gardes : QUAND L'ENFANT PARLE DU LANGAGE
137 Bruyer : LES SCIENCES HUMAINES ET LES DROITS DE L'HOMME

138 Taulelle : L'ENFANT A LA RENCONTRE DU LANGAGE
139 de Boucaud : PSYCHOLOGIE DE L'ENFANT ASTHMATIQUE
140 Duruz : NARCISSE EN QUETE DE SOI
141 Feyereisen/de Lannoy : PSYCHOLOGIE DU GESTE
142 Florin et al. : LE LANGAGE A L'ECOLE MATERNELLE
143 Debuyst : MODELE ETHOLOGIQUE ET CRIMINOLOGIE
144 Ashton/Stepney : FUMER
145 Winkel et al. : L'IMAGE DE LA FEMME DANS LES LIVRES SCOLAIRES
146 Bideau/Richelle : PSYCHOLOGIE DEVELOPPEMENTALE
147 Schmid-Kitsikis : THEORIE CLINIQUE ET FONCTIONNEMENT MENTAL
148 Guggenbühl/Craig : POUVOIR ET RELATION D'AIDE
149 Rondal : LANGAGE ET COMMUNICATION CHEZ LES HANDICAPES MENTAUX
150 Moscato et al. : FONCTIONNEMENT COGNITIF ET INDIVIDUALITE
151 Château : L'HUMANISATION OU LES PREMIERS PAS DES VALEURS HUMAINES
152 Avery/Litwack : NEE TROP TOT
153 Rondal : LE DEVELOPPEMENT DU LANGAGE CHEZ L'ENFANT TRISOMIQUE 21
154 Kellens : QU'AS-TU FAIT DE TON FRERE?
155 Rondal/Henrot : LE LANGAGE DES SIGNES. 2e éd.
156 Lafontaine : LE PARTI PRIS DES MOTS
157 Bonnet/Hoc/Tiberghien : AUTOMATIQUE, INTELLIGENCE ARTIFICIELLE ET PSYCHOLOGIE
158 Giovannini et al. : PSYCHOLOGIE ET SANTE
159 Wilmotte et al. : LE SUICIDE
160 Giurgea : L'HERITAGE DE PAVLOV
161 Ionescu : MANUEL D'INTERVENTION EN DEFICIENCE MENTALE N° 1
162 Ionescu : MANUEL D'INTERVENTION EN DEFICIENCE MENTALE N° 2
163 Pieraut-Le Bonniec : CONNAITRE ET LE DIRE
164 Huber : PSYCHOLOGIE CLINIQUE AUJOURD'HUI
165 Rondal et al. : PROBLEMES DE PSYCHOLINGUISTIQUE
166 Slukin : LE LIEN MATERNEL
167 Baudour : L'AMOUR CONDAMNE
168 Wilwerth : VISAGES DE LA LITTERATURE FEMININE
169 Edwards : VISION, DESSIN, CREATIVITE. 3e éd.
170 Lutte : LIBERER L'ADOLESCENCE
171 Defays : L'ESPRIT EN FRICHE
172 Broome Walace : PSYCHOLOGIE ET PROBLEMES GYNECOLOGIQUES
173 Aimard : LES BEBES DE L'HUMOUR
174 Perruchet : LES AUTOMATISMES COGNITIFS
175 Bawin-Legros : FAMILLES, MARIAGE, DIVORCE
176 Pourtois/Desmet : EPISTEMOLOGIE ET INSTRUMENTATION EN SCIENCES HUMAINES. 2e éd.
177 Sloboda : L'ESPRIT MUSICIEN
178 Fraisse : POUR LA PSYCHOLOGIE SCIENTIFIQUE
179 Ruffiot : PSYCHOLOGIE DU SIDA
180 McAdams/Deliège : LA MUSIQUE ET LES SCIENCES COGNITIVES
181 Argentin : QUAND FAIRE C'EST DIRE...
182 Van der Linden : LES TROUBLES DE LA MEMOIRE
183 Lecuyer : BEBES ASTRONOMES, BEBES PSYCHOLOGUES : L'INTELLIGENCE DE LA 1re ANNEE
184 Immelmann : DICTIONNAIRE DE L'ETHOLOGIE
185 Collectif : ACTEUR SOCIAL ET DELINQUANCE
186 Fontana : GERER LE STRESS
187 Bouchard : DE LA PHENOMENOLOGIE A LA PSYCHANALYSE
188 Chanceaulme : MOURIR, ULTIME TENDRESSE
189 Rivière : LA PSYCHOLOGIE DE VYGOTSKY

190 Lecoq : APPRENTISSAGE DE LA LECTURE ET DYSLEXIE
191 de Montmolin/Amalberti/Theureau : MODELES DE L'ANALYSE DU TRAVAIL
192 Minary : MODELES SYSTEMIQUES ET PSYCHOLOGIE
193 Grégoire : EVALUER L'INTELLIGENCE DE L'ENFANT
194 Gommers/van den Bosch/de Aguilar : POUR UNE VIEILLESSE AUTONOME
195 Van Rillaer : LA GESTION DE SOI
196 Lecas : L'ATTENTION VISUELLE
197 Macquet : TOXICOMANIES ET FORMES DE LA VIE QUOTIDIENNE
198 Giurgea : LE VIEILLISSEMENT CEREBRAL
199 Pillon : LA MEMOIRE DES MOTS
200 Pouthas/Jouen : LES COMPORTEMENTS DU BEBE : EXPRESSION DE SON SAVOIR ?
201 Montangero/Maurice-Naville : PIAGET OU L'INTELLIGENCE EN MARCHE
202 Colin A. Epsie : LE TRAITEMENT PSYCHOLOGIQUE DE L'INSOMNIE
203 Samalin-Amboise : VIVRE A DEUX
204 Bourhis/Leyens : STEREOTYPES, DISCRIMINATION ET RELATIONS INTERGROUPES
205 Feltz/Lambert : ENTRE LE CORPS ET L'ESPRIT
206 Francès : MOTIVATION ET EFFICIENCE AU TRAVAIL
207 Houziaux : EDUCATION DU PATIENT ET ORDINATEUR
208 Roques : SORTIR DU CHOMAGE
209 Bléandonu : L'ANALYSE DES REVES ET LE REGARD MENTAL
210 Born/Delville/Mercier/Snad/Beeckmans : LES ABUS SEXUELS D'ENFANTS
211 Siguan : L'EUROPE DES LANGUES
212 de Bonis : CONNAITRE LES EMOTIONS HUMAINES
213 Retschitzki/Gurtner : L'ENFANT ET L'ORDINATEUR
214 Leyens/Yzerbyt/Schadron : STEREOTYPES ET COGNITION SOCIALE
215 Tiberghien : LA MEMOIRE OUBLIEE
216 Wynants : L'ORTHOGRAPHE, UNE NORME SOCIALE
217 Rondal : L'EVALUATION DU LANGAGE
218 Moreau : SOCIOLINGUISTIQUE, CONCEPTS DE BASE
219 Rouquette : LA CHASSE À L'IMMIGRÉ
220 Grubar/Duyme/Cote et al. : LA PRÉCOCITÉ INTELLECTUELLE DE LA MYTHOLOGIE À LA GÉNÉTIQUE
221 Pomini et al. : THÉRAPIE PSYCHOLOGIQUE DES SCHIZOPHRÉNIES
222 Houdé et al. : DESCARTES ET SON ŒUVRE AUJOURD'HUI
223 Richelle : DÉFENSE DES SCIENCES HUMAINES
224 Leclercq : POUR UNE PÉDAGOGIE UNIVERSITAIRE DE QUALITÉ
225 Gillis : L'AUTISME ATTRAPÉ PAR LE CORPS
226 Pithon : LES TENDANCES ACTUELLES DE L'INTERVENTION PRÉCOCE EN EUROPE
227 Montangero : RÊVE ET COGNITION
228 Stern : LA FICTION PSYCHANALYTIQUE

Manuels et Traités

Droz-Richelle : MANUEL DE PSYCHOLOGIE. 5ᵉ éd.
Hurtig-Rondal : MANUEL DE PSYCHOLOGIE DE L'ENFANT (Tome 1). 5ᵉ éd.
Hurtig-Rondal : MANUEL DE PSYCHOLOGIE DE L'ENFANT (Tome 2). 4ᵉ éd.
Hurtig-Rondal : MANUEL DE PSYCHOLOGIE DE L'ENFANT (Tome 3). 4ᵉ éd.
Rondal-Seron : LES TROUBLES DU LANGAGE (DIAGNOSTIC ET REEDUCATION). 2ᵉ éd.
Fontaine/Cottraux/Ladouceur : CLINIQUES DE THERAPIE COMPORTEMENTALE. 2ᵉ éd.
Godefroid : LES CHEMINS DE LA PSYCHOLOGIE. 2ᵉ éd.
Seron-Jeannerod : NEUROPSYCHOLOGIE HUMAINE